筑梦引航

广东省励志成长成才百优学子风采录

张 超 / 卓 越 主编

中山大学出版社
·广州·

版权所有　翻印必究

图书在版编目（CIP）数据

筑梦引航：广东省励志成长成才百优学子风采录/张超，卓越主编. —广州：中山大学出版社，2017.8
ISBN 978 - 7 - 306 - 06016 - 7

Ⅰ.①筑… Ⅱ.①张… ②卓… Ⅲ.①大学生—模范学生—先进事迹—广东 Ⅳ.①K828.4

中国版本图书馆 CIP 数据核字（2017）第 040319 号

出版人：徐　劲
策划编辑：金继伟
责任编辑：杨文泉
封面设计：曾　斌
责任校对：谢贞静
责任技编：何雅涛
出版发行：中山大学出版社
电　　话：编辑部 020 - 84110771，84113349，84111997，84110779
　　　　　发行部 020 - 84111998，84111981，84111160
地　　址：广州市新港西路 135 号
邮　　编：510275　传　真：020 - 84036565
网　　址：http://www.zsup.com.cn　E-mail: zdcbs@mail.sysu.edu.cn
印 刷 者：广州家联印刷有限公司
规　　格：787mm×1092mm　1/16　21.25 印张　397 千字
版次印次：2017 年 8 月第 1 版　2017 年 8 月第 1 次印刷
定　　价：58.00 元

如发现本书因印装质量影响阅读，请与出版社发行部联系调换

编委会

顾　问：邢　锋　陈　健
主　任：陈敏生　余艳红
副主任：姜　虹　薛　彪
主　编：张　超　卓　越
副主编：段俊杰　刘宏华　朱顺平　杨志群　吴璐薇
成　员：（排名不分先后）

莫　华　冯小宁　区向丽　邱亚洪　叶　清　胡庭胜
李靖茂　谢应东　喻　洪　胡卫标　谭秋浩　李育芳
李向明　郑美玲　周泽雄　余俊渠　黎会友　孙　岩
张　青　刘建文　陈　潘　熊清清　吴爱军

序　言

广东省第二届"国家资助 助我飞翔"励志成长成才优秀学生典型评选活动自开展以来，涌现出了一批自强不息、卓尔不群的优秀学生。为进一步宣传国家资助政策，发挥榜样引领作用，省教育厅精心策划，在全省评选出100名优秀学子，并将他们的励志成长成才事迹收录成册。细细品读这一个个饱含辛勤汗水、承载青春梦想的精彩故事，我深深感动于学子们的坚韧不拔、勇于追梦，更由衷欣慰于我们的资助政策不断完善，得以帮助他们点燃希望、成就梦想。

党的十八大报告指出："要提高家庭经济困难学生资助水平，让每个孩子都能成为有用之才。"一直以来，党中央、国务院都非常重视家庭经济困难学生的学习和生活问题，出台了一系列政策措施，从制度上保障不让一个学生因家庭经济困难而失学。在中共广东省委、省政府的正确领导下，在全省学生资助工作者的共同努力下，广东省不断创新资助模式、完备学生资助政策体系建设、提升资助力度、提高资助标准，全面贯彻落实国家政策，出台多项广东特色政策，实现了从学前教育到研究生教育阶段资助政策的全覆盖，切实帮助家庭经济困难学生解决上学难的问题，有效地阻断贫困代际传递，助力脱贫攻坚。

百年大计，教育为本；资助帮扶，育人为先。广东省始终坚持以资助为手段、以育人为目的，在给予家庭经济困难学生物质帮扶的同时，培育践行社会主义核心价值观，培养实践能力和创新精神，抓好诚信、感恩、励志和社会责任感教育，将经济资助与心理援助相结合，着力构筑融物质帮助、道德浸润、能力拓展、精神激励等为一体的资助育人体系，推动保障型资助向发展型资助转变，将"立德树人"的根本任务与"人人成才"的教育目标融入资助工作的全过程。

得益于此，南粤学子在这片教育的沃土上展现自强风采，书写励志青春。入选《筑梦引航：广东省励志成长成才百优学子风采录》的100名学子，是我省资助工作的一个缩影，是育人工程的一点星辉。他们有的勤勉笃学、探索求知，是学习上的佼佼者；有的激昂向上、矢志不渝，是创新创业的"排头兵"；有的心系天下、感恩奉献，是投身于社会实践和志愿服务的公益人……他们敢于有梦、勇于追梦、勤于圆梦,在奋斗中品尝成长的甘甜,在拼搏中收获梦想的芬芳。

古人云,"艰难困苦,玉汝于成"。习近平总书记亦曾寄语,"青年时期多经历一点摔打、挫折、考验,有利于走好一生的路"。真诚希望青年学子在国家各级资助政策的帮助下,自强不息怀壮志以长行、厚德载物携梦想而抚凌;愿南粤英才与祖国和时代共同成长,放飞人生梦想、谱写青春华章,努力成为志存高远、德才并重、情理兼修、勇于开拓的社会主义合格建设者和可靠接班人!

中共广东省委教育工委书记、省教育厅党组书记、厅长
2017 年 7 月

目　录

创新创业篇

奋斗的青春最美丽 …………………………………………… (2)
沐浴在"大众创业、万众创新"下 ………………………… (5)
"刚、毅、木、讷"的诠释者 ……………………………… (8)
从技术能手转变为公司老板 ………………………………… (12)
让简单的事持续创造价值就是超牛 ………………………… (15)
青春理应无悔 ………………………………………………… (18)
成功挂牌江苏股权交易中心的追梦人 ……………………… (21)
承载梦想翱翔 ………………………………………………… (23)
天宽海阔任鹏飞 ……………………………………………… (26)
路，是跑出来的 ……………………………………………… (31)
励志·创业·分享 …………………………………………… (35)
勇对困难，自立自强 ………………………………………… (38)

自立自强篇

心怀感恩，砥砺前行 ………………………………………… (42)
自古英雄多磨练，从来纨绔少伟男 ………………………… (45)
越努力，越幸运 ……………………………………………… (48)
以笔寻根传统文化 …………………………………………… (51)
今朝当兵，一生光荣 ………………………………………… (54)
青春因奋斗而美丽 …………………………………………… (58)
国家资助，圆贫困学生的医学之梦 ………………………… (61)
在青春岁月中磨练自己 ……………………………………… (64)
能活着，真美好 ……………………………………………… (67)
时代青年，励志成才 ………………………………………… (70)

人生不足畏 …………………………………………（73）
助学路上，铸梦人 ………………………………（76）
修身励志，振翅飞翔 ……………………………（79）
女儿也应当自强 …………………………………（82）
国家资助，助他展翅高飞 ………………………（86）
坚持梦想，路在脚下 ……………………………（89）
资·质 ……………………………………………（93）
国家资助，助他飞翔 ……………………………（96）
人生没有免费的午餐 ……………………………（99）
世界以痛吻我，又奈我何 ………………………（102）
没有伞的孩子，必须学会奔跑 …………………（106）
孝思不匮，发散光热 ……………………………（109）
资助点燃希望，知识改变命运 …………………（112）
在破瓦下绽放笑容 ………………………………（115）

励志笃学篇

用书本和环境凝结成内心另一个自我 …………（120）
坚定信念，自强不息 ……………………………（123）
努力的人最幸运 …………………………………（125）
梦想和责任，医路相伴 …………………………（128）
天道酬勤，梦在前方 ……………………………（131）
励志成长 …………………………………………（134）
志存高远，奋起飞翔，做一个阳光明媚的女孩 …（137）
奔跑中的航海"追梦者" …………………………（140）
有为青年，励志科研创新 ………………………（143）
资助助他成长，感恩助他成才 …………………（147）
扬帆起航，追梦成长 ……………………………（151）
彩虹总在风雨后 …………………………………（154）
自立自强是她的口号，多姿多彩是她的追求 …（157）
为梦前行 …………………………………………（161）
敢想、敢做、敢拼 ………………………………（164）
作为党员，他感到光荣 …………………………（167）

挑战自我、追求卓越 …………………………………………（170）
自强方成俊杰 ……………………………………………………（173）
宝剑锋从磨砺出，梅花香自苦寒来 ……………………………（176）
细节决定成败 ……………………………………………………（179）
寒门学子，拳拳爱心 ……………………………………………（181）
践行南丁格尔精神 ………………………………………………（184）
贫寒不移求学路，国家资助他成长 ……………………………（188）
勤能补拙是良训 …………………………………………………（191）
国家资助，让梦想飞翔 …………………………………………（193）
人生在勤，不索何获 ……………………………………………（195）
笑对贫寒，励志笃学 ……………………………………………（198）
迎着青春的朝阳 …………………………………………………（201）
比金子更美的是人的心灵 ………………………………………（204）
国家资助，助她展翅飞翔 ………………………………………（207）
严于律己，宽以待人 ……………………………………………（210）
梅香溢自寒傲枝 …………………………………………………（213）

志愿服务篇

树立远大理想 ……………………………………………………（218）
执着追梦，勇攀高峰 ……………………………………………（220）
一次美丽西藏行，终生雪域高原情 ……………………………（224）
懂得感恩，热爱公益 ……………………………………………（227）
奔跑吧——致没有伞的孩子 ……………………………………（230）
自尊、自信、自爱、自立、自强 ………………………………（233）
励志成长成才 ……………………………………………………（237）
沐浴阳光，励志成长——争做合格的时代好少年 ……………（240）

成长成才篇

南方以南，以梦为马 ……………………………………………（244）
锋锐不失温润，昂扬不乏谦恭 …………………………………（247）

怀感恩之心，走公益之路 …………………………………………（250）
天行健，君子以自强不息 …………………………………………（253）
感恩，存鹰之心于高远 ……………………………………………（256）
追梦，永不止步 ……………………………………………………（261）
蒲公英人生，他的医学梦 …………………………………………（266）
奔跑吧，青春 ………………………………………………………（270）
学习优秀，引领同学 ………………………………………………（274）
信念孕育能量，青春绽放光芒 ……………………………………（278）
单亲女孩勇挑家庭重担，求学路上不忘热心公益 ………………（281）
自强不息，厚德载物 ………………………………………………（286）
天道酬勤 ……………………………………………………………（289）
感恩就是做好身边的每一件事情 …………………………………（292）
生命不息，激情不已 ………………………………………………（295）
成长印记 ……………………………………………………………（298）
用心付出 ……………………………………………………………（302）
严格要求，不断进步 ………………………………………………（305）
自强、刻苦、坚持、感恩 …………………………………………（308）
莫道人间沧桑苦，小荷依旧笑绽放 ………………………………（312）
自强自立，不向命运低头 …………………………………………（316）
感恩回报，技能成才 ………………………………………………（319）
成长成才，实现梦想 ………………………………………………（322）
执着追梦，勇攀高峰 ………………………………………………（325）

后记 ………………………………………………………………（328）

创新创业篇

奋斗的青春最美丽

> 感觉身体正在透支，无数双眼睛盯着。我们承载了太多人的希望，我们必须坚持下去。
>
> ——尹然平

尹然平，男，广东江门人，华南农业大学经济管理学院2013级企业管理专业研究生。尹然平于2013年2月正式注册广州迅睿网络科技有限公司并担任总经理，目前公司已获得发明专利1项，软件著作权1项，同年8月，公司正式成为广东团省委电商联盟成员单位。2014年9月，公司项目"带着农民去创业——构建可溯源优质农产品电子商务链"获第三届"赢在广州"大学生创业大赛第一名；2014年11月，项目获2014年"创青春"全国大学生创业大赛金奖，并在广州股权交易中心"青创版"挂牌。

回顾尹然平的学习、创业与成长历程，丰富的履历使得他比其他在校学生多了一份成熟和稳重。本科期间，尹然平曾任华南农业大学学生会主席、广东省学联副主席，并代表学校参加全国学联第二十五次代表大会和广东省学联第十次代表大会。"我的人生经历中，第一次踏进人民大会堂，我感到非常光荣。"尹然平坦言，创业的路子非常艰辛，但自己心中有了一个梦想，就是有生之年以企业家的身份再进一次人民大会堂。

创业梦想，缘于"挑战杯"

尹然平最初筹备并开展项目，目的是为了参加团中央举办的"挑战杯"全国大学生创业竞赛。"一开始我们的想法还不成熟，几个有创业想法的同学聚在一起，决定做一个类似'58同城'一样的校园电子商务平台。"在运营的过程中，他们很快发现，这个平台很难做大，而且战线非常漫长，"变现""造血"的功能都比较差。摸索了半年后，受创业导师启发，他们决定维持里面的一块业务，也就是农业扶贫点直销的农产品电子商务。也就是在那一刻开始，尹然平开始把创业想法付诸实践，把创业当成事业。尹然平团队在创业大赛中接受评委和风投的意见，逐步修改创业计划和方向，把业务做精做细。

农业电商，带领农民共同致富

尹然平进行农产品电子商务创业的初衷，就是教农民朋友们通过电子商务脱贫致富，通过规范的体系守住农村最后一片干净的土地。在食品安全问题频频爆发的时代，国家可溯源安全控制体系进展缓慢，尹然平团队采取了"高校＋政府＋公司＋农户"四位一体的模式，以自主研发的"e村e品"农产品电商平台为核心，建立了一套微循环范围内可溯源的农产品质量准入体系，带领农民通过电子商务增产增收，共同富裕，从而真正帮助农民具有新思想、新意识，成为真正绿色安全农产品的供应者，并懂得自己守护自己的新型农民。"我们接下来要把这个平台做得非常有趣，让大家都愿意来这平台上看东西，比如你可以分享今天的菜单，分享有关食品和养生的科普知识，而这些食材则可以在平台上找到，做到闭环消费。"

心系农民，教农民接触电子商务

"我们的梦想很伟大，但是现实太残酷"，尹然平说，"在一开始到农村里推广项目的时候，农民朋友普遍对我们一群大学生不信任，所以我们经常吃闭门羹。"但为了推进项目，为了保证农产品质量的安全可控，尹然平他们决定先培养一批电子商务带头人，让他们先富起来，慢慢带动一片。例如，河源义都的叶玉花、欧伯友，清远清新的陈泽善，都已经成了当地小有名气的电商带头人，电子商务给他们带来了实实在在的收益。

清远清新区利鑫隆种植专业合作社长社孟卫权介绍说，他们有很好的金门香瓜和有机粘米，但一直停留在线下渠道，电子商务使他们逐渐打开了销路。"我们很愿意跟这帮有理想的大学生打交道，在他们身上，我看到了中国的未来。"尹然平坦言，在他们的培训下现在这些电商带头人，三个两个地也开始运营起微信公众号跟淘宝店了，也知道什么叫"O2O"了，证明他们已经具备了触"电"的意识，只是技术层面跟不上，需要有人引领。

坚持不懈，学习创业两不误

身兼学生和创业者的多重身份，尹然平坦言，生活就像过山车，充满刺激和挑战，经常都是超负荷工作。一边要制定公司的发展计划，一边又要应付研究生的学术任务，一边还要纠结公司日常的各种开支。如下乡出差、平台建设、参加创业比赛、写课程论文，各种事让尹然平疲于奔命，通常每天只能睡5个小时。为了应付"赢在广州"创业大赛的决赛，尹然平连续熬了好多个晚上。"感觉身体正在透支，无数双眼睛盯着。我们承载了太多人的希望，我们必须坚持下去。"

平常白天忙于推进项目，尹然平只能在晚上花更多的时间用于研究生课程的学习。研究生阶段，尹然平曾发表《大类培养学生专业分流存在问题与改进建议》等学术论文3篇，参与"现代农业创业人才培养的探索与实践"等课题4项，并获华南农业大学优秀研究生二等奖学金，在创业的同时，很好地兼顾了学习任务。

自创业以来，尹然平及其团队受到了广东电视台、南方电视台、《广东青年报》《广东科技报》《南方日报》《信息时报》等多家媒体的广泛关注和报道。目前，尹然平的创业项目已经开始盈利。前不久，项目刚获得广东粤科风险投资管理有限公司发放的投资意向书。五四青年节当天，尹然平作为全省8名青年代表之一，与广东省委书记胡春华进行座谈，分享并汇报了两年来创业过程中的一些感悟。正是一份坚持不懈的信念和勇于探索的勇气，尹然平最初的想法正一步步变为现实……

事迹简介

尹然平同学本科期间曾任华南农业大学学生会主席、广东省学联副主席，并代表学校参加全国学联第二十五次代表大会和广东省学联第十次代表大会；他于2013年2月正式注册广州迅睿网络科技有限公司并担任总经理，目前公司已获得发明专利1项、软件著作权1项；2014年9月，公司项目"带着农民去创业——构建可溯源优质农产品电子商务链"获第三届"赢在广州"大学生创业大赛第一名；2014年11月，项目获2014年"创青春"全国大学生创业大赛金奖，并在广州股权交易中心"青创版"挂牌。

沐浴在"大众创业、万众创新"下

创业永远都是"在路上",我很幸运,生活在这个"大众创业、万众创新"的大时代。

——石志鹏

石志鹏,男,汉族,广东潮州人,中共预备党员,汕头大学长江艺术与设计学院 2011 级平面设计专业学生。尽管家庭经济条件较差,但在汕头大学 3 年多的求学路上,石志鹏始终保持着积极向上的心态,时时以高标准要求自己。在妥善处理好学习、工作和生活之间的关系之余,他时刻不忘追逐自己的创业梦想。22 岁的他,已经是汕头市大柑智能科技有限公司的执行董事兼 CEO,并获得了数百万元的天使投资。

良好的思想丰富着创业梦

创业的想法,早早在他心中萌发。为了创造不一样的生活,做最好的自己,石志鹏一步步走到创业的前端。这离不开父母从小对他的言传身教——要想成为一个优秀的人,不仅要有丰富的知识,更要具备良好的社会责任感、使命感,还要活得精彩。石志鹏积极上进、严于律己、诚实守信,从思想上为自己创业做好储备。出于对党组织的向往,石志鹏在大一入学时就提交了入党申请书,认真参加培训,并顺利成为一名光荣的预备党员,接受党的考验。他时刻关注着国家的发展形势和国内外的局势变化,认真学习党的路线方针政策,树立了正确的世界观、人生观和价值观;与时俱进,认真学习全国道德模范的事迹,并以之作为榜样鞭策自己。在高中时期,石志鹏便加入了广东省潮州市至德慈善会学生义工队,多次参加协会组织的各项扶贫慰问活动、慈善义卖活动等。

梦想不止,学习不休

追梦路上,石志鹏深知学习是通往成功永恒的阶梯。在学习上,石志鹏的专业成绩在班里名列前茅，曾先后获得二等、三等学业奖学金和多个国内、国际设计奖，如2014年1月作品《大悲咒》入围靳埭强全球华人设计奖，同年9月入编《中国设计年鉴》第九卷；2014年2月作品《"禁锢美学"系列海报》获得《中国创意设计年鉴》年度银奖，并入编《年鉴·作品集》；2013年11月获得2013国际艺术设计大赛优秀奖，并收录年度作品集等。

大学期间，石志鹏还担任过深圳英图联盟文化传播有限公司品牌助理、汕头市东正科技有限公司UI规划师、汕头市宏业南粤人力资源有限公司设计师等。在校园工作上，他曾任2011级平面（2）班团支书、学院辩论队副领队、2011级艺术（5）班班长、2013级艺术一班辅导员等职。在工作中，他虚心学习，认真做好本职工作，得到了老师、同学们的高度评价。

创业团队组建，产品雏形初现

进入汕大后，石志鹏借助学校不同专业共同上课的优势，广交朋友，并通过加入多个校级组织锻炼自己。他还通过组织各种创意沙龙、交流活动，聚集了一班志同道合的伙伴，包括现在公司的合伙人。这群人中有老师，有兄长，有师弟妹。他们各有所长，有的是技术大神，有的是营销高手，还有的是拥有众多社会资源的能人。

除此之外，在课余时间里，石志鹏经常深入市场调研，了解用户需求。2013年，石志鹏与他的伙伴们发现了智能硬件这个市场即将火爆，便组建了一支团队，为创业进行前期准备。同年9月，他带领的创业团队参加第二届"助你创业、赢在广州"大学生创业大赛获得优秀奖。2014年，石志鹏和智能投影行业的元老结缘并得到他的高度认可，这位技术大神被他的创业激情和信心以及远超同龄人的个人能力所折服，加入了这个充满激情的团队。之后，他们共同主持开发了Wipao智能投影电视一代产品，并成功在众筹网筹资25万余元。同时，Wipao团队还与以色列公司合作，开发了极速视频加速器。

休学创业，打开市场

2014年8月，石志鹏和他的团队成功拿到了数百万元的天使投资。为了专心做好项目，同时不耽误学业，更是为投资方负责，石志鹏选择了暂时休学创业。于是，大三结束后，他便开始了休学创业之路。在休学期间，石志鹏和他的团队成功打开了线下市场。Wipao 一代产品不到半年时间出货量逾 8000 台。2014 年年底，石志鹏更是带领团队夺得 2014 年度全国大学生创业基金三等奖、汕头市青年创新创业大赛金奖。2015 年年初，石志鹏成立了汕头市大柑智能科技有限公司。同时，他的团队完成了 Wipao 智能无屏影院二代产品的研发工作，并于 5 月中旬进行小批量试产。

生活细节助力创业梦

在生活中，石志鹏性格活泼开朗，拥有积极向上的生活态度和广泛的兴趣爱好，喜欢交友，乐于助人，擅长抓住各种机会锻炼自己。这也为他创业积累人脉打下坚实的基础。在课余生活中，他积极参加学校及院里举办的各项活动，如辩论赛、乒乓球赛等，在集体活动中，他收获了许多快乐和宝贵的同学情谊。

从一名普通的汕大学子，到项目创始人，再到休学创业，接着成为一家创业公司的 CEO，一路走来，石志鹏从未放弃。创业至今，他拉出了一支成熟的研发团队，做出了好的产品，为用户创造了很高的价值。但对于他而言，这只是开始！团队还在不断攻克技术难关，做出更惊艳的产品。好产品是他为之奋斗的方向，更是他一直坚持的最大支撑力。

石志鹏非常感谢国家对"创新创业"的高度重视和对大学生创业的大力扶持，感谢汕头大学的支持。他说，创业永远都是"在路上"，他很幸运，生活在这个"大众创业、万众创新"的大时代。即使前路艰难，他都会继续向前。

事迹简介

石志鹏同学刻苦学习，成绩在班里名列前茅，多次获得二等、三等学业奖学金，并获得多个国内、国际设计奖；2014 年 9 月向学校申请休学进行创业，创办了汕头市大柑智能科技有限公司，任执行董事兼 CEO，并成功获得数百万元人民币的天使投资；也曾任嘉兴市全程信息科技有限公司运营副总监、深圳市尚享视界科技有限公司市场副总监等职务。

"刚、毅、木、讷"的诠释者

"刚、毅、木、讷"乃是孔子称颂人的四种品质。坚强、果决、质朴、谨慎，这四种熠熠生辉的内在品格在我身上得到诠释。

——颜　源

"刚、毅、木、讷"乃是孔子称颂人的四种品质。坚强、果决、质朴、谨慎，这四种熠熠生辉的内在品格在广东技术师范学院美术学院2009级多媒体专业的颜源身上得到诠释。

刚者，坚强

刚者的内心不存在对他人贪求的自私欲，亦不会做损人利己的事。

在农村长大的颜源独有一种不屈的姿态。初中的叛逆使他不断地寻回真正的自我，"坦然无惧地面对过去，心平气和地走过人生低迷期，以后的人生就会大放异彩"。上大学那一年，爸爸的失业无疑成为了他不断鞭策自己前进的原动力。每当颜源遭受挫折时，他总会想起这句话——"今天我继续前进"。他相信：世界那么大，总有地方是晴天。在面对困境时，要常存大无畏的精神和一往无前的勇气。

在通往人生成功彼岸的征途中，大学是追逐理想、培养兴趣的舞台。在时刻保持上进的同时，颜源还积极奉献自己的爱心，身体力行地去传播自强精神，帮助身边的同学在学习上掌握更有效的方法，负责组织设立贫困生工作团体。进入社会工作后，他依然回馈社会，担任广东省广州市随手公益宣传部部长、广东省2013博爱组织负责人，为了帮助更多需要帮助的人，颜源还发起了"西部贫困地区徒步发现之旅"。

"坚持得不够，就像烧开水一样，烧一会停一会儿，柴并不缺，就是烧不开。所以我们必须要对自己有足够的信心。"在大学四年的生活和工作中，颜源始终秉承"多一些思考，多一份执着，多一点自信"的信念。

毅者，果决

毅者的内心充满了奋斗的勇气和力量，更表现为对是非善恶的果敢处理能力上。

摆正自己的心态，确保自己的言行符合学生干部的身份，不能因为自己的付出没有收获而放弃为学生服务的原则。

担任2009级多媒体班团支书期间，他积极带动整个支部委员，组织开展多次团日活动、文体活动和社会实践活动。同时，还鼓励班中成员发挥自己的优势，培养一技之长。

颜源凭突出的工作能力竞选上学院团总支副书记后，积极探索新的工作管理模式，并完善美术学院考勤管理及相关制度，建立了完善的反馈机制。他被评为"广东省百佳团支部书记"。

曾任学院志愿者协会会长，现任中国美术研究院研究员的颜源有很强的责任感，"既然选择了，就应该把自己选择要做的事情做好，不能半途而废，要对得起当初的承诺"。

以优秀毕业生的身份毕业后选择了北上学习，他一个人来到北京，学习相关专业知识，了解公司运行模式，一年后他回到广州，选择创业，开了自己的公司。他的公司以公益活动为主，为广东电视台制作贫困山区的宣传栏目、生活调查团栏目，还经常制作公益微电影。

木者，质朴

木者，心地坦然而无忧，如松柏之坚挺永青，木质之朴实。

学生工作中，在付出与收获的过程里，颜源努力寻找一个支点，犹如天平一样不偏不倚。

面对压力，于颜源而言，重要的是如何承担和转化，因为每天都要有新的追求和保持良好的心态。

"百善孝为先"是颜源择友的标准之一。备受爱戴的老师以行育人，使颜源学会尊重他人、谦虚待人。"榜样的力量是无穷的，尤其是你身边的榜样——真真切切、实实在在的例子，给你的力量将是终生的。"在他看来，他一位同学就是一个身边的榜样，这位同学能毫无顾虑地把地上的垃圾捡起来，放进垃圾桶里。

讷者，谨慎

讷者在面对他人时感情真挚，能谨慎处理言行关系。

平时从各方面严格要求自己，做事用心，不急不躁，合理安排时间，分得清孰重孰轻，巧妙运用方法，一件一件地解决，这是颜源带给身边人的深刻印象。

将自己的行进速度与目标之间的距离加以对照，颜源前进的步伐不因中途的歇息而停止。他的作品《生命》入选广东首届大学生美术作品双年展，《海之舞》获得上海第三届全国大学生摄影佳作奖。他的许多优秀作品都获得了奖项，多张作品被海内外人士收藏。

他拿过上万元的奖学金，挣过上万元的工资，但他依然身无分文，一贫如洗。他深知钱的重要，但他从不贪婪，因为他总把钱花在最重要的人身上。他没车没房，没有来自家里每个月800元甚至1000元的生活费，但他能让人在困苦时第一时间想到他，能让人在黑暗中懂得乐观，在冷酷中学会感恩。谁都在残缺中完善自己，在舍弃与不舍弃中走向一个没终点但是必须得去的方向，金钱和权利未见得是这种完善的唯一途径。

谦逊、宽容、恬淡处世，这些是我们熟悉却极难做到的。祸莫大于不知足，咎莫大于欲得，谁能做到？善利万物而不争，谁能明白？

不求五色之华，眼前自有山水；不求五音之富，耳中自有天籁；不求无谓之富，却可以持之久远。他永远把自己当成房客，而不是房东，所以不会放火烧屋；他"不伤人而常善救人"，"自知不自见，自爱不自贵"，无限地放大世界，缩小自己，只向往最纯真、最洁净、最接近真理的生活。这种本以为永远不可能实现的洁净人生，在他身上达成了。老子曰："知其雄，守其雌，为天下溪。为天下溪，常德不离，复归于婴儿。"他一直在如此践行。

颜源，颜其多彩，复归其源。人如其名，他就是：

一个不断燃烧，发光发热，给别人带来温暖和能量的平和之人；

一个择善执着，脚踏实地，"利他"而心甘情愿，无怨无悔之人；

一个如凤凰涅槃，即使化为灰烬，心火永恒不熄之人。

事迹简介

　　颜源同学曾任广东技术师范学院美术学院军训副连长、美术学院志愿者协会会长、美术学院贫困生负责人、广东省2013博爱组织负责人、美术学院团总支副书记、美术学院2009装潢（3）班助理班主任、中国美术研究院研究员、广东省广州市随手公益宣传部部长，是广州市稻草人文化传播影视有限责任公司创始人。

从技术能手转变为公司老板

> 一个人要懂得努力，抓住每一个机会，无论是老师的教导、学习的平台，还是稍纵即逝的机遇，都要努力去把握。
>
> ——陈志平

他曾获得过国家的助学金，以优异的成绩完成学业。在他的理念中，"做人不能忘本！"正是因为有国家助学金的支持，让他从一个家境并不富裕的学生蜕变成目前一家注册资本300万元的通信公司的法定代表人。他就是广州市轻工职业学校的陈志平。他的公司是一家以模式创新、服务创新为经营理念的综合通信服务公司，目前是中国移动、中国联通、中国电信三家运营商广州市全业务合作商，主要在专业市场、商务楼宇投资和搭建物理平台，之后将网络完全开放给三大运营商进行平等接入。

扎根专业，夯实基础

记得陈志平在2008年进入广州市轻工职业学校时，学习的专业是数控技术应用。入学后，在老师的悉心教导下，加上对这个专业的热爱，很快他就被选为学校的技能竞赛选手。在学校老师的独特的竞赛训练下，他从一名从未接触过专业的初中生，很快就在专业钳工项目中脱颖而出，成为学校代表队的一员。

2009年，他还是一名大一的学生，第一次代表学校参加广州市技能大赛钳工项目，就获得了二等奖。2010年第二次参赛时，由于经过了长期的集训，他以一名"老选手"的身份参赛，一举获得广州市钳工项目第一名，并代表广州市参加全省钳工项目比赛，获得了二等奖。

学习管理，提升自我

他在校期间除了学习和训练外，还是一名积极参加学校活动的活跃分子。入学后，由于在为人处世等各方面都比较优秀，他积极参与班级管理，在正式班干竞选中，高票当选为班长。在班主任的精心培养下，学习成为一个班级的优秀管理者，也在这个班级的管理过程中，他的各项能力得到不断提高，班级也一直保持在优秀班级之列。在班级管理锻炼及老师的推荐下，他积极参与学生会的管理工作，积极加入学校的活动组织，并担任学生会宣传部部长。专业学习上，也在老师的教导下刻苦用功，取得优秀成绩。2010年，他获得了"广东省三好学生"的荣誉称号。

厚积薄发，创建公司

"很多人会问他，既然你的专业技术这么好，为什么不往专业上发展，反而在通信行业重新起步呢？"他是这样回答的："你究竟想成为一个专家，还是只想做一个万能通？"他当时是这样想的，他认为自己不是一个耐得住平淡的人，他想在年轻时闯一闯，选择一份与自己性格相符的工作，可能这样更能使自己的人生散发更多的光彩。

毕业后，他面试了 30 多家公司，对多个行业进行了对比，最后选择了通信行业。在公司工作的 3 年时间里，他努力工作，不断学习，积极提升自己的能力。他的付出也获得了领导的认可，担任了公司经理一职，负责公司市场的拓展。

不甘平淡的他，打工 3 年后，有了自己创业的念头。2013 年，他毅然离职，开始筹建自己的公司。可能是上天对他的努力的回报，他成为一名创业的幸运儿。目前，公司的运作进入上升阶段，各方面业务都在不断拓展。本着为客户创造价值、为员工创造机会、为社会创造效益的经营宗旨，公司在移动宽带、固话、400 电话、集团短信、集团彩铃、语音专线、手机信号覆盖等业务都进展比较顺利。

虽然没有选择在所学专业上发展，但在广州市轻工职业学校学习期间，参加学生会的活动、参加竞赛的经历，使他懂得，一个人要懂得努力，抓住每一个机会，无论是老师的教导、学习的平台还是稍纵即逝的机遇，都要努力去把握。正如他企业精神里的感恩二字，他有今天的成绩，除了自己努力之外，更应感谢的是他在校期间，老师对他的厚爱，使他有幸成为学生会的干部、成为竞赛选手，有了学习的平台。

结合国家接下来的发展，特别是"互联网+"的概念，他也结合自己的公司需要，积极和学校进行校企合作的准备，希望通过自身的经历，带动师弟师妹们一起创业，回馈学校，回馈社会，用自己的微薄之力报效祖国！

事迹简介

　　陈志平同学2008年进入广州市轻工职业学校，学习的专业是数控技术应用，并加入学校的代表队。在校期间除了学习和训练外，他还是一名积极参加学校活动的活跃分子。他曾获得过国家的助学金并以优异的成绩完成学业，在他的理念中，"做人不能忘本！"凭着自己的信念与对他人的感恩之心，他打拼出自己的一片天地，目前是一家注册资本300万元的通信公司的法定代表人。

让简单的事持续创造价值就是超牛

我们在帮助很多的普通创业者打造属于自己的营销利器，帮助很多的创业者去完成他们的梦想。我们希望让这种很简单的事情，持续创造价值。

——钟志军

他，来自粤北乐昌县城的一个小山村。他，没有很好的家庭经济去支持他去做自己想做的事情。甚至在学校的日常开支都要靠各种兼职获得！也正是因为如此，曾经的他非常内向，不敢和别人说话，更不敢在公众场合说话。

他说他意识到必须改变自己的性格，大学，成了他改变的开始！突破自我：参加班委竞选、参加各种社团俱乐部……大一，竞选班委失败了，各种社团失败了，只有一个记者团因为他的文学功底好而破格让他试试！他很珍惜，安静地写着各种文学稿件的同时参加各种可以参加的聚会。大二突破了，他竞选上了班委、竞选上了记者团的团长……开始活跃在学校的各种场合。

于是在校期间，他一步步成为一个优秀的学生。无论是班级班委的工作还是学院团总支的工作，他都能出色地完成。2012年6月，钟志军以优异的成绩毕业，开始了他从学生到创业的追梦之路！

实习期领1500块钱工资熬了一年半

他说一直很感恩这一年的实习。耐住了其他高薪的诱惑，在这里积累了很多高端的人脉和活动策划的经验。那时候很多拿5000元、1万元工资的同学叫他过去，但他觉得那个时候成长才是最重要的，而钱，不是！

成立和鼎茶社——开启创业之路

从金融专业到完全不熟悉的茶业，是一个很大的跨界。为什么选择这个很深又完全不懂的领域？他说，他看到了政府复兴中华文化的趋势，而茶文化正是中华文化很重要的一个组成部分。而茶在国内的现状是：茶很多，好茶很少；有名茶而没有名牌！为此，他还到处去寻师学艺，拿到了国家高级茶艺师的资格。他的茶以茶好、生态、包装精致大气而广受消费者喜爱。

他说，他的家乡韶关是一个盛产好茶的地方，但是市场宣传不够，所以大家不知道、不熟悉。今年开始，他在茶业领域将做一个以家乡茶为主的茶业品牌"韶城御品"，希望可以使家乡的茶业、茶文化得到发展。

一个在公车上产生的灵感——成立超牛电商

在这之前要说一个小插曲。2013年3月的时候，他还在德银财富管理中心实习，也正是那个时候，微信刚刚兴起。敏锐的市场感觉告诉他，微信可能会改变这个市场很多东西。稚嫩的他那时候也说不上能改变或者实现什么，但是他觉得他要好好利用这个可能的机会。于是他注册了一个公众号，取名富爸爸财商。通过一年的精心运营打造，没有任何的辅助，只是用心经营，他在微信上拥有了几十万粉丝，无意间成了微信自媒体大咖，微信每个月给他带了几万元的营销收入。

慢慢地，很多的企业、团体、个人都希望在微信为代表的移动互联网平台大展拳脚，于是他被邀请到不同的环境跟大家分享经验。

2014年11月底的一天，他在受邀去广州分享经验回来的路上突然产生了一个灵感，既然那么多的创业者需要帮助，为什么不成立一个公司来帮助这些个体和中小企业呢？那天晚上他没有睡觉，思考了一个晚上，兴奋得睡不着觉。第二天就联系了一些朋友，分享了这个想法，得到了大家的一致认同。

让简单持续创造价值就是超牛

关于公司的名字，他说："第一，我们没有明星，没有资金，我们能做成的东西，每个人都可以，这就是普通创业者要向我们学习的理由！第二，我们只是分享我们的经验，我们做的事情是很简单的事情，就是分享，但是一件很伟大的事情，因为我们在帮助很多的普通创业者打造属于自己的营销利器，帮助很多的创业者去完成他们的梦想。我们希望让这种很简单的事情,持续创造价值,让所有的创业者都可以成为很牛的人!"

一开始为了节约成本,他们把超牛电商的办公室设在了和鼎茶社的阁楼里,在那里设了一个小小的会议室,开始小型的地面沙龙。

自己选择的路,跪着都要走下去

面对所有的创业者,他都会分享这么一句话:创业是条"不归路"!你只能不断地向前,不管遇到什么困难,再艰难,再熬不住,你都得熬着!自己选择的路跪着都要走下去!

正如超牛电商所走过的半年:没有资金、没有技术人才、没有经验……有的只是一腔热情!一股拼劲!几个合伙人各自凑10万元,每个人都身兼多职,每个人都没日没夜!终于所有的努力得到了市场的认可,成立超牛电商公司后短短几个月的时间,吸引了几千名创业者前来了解交流,直接帮助几百名创业者开启微营销的创业道路,引起了市场众多的关注。而他的公司——超牛电子商务有限公司终于搬到了更大的场地,建立了完备的技术系统和课程体系。

帮助别人成功是超牛电商的出发点

他说他坚信一个人之所以成功,不是因为他赚了多少钱,而是他帮助了多少人成功。培训是为了帮助别人、提供平台整合资源也是为了更好地帮助别人。接下来,培训将是他们的基础服务,企业的重心将会转向为创业者提供平台、提供资源的方向上来,组建一个以创业者、产品、渠道为核心的小型网络营销生态圈,目标是用1~2年的时间帮助1000万的创业者更好地利用移动互联网进行创业。

事迹简介

钟志军同学在校期间是一个优秀的学生,无论班委工作还是团总支工作都出色完成。毕业后短短3年时间,先后成立和鼎茶社和超牛电商两家不同的企业,并且取得了不错的绩效。其中超牛电商成立短短半年,帮助了几百名创业者更好地实现移动互联网创业。他给超牛电商定的目标是用1~2年的时间帮助超过1000万创业者更好地利用移动互联网实现创业的梦想。

青春理应无悔

努力不一定会成功，但是不努力一定会留下遗憾。

——郭冬乐

郭冬乐，男，广东科学技术职业学院计算机工程技术学院软件技术专业2014届毕业生，现为珠海爱游唯科技有限公司的总经理。他从一个普通的"90后"潮汕地区城镇小伙子、一个高职院校的学生，凭借坚强的毅力，通过短短4年多的奋斗，成长为小有名气的企业家，为自己的事业打下了一片小天地，为社会做出了积极的贡献。

积极投身社团，锻炼完善自我

大一刚入学，郭冬乐凭借个人的出色表现和积极进取的态度，得到了老师和同学们的一致认可，被推选为2011级游戏软件（1）班副班长，在工作中积极辅助老师管理班级日常事务，主动帮助同学处理生活和学习上遇到的难题。同时，郭冬乐还积极参加学校各种社团组织，先后加入了校团委组织部、计算机学院纪检部和程序员之家，通过参加各种社团活动，锻炼了自身的组织协调能力，力求不断完善自我。

学习成绩优异，不断开拓进取

在学习方面，郭冬乐积极主动，不断进取，在努力学习专业知识外，还广泛阅读其他学科的知识，不断提高自身的文化素养，学习成绩在班里一直名列前茅。通过3年的努力，他每年综合测评达到优秀，连续两年获得国家励志奖学金，也曾获学校"学习标兵"及"优秀毕业生"的称号。此外，他还利用课余时间修完专升本的学业，并顺利获取本科证书和学士学位。

校企携手创业，连连创出佳绩

在校学习期间，郭冬乐积极践行校企合作参与教学企业实习，运用所学专业知识大胆创新，在校企合作期间开发完成了多款手机游戏产品，其中，《史上最坑爹的游戏》这款手机游戏曾一度在苹果 AppStore 搜索下载量中排名第二，游戏榜第一，并在香港、澳门地区排名第一，拥有上千万次的下载量，广受好评。此外，《成语天天猜》手机游戏也曾跻身于苹果 AppStore 教育类下载量第一名。

不畏艰难困苦，谱写创业人生

2014 年 3 月，已经屡创佳绩的郭冬乐大胆谋求发展，创办了"珠海爱游唯科技有限公司"，还带领同校的 12 名"90 后"同学一起开始新的征程。该公司是以致力于 IOS、Android、WindowPhone 休闲益智类手机游戏的开发，自主策划，自主研发，自主发行为主要业务的移动手机游戏开发公司。艰辛的发展历程见证着他的专注与坚持，在创业初期面临的压力非常大，团队一天的开销经费仅有 50 元，创业初期团队面临的经济压力没有让郭冬乐和他的团队放弃，正是坚持使他们看到了希望，并且喜报频传。

2014 年 3 月 22 日，《史上最强的大脑》手机游戏成功登录 AppStore，之后迅速冲进 AppStore 免费榜 Top5，位列游戏榜第二，总榜第四名。2014 年 6 月 13 日，"只此一关"手机游戏登顶 AppStore 免费游戏榜第一，总榜第三名。2014 年 9 月，公司的第三个作品《心探》在 AppStore 免费排行榜排名第十二。

2014 年 11 月 7 日，在由团省委等单位联合主办，共有来自 21 个地市及香港地区的 973 个创业项目报名参赛，参赛项目数量位居全国第一的"寻找广东最具创新力创业企业——中国青年创新创业大赛广东赛区暨广东青年创新创业大赛总决赛"中，郭冬乐的手机游戏开发团队——爱游唯工作室，凭借《史上最强的大脑》《心探》《只此一关》3 款出色的手机游戏，斩获创业组一等奖和 10 万元的高额奖励。《珠海特区报》以题为"珠海 90 后手机游戏获 10 万元奖励'愣头青'最强大脑夺大奖"对郭冬乐团队获奖进行了追踪报道。

2014年12月，爱游唯工作室还代表广东省参加了中国青年创新创业大赛全国赛。通过这些成绩更加坚定了这支年轻团队在手机游戏领域攻坚的信心。展望未来，他们将加大手机游戏软件的研发，同时开拓国外市场。

2015年2月，郭冬乐的团队还与电影公司合作，研发了春节贺岁电影的同名手游《神探驾到》。回想创业历程，郭冬乐表示，创业过程尽管非常艰难，但充满激情、希望和感激，团队尽管有过失误，但始终越挫越勇，无所畏惧。

心怀母校恩情，感恩回报社会

郭冬乐回顾自己的成长历程和目前取得的成绩时由衷地说："自己的成功与大学3年老师的辛勤培育密不可分。是老师给了我理论基础和专业技术知识，是老师给我指引了正确的发展方向和人生奋斗目标。为报答恩情，他到学校招聘师弟师妹到爱游唯科技公司工作，为师弟师妹安排合理的岗位，做到人尽其才。现在公司就职的本校学生已占全公司职工80%。

爱游唯科技公司在不断发展壮大过程中，郭冬乐没有忘记自己回馈社会的责任，积极参与社会公益事业。2014年，郭冬乐积极参选并当选为广东青年创业就业联合会理事，希望能凭借自身的创业实践经历，为更多的年轻人提供指导服务。他说："青春理应无悔，努力不一定会成功，但是不努力一定会留下遗憾。不要因为现在所处的高度较低，而放弃坚持最初的梦想。要记住如饥似渴地寻找最有利于成功的条件，然后投入100%的精力去专注自己的理想。有一天，就算我们没有达到成功的标准，但是，我们都会走到令人仰望的高度。让我们一起为未来加油！"

事迹简介

郭冬乐同学主要事迹：①在校期间为校企合作企业珠海顶峰互动科技有限公司开发了多款手机游戏并获顶峰奖学金。其中《史上最坑爹的游戏》下载量约千万次，曾在苹果的AppStore上排名第二，在香港、澳门排名第一，颇受好评。②在校期间学习成绩名列第一，多次获得奖学金，被评为校"学习标兵"和"优秀毕业生"等。③2014年成立"珠海爱游唯科技有限公司"，进行手机游戏的自主策划，自主研发和自主发行。致力于IOS、Android、Windows Phone手机系统平台的休闲益智类游戏的开发。

成功挂牌江苏股权交易中心的追梦人

2013年至今，我获得少伯会"江苏十大品牌营销人物""金陵网络营销实战商学院导师"的称号，带领岳创科技获评为"国家双软企业"。

——李浩亮

李浩亮，1989年出生于广东清远，2011年毕业于广东科学技术职业学院，主修计算机应用技术（嵌入式技术应用方向），国家linux二级工程师。

2010年在校期间就进入一家专业从事软件工程和行业管理咨询的外资（加拿大）企业实习，实习期间担任过软件工程师、数据库管理员、实施工程师、售前顾问、产品经理、项目经理。

2011年毕业后转正成为该公司华东分公司负责人，负责团队搭建、人员培训、华东大区市场拓展。任职期间，他成功带领团队为江苏通服集团、德乐股份、元烽控股、南京卡西特蒙、江苏中博、苏信置业、苏州佰亿达等行业知名大型企业定制企业信息化业务管理解决方案，并获得一致好评。

2012年6月，他成立南京浩孚特科技有限公司，主营企业互联网定制、信息平台、CRM等，后组建团队成功研发了针对通信行业的H3-ERP进销存终端业务管理系统。

2013年7月，南京浩孚特科技有限公司组织架构调整和业务拆分重组，把软件事业部独立运营，以508万元注册资金成立了江苏岳创科技有限公司，并成功引入多轮投资。主营软件工程、通讯零售"互联网+"解决方案。带领团队完成的成功行业案例有青奥志愿者服务云平台、农业部12316大数据分析平台、无锡地税智慧税务系统、江苏天翼直供平台在线ERP管理系统、山东电信销售助手、PMP项目管理系统、南京电信末梢网点综合服务平台、肥城民生服务平台、泰安贫困救助管理平台、牛首山旅游信息化总集管控项目等。

2013年至今，李浩亮获得少伯会"江苏十大品牌营销人物""金陵网络营销实战商学院导师"的称号，带领岳创科技获评为"国家双软企业"，并于2015年在江苏股权交易中心成功挂牌。

事迹简介

2013年至今，李浩亮同学获得少伯会"江苏十大品牌营销人物""金陵网络营销实战商学院导师"的称号，带领岳创科技获评为"国家双软企业"，并于2015年在江苏股权交易中心成功挂牌。

承载梦想翱翔

当回头看你之前所做的作品发现档次很低时，此时的你已经提高了！

——陈东亮

陈东亮，是广东科贸职业学院商贸系国际商务的一名学生，来自广东省茂名市的一个农村。父亲年轻时经商欠下了一笔庞大的债务，从小给陈东亮印象最深的就是一个个债主上门讨债。

他的母亲是一个不认字的勤恳妇女。父亲破产后，母亲就挑起了家庭的重担，整天在田地里忙活，偶尔还要去做点临时工。由于常年的工作劳累，母亲近年来疾病缠身，生活十分艰难。家庭的原因使得陈东亮很小就背上了成长的包袱，他像橱窗里的一只蚂蚁，拼了命地寻找一条走出困境的路。课堂以外，总会有他"寻路"的身影。高中时，陈东亮曾为学校师生解决了工厂重大污染问题，并顺利加入了中国共产党，成为一名中共党员。

圆梦大学

进入大学后，陈东亮按照程序申请了国家助学金，这极大地减轻了家里的压力，也让他可以全身心地投入到校园学习及活动中。

在大一期间，陈东亮加入了商贸系团总支学生会。由于商贸系所在校区没有师兄师姐带，在辅导员的带领下，他们自组了团总支、学生会，陈东亮顺利当上了团总支副书记。

没有师兄师姐的引导下，团队是新的，大家所做的每个任务都是新的，经验、团队协作、经费，这些都是大家需要挑战的难题。经过积极思考和经验借鉴，陈东亮带领学生会成员，通过外出拉赞助获得晚会举办资金，举办了一场让全系沸腾的大合唱。经过一学年的奋斗，团总支学生会完美地完成了系里的工作，并得到了学校领导的多次表扬。在团总支学生会的一年，他逐渐懂得通过协调各部门来开展工作。

创业启程

大二新学期开始，陈东亮开始了人生的创业旅程。他在学习和学生会工作时间外，一个月下来几乎把广州大大小小的批发市场都走遍，最后决定在电商行业进行发展。

2014年3月，陈东亮与钟表厂达成合作协议，承包了整个品牌的全面网络销售渠道。通过阿里巴巴建立起自主的批发网店，并组建了他的第一个团队。从产品的摄影、网店装修，运营一条龙下来都是他们自己去完成。刚开始，陈东亮买了个小影棚在学校的宿舍拍照，熬了一个星期的夜才把20多款手表全部拍摄出来，然后，花了将近一个半月的时间才把图片修好上架。前期经验技术都有限，但他与团队从中收获颇丰，并认识到：当回头看你之前所做的作品发现档次很低时，此时的你已经提高了！

前期工作完成后，一个学期也差不多结束了。于是，陈东亮把工作全部搬离学校，找到了一个落脚点，在这一个简陋的地方，一排桌子、三台电脑，然后往墙上贴一张世界地图、一张中国地图，就成了团队的工作室。

失败教训

从7月份离开学校开始，团队建起的网站马上就有了成绩。从刚开始时一单生意都没有，到一天多单生意，这一切给了陈东亮很大的信心。半个月过去后，令他没想到的事情发生了。由于质量问题，之前发出去的手表超过50%都退了回来。这样一折腾就要亏本了，更重要的是对店铺的声誉带来了很大的损害。陈东亮决定停止售货，他认为不可以让客户为劣质品买单。停止售货意味着所有一切将白费，唯一给他们留下的就是教训和经验。

断了网店的经济收入，每天的开销却不少。终于，团队里有人坚持不住就离开了。陈东亮当时感觉自己责任很大，如果当初先认定好产品质量再做，可能现在已经是完全不一样的情景了。

一直煎熬着到了9月份，工作室就只剩下他自己一个人。他从另一个朋友的工厂引进了他们的手表款式，开始了一个人的奋斗。就这样，自己一个人在工作室一呆就是大半个月，自己煮饭、自己工作、自己逛市场，平时想找个商量事情的人都难。当然，这期间最大的收获是接了一张5000只手表的外贸定制单。

新路探索

　　由于工厂转型太过缓慢,新的产品一直没出来,陈东亮不得不开始新的项目探索。游历了多个城市后,他在西双版纳看红木家具厂时,萌生了新的发展路线,启发了他对农产品未来的展望。他开始意识到农产品在销售渠道上的落后,严重制约了农产品产业的整体发展。

　　有了这一思路后,陈东亮认真考察了农产品市场,对行业做了大量的调研,也参观了部分农产品龙头企业借鉴经验,最终决定成立"农氏凡品"的农产品品牌。为了保证产品的质量,他从产品的源头出发,亲自下乡到产品原产地进行考察和收购。

　　4月中旬,"农氏凡品"第一代产品正式上市。品牌的第一代产品是蜂蜜,为了保证好蜂源,"农氏凡品"与选定的多个优质蜂蜜生产基地签订协议进行集中收购。要做好农产品企业,需要专注的是产品研发和质量控制,接下来是主打渠道的开拓建立和品牌文化的构建。目前,陈东亮的项目得到了社会各界很大的认可,销量越来越好。

　　他表示:"这一切应该感谢学校对我的培养,让我的价值观正确树立。"同时,他也感激国家资助项目给他的帮助和社会为他创造的成长环境,让了他有了承载梦想翱翔的能力。

事迹简介

　　虽然家境贫寒,陈东亮同学很小就开始考虑为家里分担,但没有因此放弃学习以及参与社团活动的机会。他高中进入社团担任社长职务,并加入中国共产党成为正式党员;进入大学就积极参与学生会工作,并有幸成为商贸系团总支副书记;在2014年下半年,开始与钟表厂合作创办了钟表批发网站;2015年3月,组建团队创办了"农氏凡品"的农产品品牌。到目前为止,他拥有了两间阿里巴巴店铺和两间淘宝店,正准备开启第二次创业,为农村与城市搭建一条健康的绿色桥梁!

天宽海阔任鹏飞

> 我用自己的实际行动践行了当代励志青年敢为人先的闯劲与冒险精神，也用自己的努力和血汗拼出了属于自己的一片天地。
>
> ——李正恒

李正恒，男，广东吴川人，1993年10月出生，是广州城市职业学院旅游系2012级会展策划与管理班的学生。由于家境困难，他曾于2013年申请国家助学金、2014年申请国家助学贷款。该生在校期间，始终严格要求自己，发奋学习、努力拼搏、成长成才，克服了家庭困难等不利因素，不仅出色完成了3年的大学学业，在校期间还先后担任班长、系学生会副主席、2012级级长等，在思想品德、能力素质、身体心理等方面得到了全面发展，曾获得国家级荣誉两项（第三届"远华杯"全国会展技能大赛综合组三等奖、第七届全国商科院校技能大赛会展专业竞赛总决赛策划组二等奖）、学校三等奖学金、学校的主题演讲赛优秀奖、系第一届主持人大赛二等奖。2014年7月自主创业，毕业之际他成立了自己的品牌（ECG）服装店，站稳了脚跟，并积极向其他同学传递创业经历、分享励志故事，用自己的实际行动回报国家和社会对自己的支持帮助。

身贫志坚，发奋学习力求改变命运

李正恒出生在广东湛江的一个普通农民家庭，家里4兄弟，让本来就收入有限的家庭更是拮据。年迈而体弱的父母抚养4个孩子显得格外吃力，每个新学期开学的时候，往往是这个家庭最头疼的时候，4个孩子加起来20000多元的学费差不多是这个家庭一年的净收入。经历"文革"而中断求学之路的父母始终坚信"知识能改变命运"的说法，因此，他们希望儿子能够通过读书获取更多的知识，能从这一片黄土中走出去。而李正恒，则承载着他们的希望。物资的贫乏并没有消磨李正恒的志气。他从小就立志奋发读书，希望在高考中能以优异的成绩考上本科院校，为家庭增光。但命运弄人，当他信心满载地赴高考这场960多万人的争夺战时，却遇到了人生第一个真正意义上的滑铁卢。他的成绩不足以上本科学校，只能就读专科。当他带着这份不尽如人意的成绩回家时，家中陷入一片沉默。对这个家庭而言，大学的学费与生活费是一笔不小的开支，而且还只是专科大学，更是让家里对他是否继续读下去产生了分歧。这时他对爸妈说："对不起，让爸妈你们失望了，我承认我高考失利的结果，但我相信人生会有很多不同的结果！就算是专科大学，我保证我的未来不会比本科的差。"就是凭着这股倔劲和爸妈的期盼，他踏进了他的人生希望之路。在他的说服下，家里咬咬牙，东凑西借地把他的学费给凑齐了，他的大学也才由此有了着落。

品学兼优，勇于挑战不断练就本领

2012年9月，李正恒如愿来到憧憬已久的省城广州求学，亦如愿被广州城市职业学院会展策划与管理专业录取。在踏进广州城市职业学院的第一天，他就告诉自己：3年的时间很短，他要把大学的每一天都过得充实。而何为充实，对于他来说便是不断地学习与挑战自己。所以，在大学里，他第一次竞选上班长、第一次在军训中担任连长、第一次担任级长、第一次竞选上系学生会副主席……一切看起来都是如此的一帆风顺。但对来自于农村的他，自小内心自卑而又相对闭塞，他一次次地走向讲台面对那么多同学时需要多大的勇气，但他还是一次次用真诚与努力赢得了师生们的信任。在学生工作中，他积极协助老师，勤敏好学，不断进步，总能圆满地完成每一项学生工作。按照他的话说，以前不知道什么是责任，直到参与学生工作后，他才真正理解了责任与奉献。而大家也看到他在一次次的磨练中不断成长蜕变，提升自己。在完成繁多的学生工作的同时，他也非常重视学业的培养。在校3年，他要求自己认真对待每一节专业课，因为他知道所有的实践都需要坚实的理论作为基础，将来想要在各行各业就业，必定要认真学好专业知识。所以，在系里老师们的悉心培育和自己的不断学习中，他认真备战自己的专业知识竞赛，并为院（系）和个人争夺荣誉。通过自己的努力与师长的悉心指导，他曾获得国家级荣誉两项：第三届"远华杯"全国会展技能大赛综合组三等奖、第七届全国商科院校技能大赛会展专业竞赛总决赛策划组二等奖。

勤工俭学，积极实践挖掘发展机遇

他一直认为，在社会中生存，仅仅依靠自己所学的专业知识是不够的，多在社会实践中检验和学习新的技能，也是不断提高自我的途径之一。同时也是为了减轻家里的经济负担，懂事的他从大一开始便不断地尝试不同兼职，如：中国移动话务员、百胜餐饮集团训练员、金马旅行社兼职导游、诺奢服装有限公司导购，等等。在很多大学生眼中，兼职只是个挣钱的途径，但在他眼里，每个兼职都是不同的尝试与学习。所以，他有选择性地不断尝试新兼职职务。在中国移动话务员经历中学到口才，在百胜餐饮集团训练员经历中学到了管理，在金马旅行社兼职导游中学到了统筹，在诺奢服装有限公司导购中学到了经营。

在大学期间，除了出色的工作能力获得大家的认可外，他也在用自己的行动与努力向大家展现他在商业方面的天赋。大一即将结束时，他便与自己的室友合计创业事宜，以自己的宿舍号之名成立了他们的创业工作室"106创业工作室"，带着3个年轻人的冲劲与希冀踏上了创业的道路。冲劲有了，工作室有了，但没想法、没项目、没实际行动，一切都是空谈。于是，他们便根据校园的综合情况和周边商业环境，决定以新一届大一新生开学为契机，做新生大学生活用品项目。为了配合宣传和迎合电商时代发展需求，他们结合电商特点成立学校特色生活用品网店"广城益嗮你"。益嗮你是广府粤语的特色语言，意思是，很有优惠给你；广城则代表学校。用意是希望传达真诚服务，优惠便民的创业理念。俗话说得好，兵马未动、粮草先行，有了项目，没资金去执行是不行的。作为创业三人组中经济条件最差的他，资金的筹集成了他头疼的问题。新生开学，他也要开学，家里的条件除去学费外实在没有多余的资金支持他创业，哪怕只需要个人筹资3000多块。但是，出于对创业前景的坚定信心使得最后没钱的他决定向学费"下手"。后来他在爸妈不知情的情况下，向学校申请了贷款延后交学费，本来需要5000多元的学费却"骗"爸妈说只需要3000多元，其实他是想借助这个"学费"把创业项目搞起来，并用挣了的钱填补学费。这样既能减轻家里的负担，也能完成自己的创业项目、学到经验。果然功夫不负有心人，在他及他的创业团队的努力和师生们的支持下，这个创业项目取得了成功，所得的盈利也足够让他交了大学的学费。

在这一次次不懈的尝试与学习中，最终命运之神的眷顾向他抛了橄榄枝，他最终结缘服装行业，也为他后来在服装行业的创业打下了坚实基础。

创新创业，把握商机建立人生事业

　　校园创业项目的成功极大地促成了他新的创业想法的大爆发。在一次服装店的兼职中，他无意间结识了一群做服装的年轻人，由此开启了他在时尚行业的生涯。课余时间，他经常到服装店兼职，学习服装的营销与管理。对于服装行业外行汉的他来说，一切看似简单的东西都得重头学起。所幸的是，学校的众多学生工作经验的积累，培养了他极强的学习能力以及他自身对服装行业所特有的敏锐嗅觉，所以在向他人吸取服装行业的知识后，他很快就能掌握运用。经过在服装工作室和服装店长期的学习工作，本身就对服装行业有兴趣的他看到了这个行业的创业商机。雷厉风行是他的性格，到了大二第二学期末，当所有的同学还在苦恼去哪家公司实习之际，他早已借助学习的闲暇跑各类服装批发市场，研究各地行情，并想好了自己的自主服装品牌 ECG – Electrocardio。Electrocardio 就是"心电图"的英文，意思是记录人"心跳"的活动变化图形，而他以 Electrocardio，即 ECG 作为品牌名的含义就是：在 ECG 的原创品牌服装中，总能找到让你心动的感觉。独特的品牌理念仿佛也无形中增加了他成功的砝码。

　　当然，创业是需要资金的，想开间铺位不大的小店，至少也要投资 8 万元左右。但家庭条件如此"一般"的他，就犹如安徒生笔下的丑小鸭，即便有梦想，又怎么可能如此轻易就能拥有展翅飞翔呢？出于对自己创业项目前景的信心，他努力地说服爸妈支持，可是即便爸妈非常支持，拮据的家庭实在无法拿出 8 万元。但出于对儿子的支持与信任，他爸妈在一个多月内，走访了所有能联系上的亲戚，一次一小袋水果，就这样，3000 元、4000 元、8000 元……不知其中他爸妈经历了多少冷眼与闭门羹，费尽了口舌，跑软了腿。即便有幻想 1000 个希望的镜头，但一个资金短缺的噩梦就能泼个冷水，让他清醒。就当他正准备放弃时，爸妈的一个电话："儿子，8 万元已经给你筹齐了，把账号发过来！好好努力，给咱李家挣个脸！"那时，电话这头的他哭了……

　　沉甸甸的 8 万元融资，承载了多少责任、使命、希望……他自己的第一间 ECG 品牌潮店，于 2014 年 7 月在东莞年轻潮流场之一——莞城区新干线商场成立了。他全身心投入，凭着新颖的服装潮流款式和优质的搭配服务，一直为当地的年轻潮人们所喜爱。品牌店在 9 个多月的经营中，实现了 43

万多元的营业额，创造了 18 万多元的净利润。他用自己的实际行动践行了当代励志青年敢为人先的闯劲与冒险精神，也用自己的努力和血汗拼出了属于自己的一片天地。如今，他正带领着自己的创业团队朝着更高的目标前进。

事迹简介

　　李正恒同学是一名品学兼优、积极进取、乐观向上的学生，在校期间学习成绩优秀，在校级比赛、全国性专业技能竞赛中屡获佳绩；同时在班里和系里担任学生干部，具备良好的沟通协调和组织管理能力；出生于贫困家庭的他能通过国家助学贷款、国家助学金和课余时间积极勤工俭学来减轻家人负担，同时也培养了他出色的管理、统筹、营销和经营的能力，为他之后创立自主服装品牌 ECG 奠定了坚实基础。他自主创立的品牌在 9 个多月的经营中，实现了 43 万多元的营业额，创造了 18 万多元的净利润，如今他正带领着自己的创业团队朝着更高的目标前进。

路，是跑出来的

做事业跟跑步一样，要脚踏实地，一步一个脚印，这样才真实，才刻骨铭心。

——蔡坚平

有那么一个人，他出身贫寒，但胸怀大志；他学历不高，但一直在学习；他年轻经验少，但一直在经历；他不是富二代，但励志努力成为富一代！他以自身的经历，一次次地向我们诠释了"梦，是做出来的，路，是跑出来的"。他就是蔡坚平，广东省经济贸易职业技术学校2011届商务英语（2）班的学生，现任香港富潮科技有限公司总经理、番禺理工学院国际贸易专业企业讲师，拥有丰富的实战经验与职业体会。他深入浅出地分享了自身的成长经历、在校期间刻苦的学习历程及实习创业的艰辛，以及为实现理想不断奋斗，不断进取，最终学有所成并创业成功的人生历程。

拼搏和热情让生命完整而有意义

在校期间，他担任校实践协会副会长，并积极参与各项活动，连续两届荣获"国际贸易技能竞赛"一等奖、"头脑风暴"一等奖；还获英语演讲比赛二等奖、"商务英语情景比赛"二等奖、演讲之星一等奖、"创业项目比赛"一等奖、校运会3000米第一名以及"军训标兵""区优秀团员""演讲之王""每月一星"的称号。毕业后努力工作，他创立香港富潮科技有限公司。目前，公司业务已开拓至日本、美国、以色列、法国、意大利、澳大利亚等世界各地，发展势头蒸蒸日上。他自信从容，以专业开拓市场，以睿智把控全局，他要告诉世人：拼搏和热情让生命完整而有意义！

到底是什么样的心路历程让蔡坚平能够成为一个如此品学兼优、身怀"绝技"的优秀人才呢？最重要的就是国家的资助和学校领导老师的培养，还有家人的关怀及自我的成长。

蔡坚平出生在广东省汕头市潮南区的一个普通的家庭，小时候因为家庭条件一般，从来没有零花钱，他非常渴望能像其他家庭的小孩一样，能拥有零花钱。他常常想，为什么别人家小孩考试才90分，家长就有奖励了，但他再怎么努力，经常考100分，却没有任何奖励！他小时候曾到街上捡空饮料罐去卖，为的是去换小小的"零花钱"。他从小就受够了这样的生活，他想要变得富裕，他想要让家人过上好日子。他不想以后他的孩子也去捡汽水罐，所以他从小就有梦想……

在校期间，蔡坚平每天刻苦学习，他相信，虽然自己只是一名平凡的中专生，但也可以创造出不平凡的未来！他在校成绩名列前茅，在班级管理工作上更是尽职尽责，积极主动。老师们对他都非常赞赏，在大家的印象之中，蔡坚平是一个成熟、稳重、考虑事情非常周到的学生。他不仅各方面表现积极，还时刻带动整个班的同学认真学习。记得当时考单证员的那段时间，为了帮助同班同学都能顺利考过，他每晚都利用晚自习的时间，当同学们的小老师，在讲台上给大家讲解题目，很耐心地解答任何一个问题。那个时候，晚自习巡逻的老师看到了都不得不惊讶佩服，很难相信这是一个中专生可以做出来的行为。确实，他的行动，一次一次地向我们证明，每个人心中都有一个巨人，只要你能够成功唤醒心中的巨人，就能迈向成功。

在校社团中，蔡坚平是实践协会副会长，暑假、寒假期间还帮助学校招生，他认为这是很好的锻炼机会，也可以丰富自己的人生经验。确实，实践协会一职锻炼了他统筹安排和组织协调的能力，让他在忙碌而充实的生活中收获颇多，他所经手的每件事情也都顺利达成预期的目标。他坚定地相信，付出就有回报，努力就有收获。他感谢学校能有这么一个社团存在，并给予他机会。

平时周六日业余时间，蔡坚平经常会出去做兼职工作。这既不浪费时间，也能丰富社会经验，重要的是还能赚点生活费。也是做的那些兼职，让他感受到挣钱的艰辛。在寒冷的周末深夜，独自乘坐一个半小时的公交车返校。他派过传单、送过快餐、扮过大公仔、做过促销员，等等。那些日子，他省吃俭用，用自己兼职得来的所有血汗钱买了一台笔记本电脑。这也是"吃过苦做事会更有信心"！他说，一个人不会因为做过什么而后悔，而是因为曾经没做过什么而后悔！所以，他一直在努力多做点事情，他相信，"The more you do, the more you can do！"

只要活着一天，就一定要努力奋斗

毕业后的蔡坚平一开始到佛山贝特尔机械有限公司工作，担任外贸业务跟单员一职，这份工作对他来讲还算比较轻松的，他在做好本职工作之后，就利用空闲时间，想着怎么去做一名优秀的外贸业务员，并一直在实践着。

2011年年初，他怀着梦想，带着仅有的1000元来到深圳拼搏，他坚信深圳一定会有他的立足之地。人，自己有手有脚，只要有口饭吃，就一定能活下去；只要活着一天，就一定要努力奋斗！这是一个成长的过程，经历了艰辛与痛苦，人才会成长，这种毅力也会帮助自己在生命的其他领域用不一样的心态去克服困难。就是凭着这股干劲，蔡坚平一步一步走来，在深圳市威尔达科技有限公司先是担任外贸业务员，后升职外贸业务经理。他努力工作，没日没夜，甚至有时候天开始亮了，他才放下工作去睡觉！

之后，蔡坚平自己创业，成立了富潮科技有限公司。因为家里没什么钱，所以只能靠半年来的积蓄创业。创业之初，公司只有他一个人，没租办公室，在华强北附近租了一个普通住房做SOHO。经过艰辛奋斗，从自己一个人，到开始招聘一个人、两个人，到现在已有12人的团队，公司人数正在逐步增加。他说："爱拼才会赢！青春就应该多拼搏，多点苦难，多点磨练。青春所需要的，是那热泪盈眶的日子。奋斗是唯一的出路，只要有口饭吃，就一定能活下去。只要活下去，就一定要努力奋斗！"因为在外贸网络营销领域有着丰富的经验和独到的见解，他被聘请为番禺理工学院国际贸易专业企业讲师，并且和学校有校企合作。

在回校参加商务外语部2011级商务英语专业实训周上，他曾通过让学生上台大声呐喊"我要成功！"及亲身演示在手脚被束缚的条件下爬行的方式，教导即将走上实习岗位的2011级商务外语部的师弟师妹们要脚踏实地，先抬头拉车，再低头看路，要坚定人生目标，树立信心，依靠坚强的意志力，不怕困难，不畏艰辛，向成功迈进。

运动，是一场内心的修行

蔡坚平也热爱运动，经常参加一些马拉松和越野跑，感受运动给他带来的激情和内心的放松。对于他来说，运动，是一场内心的修行；而长跑，是他自我修行的道场。他完成过多场全程马拉松，有深圳马拉松、广州马拉松、重庆马拉松、香港马拉松、韩国首尔马拉松、无锡马拉松、贵州六盘水马拉松、厦门马拉松、深圳大鹏马拉松、深圳盐田马拉松、深圳南山马拉松、珠海马拉松，等等。

2015春节的前几天，蔡坚平又做了让我们意想不到的事情。从深圳出发,历时 5 天,跑步 350 公里回到汕头老家,完成了他人生中一段特殊的旅程。他的行动告诉我们,做事业跟跑步一样,要脚踏实地,一步一个脚印,这样才真实,才刻骨铭心。

"梦,是做出来的,路,是跑出来的。"这是蔡坚平经常提醒自己的一句话。国家对他的资助,他没齿难忘;领导和老师对他的提携和指导,他感激涕零;家人的理解和支持,是他不懈努力的动力源泉。他接下来的目标是入学深造,学习更加先进和宽广的物流知识和技能。他感慨地说:"人因梦想而伟大,而我的梦想因为有国家的扶持而变得更加意义深远。我是幸福的,所以我没有理由不努力学习,为家人争光,为国家做贡献。"

事迹简介

蔡坚平同学虽然出生于贫寒家庭,但是从小胸怀大志,在校期间刻苦学习,实习期间艰辛创业,为实现理想不断奋斗,不断进取。2011 年孤身一人来到深圳拼搏,后来自己创业成立了香港富潮科技有限公司。目前公司业务已开拓至日本、美国、以色列、法国、意大利、澳大利亚等世界各地,发展势头蒸蒸日上。他也被聘请为番禺理工学院国际贸易专业企业讲师,并且和学校有校企合作。

励志·创业·分享

对于成绩，我永不自满；对于困难，我永不退缩；对于挫折，我永不气馁。

——李海亨

李海亨，2012年7月以优异的成绩毕业于佛山市华材职业技术学校计算机网络专业后，开始了他的创业发展之路。

志向远大的广东省三好学生

2009年9月，李海亨进入佛山市华材职业技术学校学习，就读于计算机网络专业。在校期间，他担任班长、团支部副书记、学生会纪检部干事。他为人正直热情、不骄不躁，工作责任心强、能力突出。

他勤学上进，每次考试成绩都名列前茅。凭着对计算机专业的浓厚兴趣和非一般的天赋，他立志要在IT行业有所发展。经过长期的勤学苦练，他先后通过了教育部考试中心组织的全国计算机等级二级（Visual BASIC）、四级（数据库工程师）考试，是学校第一个考取"数据库工程师"证书的在校学生，当时被誉为学校最年轻的数据库工程师；他是学校竞赛队成员，在佛山市2011年"格力·明珠"杯中等职业学校学生技能大赛（园区网组建与网站建设）中荣获个人二等奖。

李海亨把理论知识灵活应用于实践中，不仅提高了自己的学习和工作效率，还学以致用，用专业知识服务社区群众。他利用寒暑假时间，积极进入企业参加社会实践活动，义务为社区居民组装电脑、对有需要的社区居民进行电脑杀毒等维护工作，得到社区居民一致好评。

他品学兼优，是大家学习的好榜样。因各方面表现突出，李海亨多次受到各级部门的表彰。2011—2012学年被评为"广东省三好学生"。

勇于开拓的"90后"IT创业新驱

创立流岚网络工作室

位于佛山市软件产业园创业孵化基地的流岚网络工作室，是李海亨在学校的协助下创立的，并于2012年起开始运营的公司。公司承接网站建设，具体包括网页设计、网站推广、软件开发等互联网服务。李海亨工作的原则是诚信待人、坚持不懈，以诚信、坚韧建立及维护自己的客户群。在流岚网络工作室经营期间，他凭着自身扎实的技术基础、诚恳的洽谈、坚持不懈的项目方案介绍，赢得了客户的一致好评。由《羊城晚报》牵头的多家媒体以《90后IT创业新驱》为题对他的创业事迹进行了报道。

同年12月，李海亨和他的团队带着项目参加了佛山市优秀创业项目决赛，以苹果应用项目"家具云"一举夺下了特等奖。而他们的另一个网罗佛山地道小吃的应用项目"食通街"也获得了三等奖的好成绩。现场得到了不少企业代表的好评，也与中国邮政储蓄银行签下了合作协议。

联合创立佛山市致迅达智能信息技术有限公司

数名投资人被李海亨的工作能力以及人格魅力所吸引，与其探讨并合作设立一家新公司——佛山市致迅达智能信息技术有限公司。他虽然年纪轻轻，只有中职学历，却有着不一样的眼界与冲劲。他成熟的谈吐、敏捷的思维，让他在众多竞争者中脱颖而出。

在致迅达公司担任技术开发专员期间，李海亨爱岗敬业，领导技术部设计Allvoo工业设计平台，了解下属在网站创设过程中遇到的困难，并指导解决。网络平台的创建，总会遇到各种技术、商业难题，他始终坚守在自己的岗位上，踏实工作，积极奉献。功夫不负有心人，在各方面的积极配合下，他解决了大部分技术问题，促使网站提早建成并顺利运行。为公司的发展壮大，李海亨做了大量而有成效的工作。除了技术部的工作外，他还兼任市场经理，全面负责市场部门的业务及人员管理；制定营销策略，设定销售目标，进行商业交流，为打造世界首个工业设计平台，李海亨加班加点，完成系统后端研发与运行工作，保证了平台上线前的正常运行。在技术层面，为更好地为网络用户服务，他严格要求自己，不断学习系统知识，提高自身的技术业务水平。

李海亨独特的思维、专业的眼光以及扎实的互联网经验，使得 Allvoo 工业设计平台愈发成熟。之后，李海亨参加佛山首届青年创业大赛并取得银奖的优异成绩，得到现场十多位投资人的赞赏，同时发出投资邀请。他成功的创业经历，被各大媒体，如《佛山日报》《南方都市报》《珠江商报》等争相报道，还被多家网站转载。

乐于分享的青年创业导师

李海亨除了注重自身发展外，同时也希望把他所积累的经验和曾走过的弯路分享给有志于创业的同龄人，让大家共同成长。他与禅城区青年商会联合创立了 Lemon Hut 创业社区，为所有的创业者提供创业前的服务，分享各自的经验，使得"大众创业、万众创新"的创业精神可以得到更好的实践。在佛山市科技局与共青团佛山市委员会的协助下，他成功举办了佛山首届创业嘉年华，得到了社会各界的热烈反响，起到了积极作用。佛山电视台、佛山电台、《佛山日报》等媒体都进行了报道。每年他都受邀回母校参加优秀华材毕业生报告会，与在校学生分享自己的就业之路和创业体会，受到师弟师妹们的热烈欢迎，被母校聘为校外创业导师、职业生涯规划客席讲师。李海亨就是这样一个青年：对于成绩，他永不自满；对于困难，他永不退缩；对于挫折，他永不气馁。他以源源不断的冲劲、永不放弃的精神，迎接每一次挑战。

事迹简介

李海亨同学在校期间就考取了全国计算机等级 office 一级证书、VB 技术二级证书和数据库工程师四级证书，参加佛山市"格力·明珠"杯技能大赛获二等奖，被评为"广东省三好学生"。实习期间，他建立了佛山市禅城区流岚工作室。毕业后，他先后创立了佛山致迅达智能信息技术有限公司、佛山市流岚科技有限公司；联合创办了 Lemon-Hut 创业社区、联合举办了佛山首届创业嘉年华，被佛山电视台、《佛山日报》、佛山电台等媒体报道，得到佛山市团委和佛山市科技局等单位的大力表彰。李海亨的先进事迹先后被《羊城晚报》《佛山日报》《珠江商报》等报道。2015 年 3 月，佛山市电视台《创客时代》栏目把李海亨作为佛山青年创业代表进行了报道。

勇对困难，自立自强

在这种物质和精神均得不到满足的环境下生活，我并没有自暴自弃，而是表现得比同龄人更为成熟懂事，奋发进取。

——麦易超

中山职业技术学院信息工程学院软件技术专业学生麦易超，积极进取，遵守纪律。作为班上学习委员，积极配合任课老师管理课堂纪律。乐于助人，团结同学，主动帮助同学解决学习上的难题，得到老师和同学们的一致认可。在他的带领下，班级学习气氛一直保持得很好，得到院（系）高度评价。

勇对困难，自立自强

麦易超从小在农村生活，家庭经济条件低下，父母均靠务农维持生计。在这个环境之下，家里更是需要支持3个小孩上学的费用，生活异常困难。家庭生活也不和睦，家中父亲酗酒，常常带酒友回到家里吃喝，开销较大，并且因为父亲脾气较为不好，喝酒之后更是容易暴躁，稍有不满，就会对家里孩子打骂。

在这种物质和精神均得不到满足的环境下生活，麦易超并没有自暴自弃，而是表现得比同龄人更为成熟懂事，奋发进取。为了减轻家庭经济负担，麦易超从初中就开始利用假期时间到外地打假期工，赚取部分学费。到了大学，由于难以负担高昂的学费和生活费，每年麦易超都要申请延迟缴费，等到发放国家助学款项和学校奖学金后才得以补足。他积极利用空闲时间经营网店及参与勤工俭学，来赚取自己的生活费。

大学期间，他沐浴着国家资助的阳光，减轻了来自于生活的压力。2012—2013学年，他获得国家助学金3000元；2014年，获得国家奖学金8000元。国家的资助铺就了他成长成才之路，他在感恩的同时也希望可以有更多的人可以沐浴到国家资助的阳光。在2013—2014学年，因为家庭经济条件稍有改善以及经营的网店得到了颇为可观的收益，他决定放弃国家助学金的申请，把机会留给更有需要的人。

明确定位，成绩优异

麦易超在大一刚入学的时候，被学校分配到了电子信息工程系的电梯维护与管理专业。在第一个学期的学习中，虽然成绩优秀，但是他发现这不是自己的兴趣所在，在经过对自己的正确评价与定位后，他决定申请转专业，选择了符合自己的兴趣与个性的专业——软件技术。

大一第二学期，麦易超开始了在新专业中的学习。在此之前，他对于新专业一片陌生，也因为缺少了一个学期的专业基础课程学习，老师和同学们都担心他会跟不上课程进度。但这对于麦易超来说，似乎并不是问题，在开学后的短短的几个星期，他进步很大，迅速赶超了大部分班级同学，任课老师无不夸赞他的进步。随后，他继续努力学习专业知识，以不断进取的积极态度，提高自身文化素质。因此，成绩始终领先，综合测评连年优秀。在2012—2013年度获得学校"三好学生"的称号，连续两年获得二等奖学金，并在2014年10月获得国家奖学金。

积极参与学科竞赛与专业资格考试

麦易超因为专业知识扎实，被系部选拔参加2014年4月举行的第五届"蓝桥杯"全国软件和信息技术专业人才大赛省赛，竞赛成绩优秀，为广东省赛区一等奖，并获得参加同年6月份举行的国赛的资格。随后在北京大学进行的"蓝桥杯"国赛中，麦易超继续以优秀的表现，获得了Java高职高专组中全国唯一的一个特等奖，刷新了学校参加该项比赛的获奖纪录。

此外，在2014年11月，麦易超参加全国计算机技术与软件专业资格考试，通过中级考试，取得了"软件设计师"资格。

学无止境

在专业学习过程中，除了认真上课听讲，麦易超积极通过各种途径学习专业热门技术。他在没有任何老师讲解的情况下，通过自学，学会了目前非常热门的微信公众平台开发。

麦易超爱好看书，经常到学校图书馆借阅，除了专业书籍，他还广泛阅读其他学科书籍，注重自身文化素质的提高。

谱写创业人生

麦易超在校期间便开启了自己的创业梦。他大一的时候便利用空闲时间，在阿里巴巴全球速卖通在线交易平台上注册了自己的外贸网店，刚开始，比较艰难，难以盈利。但贵在坚持和努力，在开店半年后，他的网店每月营业额基本都可以维持在600美元以上，甚至营业额最高的一个月差不多达到2000美元，可以维持在校期间生活费用。

在接近毕业的时候，面临着就业方面的选择，麦易超同样选择了自主创业。这一次的创业显得更为艰难，他与班上几个同样优秀的同学组成了一个团队，注册了中山市易达号信息技术有限公司。创业初期，虽然还没看到成效，但相信在麦易超与他的团队伙伴努力下，公司将会有很不错的发展。

麦易超不断挖掘自己的潜能，充实和提升自我，平时生活中也注重向身边的人传递正能量。经过这两年多来大学时光的磨练，他显得更加成熟稳重，努力坚强。在今后的人生道路上，相信他同样会积极奋斗，谱写属于自己的精彩人生。

事迹简介

麦易超虽然家境贫寒，但他成熟懂事，奋发进取，刻苦学习，成绩始终领先，综合测评连年优秀，获得学校"三好学生"的称号以及学校二等奖学金、国家奖学金；同时积极参与学科竞赛与专业资格考试，获得"蓝桥杯"省赛一等奖、"蓝桥杯"国赛Java高职组全国特等奖，通过全国计算机技术与软件专业资格中级考试，取得了"软件设计师"资格。

自立自强篇

心怀感恩，砥砺前行

所有的苦难对我来说都是赠与，在每一次磨难中砥砺前行。

——赵旭燕

艰辛之路　希望之门

她是南方医科大学药学院 2008 级药学专业学生赵旭燕。她来自甘肃省永昌县，家里姐妹 3 人，父亲 14 年前因病去世，母亲身患小脑萎缩，丧失劳动能力，两个姐姐当年也都在读大学，家庭经济十分困难。家境虽然贫困，但姐妹三人学习成绩都很优异，大姐于 2005 年考取了东北财经大学，二姐于 2006 年考取了烟台大学。2008 年，她以高出当地重点线 44 分的优异成绩考取了南方医科大学药学院药学专业。别人收到录取通知书都是兴高采烈的，但是她收到录取通知书的那天却是一夜没有合眼。家里因为她复读已经山穷水尽，上学的费用让她充满了压力和烦忧。为了让她顺利入学，家里的亲戚东拼西凑为她凑齐了路费和部分生活费。2008 年 9 月，怀揣着对未来的憧憬和希冀，从没出过远门的她只身来到了离家两千多公里的广州，走进了美丽的南方医科大学。因为 40 多个小时的硬座旅程加上不适应南方气候和饮食，她在刚到的几天里就生病了，身上的钱也差不多花完了。情急之下，提前到校的她找到了学院的辅导员白雪峰老师，并将自己的情况向老师详细说明。白老师得知她的家庭情况后，第一时间为她安排了学生宿舍，并安排学院学生会负责人照顾她，带着她去购买生活必需品。同时，白老师及时向学院领导汇报了她的情况。在学院领导和老师的帮助指导下，她成功申请到了国家助学贷款和国家特困生助学金，学院副院长游文玮还帮她垫付了第一学年的书本费。这些领导及老师的关心和资助，不仅解决了她的经济困难问题，减轻了她的家庭负担，让她可以安心学习与生活，更多的是给予了她一种精神上的支持，一种言之不尽的鼓励和发自内心的责任感、使命感，激发了她对生活继续奋斗的勇气，给予了她希望。

学会独立自强

历经磨难的她明白,不能只依靠国家的扶持和他人的帮助,自己要学会独立自强。大学四年,在完成学业的同时,她通过各种兼职来赚取生活费。4年里,她的生活费都是靠自己的努力解决。她曾经在学校饭堂打过工,也在学校超市做过收银员,还推销过报纸和计算器,平时还会在学校图书馆勤工助学岗位上工作,周末就到商场里做促销活动和做家教。在解决自己生活费的同时,她也不忘帮助别人。从入学开始,她就一直担任本年级班主任助理,工作踏实,认真努力,及时地为每一位同学解决问题。同时,她也是学院学生会文体部部长,积极组织各项活动,丰富同学们的生活,也锻炼提升自己。她还参加各项公益活动,通过自己的行动回报社会。学习上,她更是严格要求自己,大学4年,她曾获得院级、校级"优秀学生""优秀学生干部""优秀共青团员""优秀毕业生""自强之星"等荣誉称号,还成功申请到了国家励志奖学金,2011年10月获得南方医科大学推免生辅导员资格。在为期一年的辅导员工作期间,她踏实认真努力勤勉的完成各项工作,用自己的行动回报学院领导的支持和帮助。2013年9月,她开始攻读本校药理学硕士学位,同时担任本年级班长和研究生会主席,在完成自己学习和科研的同时,也积极组织各项活动来团结同学共同进步。她也将继续踏实努力地走好每一步,用自己的努力改变命运。

怀揣感恩

生活在这样的家庭里,她不曾抱怨,也不曾气馁。她一直相信,生活是要靠自己打拼的,幸福是要靠自己争取的。她也很庆幸能生活在这样的社会和国家里,不会因为贫困而辍学,不会因为贫困而放弃自己的理想。国家的贫困资助在她最困难的时候给予了她力量,为她插上了理想的翅膀,让她能够自由地在天空翱翔,助她顺利成才成长。她也很感谢一路上一直帮助她、支持她、关心她的学院领导和老师,还有为她付出的家人和朋友们。是爱,让她变坚强;是爱,在她的心田滋长;是爱,让她飞翔成长。滴水之恩,当涌泉相报,她有勇气和自信走好未来的路,她会用青春的激情和毅力创造更加绚丽的明天。她会怀揣感恩,自立自强,用能力和知识来报效国家,回报社会。

事迹简介

  赵旭燕同学因父亲在 14 年前病逝，母亲身患重病，丧失劳动能力，家中经济困难。她深知家庭的困境，在努力学习的同时力所能及地通过各种兼职赚取生活费，并积极参加各项活动。本科期间她曾获得院级、校级"优秀学生""优秀学生干部""优秀共青团员""优秀毕业生""自强之星"等荣誉称号，并在 2011 年 10 月获得本校推免生辅导员资格。她在为期一年的辅导员工作中，踏实勤勉认真负责，用自己的行动回报学院领导一直以来的关心和支持。2013 年 9 月开始攻读本校药理学硕士学位，同时担任本年级班长和研究生会主席，在完成自己学习和科研的同时也积极组织各项活动来丰富同学们的生活。

自古英雄多磨练，从来纨绔少伟男

人们是拿你自己看待你的态度来看待你的。

——崔家康

崔家康来自河南省商丘市睢县，现为广州中医药大学第一临床医学院中医临床基础专业 2014 级硕士研究生。曾罹患格林巴利综合征且被医生断言只能躺在床上的他，不向命运屈服，凭借自己的坚强和毅力打破医生的断言，实现了从全身瘫痪到完全自立的转变。虽然身体遗留有残疾，但他热爱生命与生活，积极展现自我，本科期间，勤工俭学，担任校务助理、班长等职；学习成绩优异，连续 4 年获奖学金，多次在各类大赛中获奖，被评为"河南省三好学生""优秀学生干部""文明学生标兵""十大自强之星"等。2014 年高分考上广州中医药大学硕士研究生。

人不仅仅是为自己而活着

他出生于一个普通的农村家庭，但因中学时罹患了格林巴利综合征而让家庭变得痛苦不堪。在死亡线上挣扎了足足 119 天后，他惊险地存活了下来。从最开始的步行进入医院到昏迷不醒，不到一周的时间，如果不是家人发现及时并通知医生抢救，恐怕他早已离开这个世界了。在疾病最严重的时候，全身上下几乎所有的肌肉都失去了神经支配，只有眼皮可以眨动，但他还是凭借自己坚强的毅力存活了下来。在郑州治疗时出院前的几天做了一个肌电图检查，看到结果的医生说："如果不下劲治，可能会出不了医院；好好治的话或许还可以保住命，但可能会一辈子躺在床上。"可以想一下，几个月前还好好的一个人，突然告诉你一辈子都要躺在床上，会是什么感受？当时的他感觉自己的整个天空都坍塌了，甚至想到死。但最后，他选择了活着，一是因为人只有活着才会有希望，才会有其他的一切；二是走到今天父母为他付出了太多，死是一件很容易的事，但是活着的人却比死了的人承受更多的痛苦。最终他明白了，人活着不仅仅是为自己而活，更是为了所有关心你、所有爱你的人而活！从那以后，他就下定决心，不仅要证明给医生看，证明给别人看，更要证明给自己看。因为曾经体会到针灸的治疗效果，出院后他就去接受针灸治疗，而这也是后来他为什么选择学中医的一个重要原因。回家以后，父母就开始带他到中医院做针灸，一做就是一年零两个月的时间。他从头开始学坐、学站、学走、学骑车，因为神经支配障碍的原因，摔倒的后果比小孩学走路摔倒要严重得多，几乎每次必骨折，但是他却没有放弃过，试想一个一辈子只能躺在床上、连自理能力都没有、事事依靠他人的人，活得会有尊严吗？他想活得更有尊严，所以一直在坚持。

这次经历让他懂得了永不言弃的可贵，也明白一个人的心态和信念会决定人的一生。"人们是拿你自己看待你的态度来看待你的"，你如何看自己，别人也会用同样的态度看你。后来他又重新回到了学校，继续求学路，完成自己的梦想。他深知这一切来之不易，所以倍加珍惜这难得的学习机会。2009年，他以优异的成绩考上了河南中医学院中西医结合临床专业。经过大一一年的刻苦学习，他通过了学校的考试，被选拔进入学校首届中医学班（仲景学术传承实验班）。

学习刻苦，成绩优异

进入大学后，他努力学习，工作踏实肯干，积极向党组织靠拢，最终成为了一名光荣的中共党员。本科期间，他积极参加学校活动，大一担任班委的工作，被评为"优秀辩手""优秀学生干部""文明学生标兵"等。大二被选拔进入学校学生校务管理助理团，任职业技能培训鉴定中心助理，获得"优秀助理"的称号。大三，任图书馆助理；获得"河南省三好学生"、校"十大自强之星"的称号。同时他积极参与班级管理工作，参加了班级的班委竞选，并且成功当选，任2009级仲景班班长的职务至毕业。

他学习刻苦，成绩优异。连续4年获得校内外各级奖学金：大一获得了校综合奖学金，大二获得了宛西制药集团赞助的仲景奖学金，大三获得了国家励志奖学金和羚锐制药赞助的奖学金；大四再次获得国家励志奖学金。鉴于他在学校的优秀表现，他获得了2012年度中国大学生自强之星提名奖。在"中医临床技能大赛"中，他带领团队获团体第一名的好成绩；在个人单项中，获"中医基础理论"项二等奖、"方药知识"项三等奖、"四诊技能"项三等奖、"接诊技能"项优秀奖等。他利用课余时间，做家教、勤工俭学，加上国家和学校的奖学金、校务助理的工资等，上学期间为家里节约了不少开支，一定程度上减轻了家庭的经济负担。

经过几年的努力学习，2014年，崔家康以统考392分的高分考上了广州中医药大学第一临床医学院中医临床基础专业研究生，入学后即获得一等奖学金。其善于钻研，勤于思考，发表核心期刊学术论文4篇（2篇中文核心期刊）。

事迹简介

崔家康同学曾因罹患格林巴利综合征而致生命垂危，但他以积极乐观、勇敢坚强的态度面对人生中的磨难，凭借其坚持和毅力打破医生的预言，实现了从全身瘫痪到完全自立的转变。虽身体遗留有残疾，但热爱生命与生活、积极展现自我，勤工俭学，本科期间担任校务助理、班长等职；学习成绩优异，本科期间连续4年获得校内外各级奖学金，多次在各项大赛中获奖，获得"河南省三好学生""优秀学生干部""文明学生标兵""河南中医学院十大自强之星"的称号以及中国大学生自强之星提名奖等。2014年以统考392分的高分考入广州中医药大学中医临床基础专业，入学后获一等奖学金，发表核心期刊文章4篇（2篇中文核心期刊）。

越努力，越幸运

> 班里的同学都以我为榜样，学习我的坚毅刻苦、不畏苦难的品质，学习我笑对生活、积极面对人生的态度。
>
> ——董 云

董云，女，福建龙岩人，1994年出生，2013年以高出重点线20多分的优异成绩考取广东工业大学，成为管理学院2013级工商管理专业在校本科生。她照顾瘫痪在床的妈妈10多年，带着妈妈一起上大学，被评为"广东好人"、"感动广工大"的孝老爱亲模范大学生。

不畏艰辛，撑起一片天

1999年，因一次车祸，董云的妈妈身受重伤，全身自颈部以下全部瘫痪，生活没法自理。那年董云只有5岁，姐姐8岁。从小学开始，董云就学会了照顾妈妈。不幸在此后接二连三降临，她的爸爸，因为家里负债累累，丢下数十万元债务，离家出走，至今杳无音信。她的姐姐，因为家庭变故，患上抑郁症，没法照顾妈妈。除了低保，董云一家靠外公外婆等亲戚的资助和社会爱心人士的捐助来维持生活。从高中起，照顾妈妈的重任完全落到董云身上，她的生活分成了两半：一半是妈妈，一半是书本。14年如一日，董云给妈妈喂饭、喂药、洗衣、做饭。为了防止妈妈皮肤溃烂，还经常帮妈妈翻身，帮她按摩。

凭着坚强的意志，就读于连城一中的董云2013年顺利通过高考，被广东工业大学录取。当拿到大学录取通知书，19岁的董云的心情由短暂的兴奋转入了深深的惆怅。"如果我去广州读大学，谁照顾妈妈呢？"从小就开始照顾母亲生活的董云，既不愿放弃学业，也不舍得离开母亲。读书难得，亲情难舍。最终，董云决定带着妈妈一起来广州上大学。

立志成才，奋斗新征程

从一开始帮着她带妈妈来上大学，到开学时走绿色通道，申请国家助学贷款及国家助学金，再到天河区政府领导的慰问、学校老师的关怀……来自国家、社会各界及学校的帮助给了董云极大的支持与力量。学校领导、辅导员经常带领爱心社的师兄师姐们来看望董云和她母亲，了解董云家里的需要，并帮助她解决生活上的困难。董云说："滴水之恩，我将涌泉相报，我将在广东工业大学开启我的奋斗新征程，自强不息，励志成才，回报国家、社会与学校。"

自上大学以来，董云勤奋好学，努力学习学校安排的每一门专业课，做到积累、巩固理论知识，并积极参与实践活动。同时，她还在学校学生处担任学生助理工作，帮助和服务同学。周末的时候，董云经常到志愿者驿站、社区做志愿者，带小朋友做作业、玩游戏、讲故事，还同社工们一起参与宣传招募义工等活动，在母亲节这种特别的日子里，和小朋友们一起开展感恩母亲活动。平时，董云还会和班里的同学自发组织一个小分队，一起去探访独居老人，帮他们打扫屋子，陪他们聊天，排遣孤寂，给他们带来欢笑。为积极培育社会主义核心价值观，传播"天河好人"团队的正能量，董云参与天河区文明委举办的"天河好人"志愿服务队，与众多"天河好人"一同关爱高温下的劳动者，为炎炎夏日下的出租车司机、环卫清洁工、交通协警等一线户外劳动者送去防暑降温凉茶、药品及关爱。

爱心接力，传递正能量

深受董云事迹的感染，辅导员、班主任经常在课余时间组织班里的同学们到董云的家里探访，与董云的母亲聊天，帮助董云做家务，从她对母亲无微不至的照顾中，同学们感受到了她的孝顺、对母亲的爱。每当谈起女儿，董云的母亲都洋溢着欣慰的笑容，一番自谦之余，更多的是对自己女儿成长发展的宽慰，说她"喜欢笑，爱说话了"。班上同学们都说她变得很阳光、很自信，比从前更加乐观自信的面对生活，更加刻苦学习。受董云的影响，许多与父母长久没联系的同学，都主动拿起电话，给予父母关心与问候。班里的同学都以董云为榜样，学习她的坚毅刻苦、不畏苦难的品质，学习她笑对生活、积极面对人生的态度。一股正能量的暖流在班里的每一位同学心里流淌。

2014年4月，董云受邀去珠海参加广东省道德模范与身边好人现场交流活动，作为孝老爱亲好人代表，现场与大家分享了自己从小照顾妈妈，并带着妈妈上大学的故事和心路历程，不少人了解后，纷纷为之感动，精神上得到了极大的熏陶与鼓舞。

正是因为董云入学以来刻苦努力，积极上进，无私奉献社会，她获得"广东省优秀共青团员""广东好人"省级荣誉2项，"广州好人""天河好人"市级荣誉2项。2014年4月还被全校师生评为"感动广工大"的孝老爱亲模范大学生。

她深知现在这一切来之不易，感谢国家政府和社会的资助，才让她圆了大学梦，有了现在的生活，真正地展现了"国家资助，助我飞翔！"她坚信"越努力，越幸运"这句话，也一直以此来鼓励她拼搏向上、积极进取，尽自己所能来温暖帮助、回报更多的人！她将秉承一颗感恩的心回馈社会，奉献社会，让爱传递下去！

事迹简介

董云同学在母亲瘫痪后，主动挑起了生活的重担，并凭着自己的努力，在入学以来刻苦努力，积极上进，无私奉献社会。她获得"广东省优秀共青团员""广东好人"省级荣誉2项，"广州好人""天河好人"市级荣誉2项。2014年4月还被全校师生评为"感动广工大"的孝老爱亲模范大学生。

以笔寻根传统文化

每一天,我最珍惜的时光就是一个人泡一杯热茶独自写字的时间,那一刻,没有笔会,没有展厅,没有掌声,只有自己与古人的对话。

——龚 领

1991年出生于贵州铜仁的龚领,是广州美术学院的一名学生。从小热爱传统文化,尤其热爱书法。

与古人的对话

17岁那年,龚领来到杭州学习书法,深深地感受到了自己与同龄人的差距,他说:"大家从小生活在江南水乡,成长于书香门第,而自己来自西南山区,没有那么好的经济基础和文化氛围,在视野上我比大家落后一大截。"那时的他每天凌晨4点钟起床练字,写字的时间从来不低于15个小时。那时刚刚离开父母一个人在外地生活的他各方面条件十分艰苦,租了一个几平方米的小房间练字,杭州的冬天很冷,为了省电费,他都从来都不开电炉,双手因为生冻疮都开裂了,身上的衣服一穿就是一个月,每天在附近的小推车买一些炒饭、盒饭吃,每天晚上给老师看作业的时候都是拿出厚厚的一叠纸。

通过学习书法,龚领对博大精深的传统文化有了更多的认识。传统文化讲究师承关系,在学习中,老师们无私的指点都令他对书法和人生有了更多感悟。

在中国传统文化中,书人尚德,书法尚正,书品尚美。这样的美好愿景,引领着龚领不断追寻真善美,以笔寻根传统文化。

在浮躁的社会中从事书法,作为"90后",他在同龄人眼中偶尔显得格格不入,但在龚领看来,写字能让他在喧嚣中寻找一片宁静。每一天,他最珍惜的时光就是一个人泡一杯热茶独自写字的时间,那一刻,没有笔会,没有展厅,没有掌声,只有自己与古人的对话。

潜心修炼，厚积薄发

大一时，身边很多同学热衷于国展，纷纷将作品投展，那时的龚领没有盲目跟风，而是选择心无旁骛地潜心钻研书法，每一天，他坚持至少用8个小时来练习书法。

两年里，他饱览名家作品，苦心钻研各种书体，不断修炼自身技艺。2014年，当龚领带着自己的作品参加比赛时，他迎来了人生中的一个转折。半年内，他连续获得15个国家级展览奖项，其中3场比赛是由中国书法家协会主办。作为广州美术学院的一名大三学生，他成为学校目前唯一一位中国书法家协会的成员，所取得的成绩也令众人刮目相看。一时间，许多书法家找到了他，画廊老板想要签下他，社会上各种笔会纷纷邀请他。

尽管不习惯这突如其来的荣誉，但是，看到凝聚着自己所有心血的作品得到大家的肯定，龚领感到十分欣慰。对他而言，书法不仅为自己带来了内心的满足，也改善了自己与家人的生活。16岁时，龚领的父母离婚了，面对这突如其来的打击，刚刚进入高中的他十分痛苦，高一那年的学习一直不在状态。当时龚领的书法老师给了他很大的支持，告诉他要坚强、要勇敢，慢慢地引导青春期的龚领走出阴影。龚领跟随父亲生活，母亲与弟弟则前往江苏生活。父亲在县里经营着一家粮油店，对并不富裕的家里来说，学习艺术原本是一件奢侈的事。看到龚领如此热爱书法，这些年来，父亲一直咬牙坚持着。

在学校，龚领每年的学费都是向国家申请的生源地贷款和亲戚朋友的资助，他每月坚持在校勤工俭学，并在校外担任家教来补贴生活。当他获得一些奖项后，所得的奖金除补贴自己的生活外，龚领也将奖金寄给母亲，虽然母亲那么多年不在自己身边，但他一直知道母亲长年的头痛和关节病很严重，每年花在治病的医药费都是笔不小的开支。

艺术是一种长久的修炼与沉淀，对年轻的龚领而言，探索艺术的道路才刚刚开始。他把书法视为纯净精神世界的寄托，真挚感情的抒发，他所写的书法如其行、如其思，亦如其人。

事迹简介

龚领同学来自西南山区，为了实现自己的书法梦，通过助学贷款和亲戚朋友的资助以及自己做兼职以完成学业。他饱览名家作品，苦心钻研各种书体，不断修炼自身技艺，2014年成为学校目前唯一一位中国书法家协会的成员，作品分别被河北省博物院、湖南省长沙市博物馆、山西省和阳美术馆和广州美术学院收藏。

今朝当兵，一生光荣

今朝当兵，一生光荣；结缘广体，荣上之荣。

——古 思

古思是广州体育学院体育教育系2013级（17）班的学生，出生在一个单亲贫困的农村家庭，在他6岁的时候，父母就离异了，父亲患了重病，是他爷爷一手把他拉扯大的。那个时候，他和爸爸的生活费仅靠每月领取的低保和打工叔叔的微薄资助来维持，生活过得很辛苦。还记得，当时年幼的他拖着一个水桶，里面装满了爷爷、爸爸和自己的衣服，不好意思地跑去河里洗衣服的日子；还记得，别人说他是个没人要的野孩子的情景；还记得，他和爷爷在田地里种黄豆和花生的日子。那些往事都在他心里留下了深深的烙印，一直影响着他。那个时候的他很自卑，很内向，不喜欢跟别人说心里话，也很少有人能真正走进他的内心。虽然家里的突然变故，让他过早背负起照顾整个家庭的重任，但所有的经历似乎是上天对他的考验，让他成长得更快一些。

功夫不负有心人

渐渐地，他长大了，知道唯有读书才能改变自己的命运。所以，他努力学习，克服种种困难，始终激励自己保持乐观的心态。功夫不负有心人，终于，他以500多分进了一所离家比较近的中学。追溯高中三年的读书时光，在他心里那真是别有一番滋味呀！那种滋味既甜又苦，甜的是：留在心底的老师和同学对他的那份关心，苦的是每年过节时，他只能看着别人家团团圆圆，有说有笑，而自己却只能听爸爸那难懂的语言，然后还要假装做出一副很开心的样子给爸爸看。那个时候的他，是多么地想有一个妈妈和一个能理解他的爸爸呀，因为他很想感受一下父爱和母爱的滋味，很想吃上一次父母为他煮的饭菜，很想和别人一样，春节过后可以去外婆家，很想有个温馨的家呀！可是，这些都是他在高中时的一个梦，在他的人生当中永远也实现不了。无奈的他，只有默默地忍受着、坚持着。因为他很清楚这些都是现实，他必须勇敢地去面对，去接受考验。唯有努力学习，考上好的大学，才能改变自己艰苦的现状。所以，他立志一定要考上大学，他要告诉那些曾经对自己说"NO"的人"YES"是怎么来的；他想要告诉所有人，一个没有妈妈陪伴还要照顾爸爸的人，一样可以考上大学！

爱心人士的无私帮助

考上广体是他人生中的一次转折点。当同学们得知他考上了之后，都打电话去祝贺他。可是，拿到录取通知书的他怎么也高兴不起来，因为他不知道去哪里找大学4年所需的费用。无奈之下，他请求村主任帮自己想办法，村主任琢磨了一会儿，连忙把他的事情向镇党委书记反映。之后便有梅州电视台的记者去他家采访，经过媒体的报道之后，社会各界热心人士向他伸出了援助之手。

可能很多人认为，在爱心人士的帮助下，他就能够顺利地上完大学。但是，接下来迎来了他人生当中的第二次转折点。

以参军回报社会

在为期一个多月的大学里，他体验过了军训和大学生活。他心里很清楚，如果选择了当兵，就意味着要放弃轻松舒适的大学生活而过上摸爬滚打的日子。但当他每次想到爱心人士对自己的无私帮助，心里就会油然而生一种报恩的想法，如果能报恩，那自己吃点苦又有什么关系呢。于是，他毅然选择了当兵，他想以参军来回报社会，回报恩人，以参军来传递自己的一份爱心，把老板资助自己4年学费的那笔钱，让给其他寒门学子，让更多渴望上学的寒门学子都有上学的机会。

说起当兵，他便自豪地吟起："唱起军歌心潮汹涌，听到军号勇敢冲锋，仰望军旗力量无穷，融入罗浮肩负重任，夜里挑灯艰苦训练，为了年底立功入党，没日没夜努力学习，雄心壮志有所作为，一心立志报考军校，能力不够榜上无名，伤心绝望情绪低落，领导开导调整心态，反复琢磨是否留队，决心已定退伍求学，今朝当兵一生光荣，结缘广体荣上之荣。"

部队是一个军令如山倒的地方，经过尝试，他才发现，军队的生活并没有他自己想象得那么简单，无论刮风下雨，无论严寒酷暑，日复一日，都只为了一个目的——那就是全心全意为人民服务。那种生活有过欢笑，也有过泪水。他一次次地站在了无偿献血和支援的行列中，献出的不仅仅是一份血，更是对社会的一种责任，对生命的一种尊重，换来别人的笑脸就是军人的满足。

部队的实弹射击，让他学到的不只是瞄准，更是一丝不苟的精神；部队的格斗练习，让他学到的不只是身手，更是跌倒了再爬起来的勇气；部队的陪护病人，让他学会的不只是做饭，更是照顾、关心他人的本领；部队的教育，让他学会了如何为人处世、待人接物，等等。通过自己的不断努力，他在部队入了党，获得过"优秀士兵"称号。

感恩的心

重返校园后，他积极组织和参加学校各项活动，先后组织2013级全体师生、所有党员祭扫十九路军烈士陵园和广州起义烈士陵园活动，获得了指导员的好评。他还荣获学院"优秀共青团员""优秀学生干部"等荣誉称号，参加系部演讲比赛获得过三等奖和最佳台风奖，等等。节假日他会经常出去外面做兼职教练、服务员等；暑假他还参加过梅州的夏令营传统文化教育活动，从中明白了一个人学问再高，学历再高，不学习《弟子规》，心思歪了，连最基本的做人原则、孝敬父母都不懂的话，那么他也是一个废人，将一事无成。《弟子规》可以使一个十恶不赦的人变成一个善良的人，可以让我们结缘很多的好朋友，可以让我们找到好工作，可以让我们找到人生努力的正确方向。他还加入了梅州市爱心天使义工协会，经常跟协会会长"爱心妈妈"一起去各地做义工、献爱心，目睹过各地贫困的家庭。当他看到他们的那种艰苦处境时，瞬间觉得与他们相比，他已经非常幸福、非常知足了。他心想，社会上还有很多比他更辛苦的人，他们看不见阳光，听不到世界美妙的旋律，不能正常运动，自己还有一个健康的身体，有什么理由不去好好珍惜，好好奋斗呢？为了传递自己的一份爱心，在一个年初二的时候，他陪一个单亲的小妹妹度过了她人生中最艰苦的一个晚上。那天晚上，他们两个人就坐在一个破旧的沙发上，守护着她患了肺癌的父亲，一个晚上都在帮助她的父亲处理大小便以及呕吐的鲜血。虽然他不能给有需要的人一笔丰厚的金钱，但他可以献出他最真诚的一颗心！基于他那种顽强拼搏的精神和拥有一颗感恩的心，他的事迹在惠州服役时曾被惠州电视台报道，在地方曾被梅州电视台报道，《南方日报》和《梅州日报》也进行过报道。

他就是这样慢慢地为成长成才而拼搏而努力！

事迹简介

　　古思同学出生于单亲家庭，考上大学后为了回报社会、回报恩人，更为了磨练自己，他毅然选择休学两年踏上了从军的征途；重返校园后，他不忘国家的培育之恩，加入了梅州市爱心天使义工协会，随协会前往各贫困山区尽自己的一份微薄之力去帮助那些需要帮助的人；梦想让他充满了奋发进取的力量，明白了在有限的大学生涯里应更加刻苦学习，多参加学校和社会组织的各项公益活动，多帮助需要帮助的人，应学会拥有一颗感恩的心！

青春因奋斗而美丽

> 国家资助政策给予了我巨大的动力和责任感,作为资助生,我感谢国家资助政策,让我能够顺利完成学业。
>
> ——邵云轩

邵云轩出生于茂名市的一个边远的小山村,就读于广东青年职业学院2012级计算机工程系网络技术(4)班,于2015年3月参加广东普通高校专插本考试,考上了广东技术师范学院计算机科学专业。她曾3次代表学院参加"蓝桥杯"全国软件专业人才设计与创业大赛,并分别获得广东赛区java高职高专组三等奖、二等奖、三等奖。由于成绩优秀,各方面表现出色,两次获得国家励志奖学金,两次获得院"三好学生"的称号,荣获第二届勤工助学征文比赛一等奖,并作为代表上台领奖发表感言,获得院"优秀团员"等称号。她曾担任过系学生会学习部委员、系办公室助理、勤工助学清运组、图书馆管理员。回首在学院这几年的奋斗历程,她充满了幸福感。感谢国家资助政策,让她能顺利完成学业。

思想上进,道德高尚

邵云轩关心国家大事,平时能认真学习马列主义、毛泽东思想、邓小平理论和"三个代表"重要思想,并且努力践行"三个代表",不断提高自身政治修养。思想健康、活跃,常常能提出一些好的意见和建议。作为一名共青团员,她自觉履行团员义务,执行团的决议,遵守团的纪律,发挥团员的模范作用。她具有坚定正确的政治方向,在思想和行动上严格要求自己,不断向党靠近,并在2013年递交入党申请书,经过层层筛选和党校的培训,成为了入党积极分子,在不断加强自身素养的同时,做好各项工作,全心全意为同学服务。

在读中学的时候,以为大学的学习生活是自由的、轻松的,可是真正到了大学才发现,并不是那么轻松,由于学费是贷款的,开始她因为这事时常感到有点自卑，怕同学看不起，当时去办手续，辅导员安慰她说不要觉得贷款是一件丢脸的事，而是你要更加发奋读书。这可能是她大学上的最深刻的一堂课，也正是助学贷款改变了，让她明白学费来之不易。因此，她很快摆脱了那种卑微的想法，发奋读书，重新定义了美好的大学应该是奋斗的，正应校训所说的奋斗的青春最美丽。

学习刻苦，积极向上

她学习刻苦，上课认真听讲，总是坐在前排跟老师交流，得到了各个任课老师的认可，学习成绩优异，两年综合测评，学业成绩均在85分以上，排在班级第一名。凭借着强烈的求学心态，在不影响专业知识的基础上，不断学习高数、英语、思想品德，还有一些计算机科学技术的知识，她参加广东普通高校专插本考试，考上了二本院校广东技术师范学院计算机科学技术专业。

凭着对java软件技术的爱好，她自学软件技术，而现今从事计算机行业，工作职位是java软件程序员，专业十分对口。除此之外，她的网络方面的技术也不逊色，在校期间考到了广东技能鉴定中心的网络管理员高级认证。总的来说，在学院邵云轩这3年没有闲过，别人玩的时候她在学习，别人学习时候她更是在学习。她每天都制定好计划，当天要学什么，晚上睡觉前都会想一下当天的任务是否都已经完成，印象中她在校期间都没有完整看过几部电影，要是问什么时候最闲，应该是睡觉时候了。

生活俭朴，乐于实践

作为一位贫困生，她生活简朴，不该花钱的地方从没有浪费过，还积极参加学院组织的勤工助学获得生活费。还记得第一次做勤工助学是加入学院清运组，负责男生宿舍第三、四栋的垃圾运送，她每天晚上9点到楼下，把所有垃圾袋装进车拉去垃圾场。每天晚上的垃圾都装得高过人，有时垃圾袋破裂了，臭水就会溅到衣服上。这些还不算什么，最难过就是心理关。每天拉着垃圾车在喧闹的校道来回，她很怕别人看到，怕别人笑话，久而久之，她慢慢克服了这种心理障碍，乐在工作中了，有时看到校园情侣还会自嘲说："别人拉的是女朋友，我们拉的是垃圾车。"说到底这份工作改变了她，也让她学会了不自卑，不怕辛苦，坦然面对生活中的事。

  大一她在图书馆当了一年义务管理员，工作得到了老师的认可，后来去了图书馆当勤工助学图书馆管理员。读书期间的生活费都来源于勤工助学，真正做到独立自主、自强自立。她还担任了学生会学习部委员和系办公室助理，在这个岗位上学到了很多东西，锻炼了良好的人际交往能力。

  国家资助政策给予了她巨大的动力和责任感，作为资助生，她要表现出与别人不同的地方，让别人觉得她受国家资助是理所当然的。作为广东青年职业学院学子，她时刻以广东青年职业学院的校训来勉励自己，奋斗的青春最美丽，时刻反省自己是否具备当代大学生应有的基本品质。在她即将从学校毕业的这段时间里，更加珍惜在学校的生活，留恋学院，感谢每一个在她大学生活中出现过的人，未来，她会更加努力，会谨记："今天我以学院为荣，明天学院以我为荣！"

事迹简介

  邵云轩同学家境贫困，一直在学校勤工俭学，不惧艰苦，而且在校期间学习刻苦，连续3年参加"蓝桥杯"全国软件大赛，分别获得广东省赛区高职高专java组三等奖、二等奖、三等奖，凭着对java软件技术的爱好，自学软件技术，现今工作是java程序员。

国家资助，圆贫困学生的医学之梦

我将用行动来证明，用真心、真情、真爱来回报社会，回报党和国家对我的支持和鼓励。

——王桂玲

国家助学资金自1999年以来已累计发放超过千亿元，这些资金使无数贫困学生圆了自己的读书之梦。在广东的韶关学院医学院，就有一个打工妹转变成医学生的积极拼搏、顽强进取的求学故事。

为解决家中困境，走上务工之路

王桂玲是韶关学院医学院2013级护理中专（8）班的学生，从小就怀揣着成为护士的梦想。她出生在偏远农村家庭，家中靠耕种维持生计，收入甚少；家有6兄妹，开支很大。由于村中地势很低，洪灾频发，辛勤劳作的成果常付诸东流。

她的哥哥姐姐们都非常珍惜来之不易的学习机会，个个品学兼优。哥哥和姐姐上大学，家中经济负担实在太重。在读初三的她，即将走进高中的大门，接着迎接她的也许将是她无比憧憬的大学生活。然而，站在人生的十字路口上，她思虑再三，毅然决定出去打工，让哥哥姐姐们安心读书，让家里的人都过上好日子。自己还年轻，不读书，也可以努力工作，改善一下家里的情况；等再大一点，可能还有机会走进大学，走进梦寐以求的医学院。

初中毕业之后，她到二姐那里找工作，许多次，均以年龄太小被回绝了。后来，碰上她二姐所在的公司刚好要招青少年工，她成功应聘话务员。得到第一份工作的她，心里乐开了花。对于这份难得的工作，她下定决心要认真做好。工作三班倒，每月休息4天，每天工作8小时，900元月薪，除去500元伙食费给姐姐以外，她还将余下的钱存下来寄给家里。

务工中的成长

　　就这样过去了一年半,她已年满18岁,按法律规定可以做劳动强度高些的工作,能够多赚点钱,尽力减轻家里负担,多些经济上的积累,日后有机会提升学历,追求医学梦想。她换了第二份工作,进了国光电器厂,在流水线上做音响喇叭。这份工作是按工时计算工资的,她没有因为工资是按小时计算就生出偷懒的念头,一直兢兢业业。有的同事出于好心告诉她,偶尔不用让自己那么累。殊不知,她从来就没有想过偷懒,总觉得做事就要踏实。与家中劳作的父母每天面朝黄土背朝天、日晒雨淋相比,她一直都觉得自己已经很轻松了。不用晒太阳,只要手脚快一点、勤奋一点就可以了。半年后,她被提升为段长。然而工厂的发展很有限,想要寻找更好的发展空间,想要更好的未来,必须有新的出路才行。很幸运的是,有个做销售的朋友介绍她给主管认识,她虽然学历不高,但为人处事都还不错,那位主管给她留下了一个面试的机会。面试之后,主管对她的印象很好,就这样她得到了第三份工作:飞利浦照明灯饰销售一职。由于了解公司产品型号、特点和优势,以及具有较好的语言沟通技巧,她深得客户的信任,同时,也深得领导的厚爱,公司安排她担任店长。

　　店长的经历,让她领会到管理的几个要点:①认真贯彻经营方针,公司的经营策略传达给每一个员工;②做好员工的思想工作,团结员工,充分调动员工的积极性,了解每一个员工的优点所在并发挥其特长;③通过各种渠道了解同行信息,了解顾客的购物心理,做到知己知彼,心中有数,使工作更具有针对性,从而避免不必要的损失;④以身作则,做员工的表率,不断地向员工灌输企业的文化,教育员工要有全局意识,做事情要从集体利益出发;⑤靠周到而细致的服务去吸引顾客。

学业的转折

　　3年来,她一边为姐姐提供伙食费,一边寄钱回家,除去生活费后,存款也没剩多少。这时姐姐大学毕业工作了,姐姐不想她一直这么奔波,决定反过来供她读书。3年来,文化不高制约着她的发展,而她发现学医的梦想这么多年一直沉在心底,一直未变……可是考虑到经济压力,她还是犹豫不决。后来她得知韶关学院医学院宣传国家助学政策，农村户口的学生实行免学费，只交住宿费和书本费就可入校就读。此外，她还了解到，国家加大学生资助投入力度，目的是帮助解决有困难的学生上学期间的生活费用问题，实行以国家助学金为主，以校内奖学金和学生勤工俭学结合、顶岗实习、学校减免学费等为辅的资助政策体系。政策的实施为她重新点燃了希望，激起了她昂然的斗志，使她没有任何顾虑而能怀揣着自己的梦想扬帆远航！党和国家及学校领导一直对农村贫困学生的帮助，让贫困学生有了追求自己的理想，实现自己的人生目标的机会。国家的资助大大减轻了学生的经济负担，使他们生活上有了支撑。

在校服务同学，提升自我，实现自我

社会的锻炼、开朗随和的性格、强烈的责任心、做事细心干练和良好的组织沟通协调能力，使她深得老师和同学的信任。在班里担任组织委员后，她被推选为学生会学习部部长。

学生会任职期间，她听从老师安排、协助老师完成各项工作。同时，在校两年的时间里，她努力学好基本的专业理论知识，操作技术也越发娴熟，曾获得"优秀团干"的光荣称号。

她暗下决心一定用她所学的医学技术回报需要帮助的人。实习期间，一定好好向老师们学习，绝不辜负学校领导、老师们对她的期望！她将用行动来证明，用真心、真情、真爱来回报社会，回报党和国家对她的支持和鼓励。

事迹简介

王桂玲同学家境贫寒，为帮哥哥和姐姐完成大学学业，初中毕业后辍学务工。工作期间，刻苦踏实、勤俭节约。后来在国家助学政策扶持下，奋发图强，终于实现就读医学院的梦想。在校期间因成绩优良，有较强的组织管理能力，被推选为学生会学习部部长，服务同学，提升自我。

在青春岁月中磨练自己

> 不管远方有多遥远，前路有多漫长，我都会风雨兼程，一步一个脚印，走向梦想彼岸。
>
> ——陈林娟

陈林娟是东莞理工学院城市学院计算机与信息科学系2011级电子信息工程（1）班学生，中共党员，曾任班级副班长、学生会办公室干事、团总支副书记助理、团总支副书记。作为2015届毕业生，她走出了校园，成为了茫茫求职者的一分子，经过自己的努力，最终找到了适合个人职业规划的岗位，成为了一名安规测试工程师。

为了完成她上大学的梦想，家人不辞劳苦地工作赚钱支付她上学的巨额费用。很幸运的是，她获得了国家资助，减轻了家里的负担。在这个如此艰难的时刻，得到资助，让她更加懂得了感恩他人，感恩父母，感恩社会。在大学的时光，她积极参加各种活动，努力学习科技文化知识，一步一步向自己的目标迈进。在学习、工作、思想等各方面，她都要求上进，不断完善自己，展现大学生自强的风采，为以后走进社会打下坚实基础。

学习上乐观进取

在学习方面，她乐观进取，工作同时，坚持学习。当结束工作后，她去图书馆继续温习功课，尤其是复习月，更加珍惜每一分钟。连续3次获得一等奖学金，获得国家励志奖学金，让她始终坚信天道酬勤。在考技能证书方面，她通过了国家英语四级考试，全国计算机一、二级考试，并获得网络调试员资格证。同时，她也参加了与专业相关的广东省电子设计大赛。在竞赛中扩展视野，丰富专业知识，增长自己的见识。

工作上表现出色

对于工作，大学四分之三的时光里，她一直没有懈怠。无论遇到怎样的情况，她铭记沉着思考，冷静应对。从竞选委员到担任团总支副书记助理，到系最高学生干部团总支副书记，她褪去了青涩，领会到思考的力量。一个人没有想法意味着不可能有创新的可能性且难以发掘未知的潜能。即使比别人少了许多学习功课的时间，工作其实也是一个学习的过程，学到更多课本没有的知识，甚至一生受用。她感谢团队的每一位成员，因为他们，让她感受到团队无比强大的力量和更懂得珍惜身边的人。她由于表现出色，得到了同学的拥戴和肯定，连续两次被评为"优秀学生干部"和"优秀团干部"。

思想上积极向上

在思想上，她积极向党组织靠拢，严格要求自己。在2013年12月，她正式成为一名中共党员。她没有丝毫松懈，时刻铭记自己的身份，积极关心时事政治，竭尽所能帮助他人，参加党的活动。她参加了"中国梦·我的梦"十八大精神宣讲团比赛，获得了二等奖，也参加了清理"牛皮癣"党日活动。她经常组织和参加各类志愿活动，在活动中感受团队协作和爱心传递的力量，感受奉献的快乐！

因为家里经济不富裕，除了参加志愿活动外，她也经常做兼职，做过派单员、不同商品的推销员、东莞莞城少年宫助教等。在这些社会实践活动中，她学会了自强、独立。一人身在他乡，内心要更加强大，无论多辛苦，也要接受，经过这些磨砺，才能成长得更快。

得到国家的资助，让她明白要回馈社会，在青春岁月中好好磨练自己，努力学习成为国家建设的有用之才。同时更鼓励着她在现场版的人生舞台上，勇敢地选择适合自己的角色并以自己的方式去诠释所扮演的角色，不惧怕和逃避自己面对的挫折，领会到面临的这些磨难与挫折，能让自己更好地成长。你可以不成功，但你必须成长。这样才能创造美丽的人生，回报社会和自己的亲人。

一转眼，陈林娟现在已经步入社会，为国家的发展贡献着自己的力量。她感谢国家的资助和培养，让她学会成长。因为老师和同学的支持，她克服工作和学习上的困难，坚持自己的梦想，感受到生命中的美好。在大学获得学院最高奖项"校园十佳"的称号，用自己奋斗的汗水证明了走过的足迹。前路漫长，她会风雨兼程，一步一个脚印，走向梦想彼岸。青春因奋斗而美丽，她会用奋斗的青春书写生命的华彩！

事迹简介

陈林娟同学在学习上，努力学习专业文化知识，并且连续3次获得一等奖学金。2011—2012年荣获法律知识竞赛优秀奖；2011—2013年两次荣获"暑期社会实践积极分子"的称号；2012—2013年荣获英语智力全能大赛团体赛三等奖和个人赛二等奖；2012—2013年荣获"中国梦·我的梦"十八大精神宣讲团比赛二等奖；2013—2014年荣获国家奖学金和鸿发奖学金；2013—2014年荣获"校园十佳"的称号；2013—2014年荣获"优秀大学生"的称号。

能活着，真美好

> 身患皮肌炎十年，我从未放弃对生活的热爱，我的正能量激励了无数的人。
>
> ——高　山

十年前，怀揣着对未来的憧憬和梦想，她努力与生活搏斗；十年后，能在五邑大学伟伦图书馆捧书习读，她深感幸福。

这一切的改变，源于一场突如其来的疾病。纵使前行的路布满荆棘，但从她甜美的笑容中，我们感受不到一丝的消极或痛苦。她的世界，总是充满了阳光，让身边的人都能感受到温暖。

2013年7月，《江门日报》连续3天报道了高山的故事（7月2日，题为《"励志妹"十年带病求学高考全班第一》；7月3日，题为《"励志妹"十年带病求学"我不觉得生病有多苦"》（整版）；7月4日，题为《"励志妹"的成功秘诀》）。7月5日，《广州日报》也进行了报道（题为《"高山：活着很美好"》）。她的乐观积极、自强不息和满满的正能量感染着、激励着每一个看到她故事的人。

病痛与磨难：只要笑一笑，没什么事情大不了

小学四年级时，不满10岁的高山因全身皮肤多处红斑、溃烂和关节肿胀，被确诊为"皮肌炎"（一种极为罕见的免疫系统结缔组织病，被称为"软癌症"）。医生说，这种病"只能控制病情发展，彻底治愈的可能性不大"。

十年来，高山走过大江南北寻医问药，尝试各种药物和治疗手段，治疗费用也接近百万元。现在，她仍需每天服用药物治疗，药费每月4000元左右；另外需定期住院进行身体检查和治疗，每年到北京复诊3～4次。

艰难的求医路和高昂的医药费给高山的家庭带来了沉重的负担，难缠的疾病更给她带来了从皮肤肌肉到内脏器官的病变和损害——她的皮肤经常出

现红肿、溃烂，极难愈合；肌肉出现大面积钙化和纤维化现象，硬化的结节遍布全身，硬结处经常红肿、流脓，疼痛难忍；疾病的破坏和长期大量服药的副作用，使得她的肠胃功能低下，心、肺、肝脏等多个器官都有不同程度的损害……

由于身体布满硬结、光敏反应不能晒太阳，一年四季，她都一身长衣长裤，再热的天也不能穿短袖和短裙；由于臀部布满一块块鸡蛋大的硬结且经常红肿溃烂，上课时，凳子上要铺上垫子才能勉强就座；睡觉时，床上要铺厚厚的棉褥子，可褥子再软，硬结红肿疼痛时她还是只能侧躺；由于不能劳累，加上大腿和腹股沟肌肉钙化和纤维化，很多运动她不能跟正常孩子一样去参与；每天要熬煮四五个小时的中药，黑黑的浓稠的一大碗，一天三次，从生病开始，没有一天间断……

面对突如其来的命运捉弄，面对常人难以忍受的病痛折磨，面对与其他孩子迥然不同的生活，高山却不曾埋怨命运的不公，也从未放弃对生活的热爱。"命运既然来了，就接受，怨天尤人也没用，我相信车到山前必有路。"高山说："其实我不觉得生病有多苦。我一直都觉得，生活充满着希望，生命非常的美好。只要笑一笑，没什么事情大不了。"

学习与进取：做到自己的最好，便可问心无愧

常年奔走在寻医问药的路上，或进行各种检查和治疗，使高山的学习时间大幅减少，但这无法阻挡她对学习的热爱。她抓住每一个学习的机会，认真听好能够去上的每一节课，高效利用能够用来学习的时间，充分享受学习的乐趣。她说："学习能给我带来快乐。我希望做到自己能够做到的最好，便问心无愧了。"

中学时期，她时常只能上半天的课，但成绩一直名列前茅。2013年高考，她以596分（超过重点线）的成绩考入五邑大学，获得2013级优秀新生特等奖学金和吕志和优秀新生奖学金。

大学一年级，她的平均绩点和综合测评均排名专业第一，多次在学院学科竞赛中获奖，包括词汇竞赛一等奖、语音语调大赛三等奖、阅读竞赛二等奖等，被评为年度"三好学生"，获得一等奖学金、国家励志奖学金以及外国语学院"自强之星"称号等。

知足与感恩：一个人的痛苦太多，
是因为关注自己太多的缘故

虽然十年间饱受病痛折磨，高山却仍觉得自己是幸福和幸运的。"我有爱我的家人、朋友、老师、同学，这已经让我比很多人幸福了；我还体验了'苦难'——一所人生最好的大学，这也是我的一种幸运吧！"

生活中的点点滴滴都是高山幸福的来源和前进的动力，她希望能以自己的力量感恩所有关心她的人，回报这个温暖的社会，将她收到的爱传递下去。她积极投身于各类志愿公益活动：加入五邑大学爱心社并成为爱心社公关部部长，连续3个学期参与组织策划"手拉手"扶贫助学活动等爱心活动，被评为爱心社"优秀部长"；积极参与五邑大学义务家教活动，连续3个学期获得"优秀义务家教老师"的称号；连续4个学期参与五邑大学外国语学院"外语互助计划"等。累计志愿服务时数147小时，被评为外国语学院"优秀青年志愿者"，获得江门市"一星级义工"的称号。

"一个人的痛苦太多，是因为关注自己太多的缘故。"这是高山很喜欢的一句话。她说："从小我走向大我，关注更多需要帮助的在痛苦中挣扎的人，你会发现，自己很幸福；你更会发现，你可以帮助很多人获得幸福。"

人生是一条河，河两岸矗立着两座山：一座叫快乐，一座叫痛苦。你只能在这两山间穿流而过！当你学会痛并快乐地悠然穿行其间，你就能领略到一种如诗的人生妙境：两岸猿声啼不住，轻舟已过万重山！这，便是高山向往的人生境界，她一定会带着对生命的热爱、对美好生活的追求坚定不移地走下去！

事迹简介

身患皮肌炎十年，高山同学从未放弃对生活的热爱，她的正能量激励了无数的人。疾病的诊治和身体的不适影响着高山正常的学习，但无法阻挡她对学习的热爱，她的成绩也一直名列前茅。2013—2014学年度，高山的平均绩点和综合测评均在同年级同专业排名第一，多次在学院学科竞赛中获奖，被评为年度"三好学生"，获得一等奖学金和国家励志奖学金，并获五邑大学外国语学院"自强之星"的称号等。大学期间，她积极投身于各类志愿公益活动，获江门市"一星级义工"称号，连续3个学期获得五邑大学"优秀义务家教老师"的称号，被评为五邑大学外国语学院"优秀青年志愿者"、五邑大学爱心社"优秀部长"等。

时代青年，励志成才

> 当我们被蜜罐浸泡得太久的时候，总是以为生活是如蜜一般甜腻温暖，但真实的世界中每个角落都有人在为生活不断努力不断向上生长，自立自强着。
>
> ——勾晓月

勾晓月，女，白族，中共党员，佛山科学技术学院旅游管理专业2012级本科生。当我们被蜜罐浸泡得太久的时候，总是以为生活是如蜜般甜腻温暖，但真实的世界中每个角落都有人在为生活不断努力、不断向上生长，自立自强着，在我们身边就有这样一个自强女孩勾晓月。

家境贫寒，自强自立

勾晓月出生于贵州省毕节市一个贫困的农村家庭，父亲是一个伤残军人，因战伤疾。上有90岁的年迈奶奶，下有4个正在求学的儿女，沉重的家庭负担压在了58岁的父亲身上。家中基本没有什么收入来源，母亲又被诊断出患有骨质增生症，药物变成了一日三餐必不可少的菜式，可是，这个小女孩却靠着自己坚强的信念和不断努力的决心，用知识改变命运，走出了大山，孤身一人来到佛科院求学。为了交大学的学费与住宿费，她选择了生源地贷款。上了大学后的她，利用课余时间，用自己的双手撑起了大学里的每一笔开支，她做过派单员、话务员、促销员、推广员、服务员、学校代理、房地产工作人员等兼职，利用自己赚的钱给患病的母亲买药，给正在上高中的弟弟们一些生活补助。都说穷人的孩子早当家，她用自己的行动向我们诠释了这个道理。她荣获第四届校级自强之星一等奖和2014年度中国大学生自强之星提名奖以及"感动校园十佳人物"的称号。

敢于担当，成绩优异

她担任班级学习委员，为同学和老师之间架起一道沟通的桥梁，帮助同学们解决学习上的难题，监督同学们按时完成学习任务，得到同学和老师的高度认可，荣获"优秀干部"的称号。除此之外，她也积极参加了学校的社团机构，在自管会秘书部担任干事，监督学生宿舍的各项事务；在校青年志愿者协会秘书部担任干事，积极参加学校组织的各项活动；在宿舍作为宿舍长的她，积极协调宿舍成员的关系，搞好宿舍的卫生。在2014年的广东省资助会议中，她作为学生代表发言。在不断的实践中，提升了她各方面的能力。

学习上，她始终认识到学生的首要任务是学习，进入大学以来，学习成绩名列专业前茅，荣获2013年国家励志奖学金、2014年国家奖学金。她始终相信，付出就有回报，曾荣获校内单科成绩奖、学业优胜奖、三好学生奖、学业进步奖。课堂学习之余，她不断提高自身素质，为了顺利通过各项考试，彻夜不眠地复习，短短两年时间内通过了普通话水平测试二级乙等考试、教师资格证考试、全国导游人员资格考试。在科研上，她参加了系里汪清蓉教授指导的广东省大学生创业基金之素食市场的项目，并担任了主要负责人。

思想进步，与时俱进

由于从小受到军人父亲的激励和影响，上了大学后的她积极向党组织靠拢，入学不久已递交入党申请书，积极学习党的理论和知识，通过自己的努力，成为班级中第一批积极分子，在此期间，按时向党组织提交思想汇报，以一个标准党员的准则严格要求自己。通过为期半年的考察，她成为了一名预备党员，积极学习习近平总书记在党的十八届三中全会重要讲话。而现在，作为一名学生党支部书记，她时刻记住自己的责任和使命，积极引领支部学习社会主义核心价值观和开展党员教育实践活动。

无私奉献，回报社会

作为一名中共党员，她始终坚持从群众中来到群众中去，在校期间，利用周末的时间去参加志愿服务，去张槎敬老院看望孤独的老人，有时去石湾公园义教。寒暑假期间，回到贵州老家，看望留守儿童，去敬老院看望没有子女的老人，在服务中成长，从服务中去懂得珍惜。

"梅花香自苦寒来，宝剑锋从磨砺出。"之前所有的荣誉都已成为过去，在佛山科技学院的这三年中，她在用心血和汗水塑造一个更加完美的自己，逐步完善自我，改善自我。在未来的生活中，她将以百倍的信心和万分的努力去迎接更大的挑战，用辛勤的汗水和默默的耕耘谱写辉煌的未来。

事迹简介

勾晓月同学来自贵州的一个偏远山村，学习是走出大山的唯一希望，所以她一直无比珍惜这来之不易的学习生活。2014年4月获得佛山科学技术学院自强之星一等奖，2014年5月获得"感动校园十佳人物"的称号，2014年12月获得中国大学生自强之星提名奖。

人生不足畏

命运给我安排了许多挑战，但每一个挑战，我都会微笑着欣然接受，无论遇到什么困难，我都可以强大到，除了生死，将其他看成小事。

——王熙婷

如果不是亲眼看见她，我根本没有办法想象，一个曾经与死神擦肩而过的人，一个高位瘫痪的人，会有这般灿烂的笑容。她，就是王熙婷，一个不幸却坚强的女生。

热爱生命，无所畏惧

2008年的一天，残忍的病魔毫无预兆地降临到熙婷的身上。那时，她的脊髓血管破裂出血，压迫到神经，必须马上到北京动手术。但是到了北京之后，噩耗接二连三地从病房传出。熙婷感染了当时非常肆虐的病毒——甲型H7N1流感，需要被隔离十天，导致手术被迫停止。而且甲流还引发了一连串可怕的并发症，其中最严重的就是呼吸肌麻痹——没有办法正常呼吸，生命岌岌可危。医生告诉她，如果没有办法调整呼吸，就有可能一辈子都要带着呼吸机。熙婷回忆说："那是我最接近死亡的一次。我是很害怕死亡的，因为我有太多爱我的人，我害怕看到他们为我伤心欲绝的样子，所以越是接近死亡，我就越激励自己不能死，我要好好活着，还要活得让他们为我骄傲。"在她的努力调整下，第二天终于可以正常呼吸了。她微笑地说道："命运给我安排了许多挑战，但每一个挑战，我都会微笑着欣然接受，无论遇到什么困难，我都可以强大到，除了生死，将其他看成小事。"

热爱生活，乐观向上

因为生病，王熙婷在日常生活中都要付出比平常人更多的时间。熙婷的身体太虚弱，所以总是出很多汗，在其他同学可以放松休息的课间，她就要抓紧时间回宿舍换衣服。特别是冬天的时候，流的汗可以把里三层、外三层的衣服都湿透，有时候一天甚至要换六七套衣服。洗澡对于平常人来说是一件轻松愉快的事情，但是对于她来说，洗澡是比较艰难的，每一次洗澡至少要花2个小时。每天3个小时的康复训练也是熙婷必不可少的"节目"，站立训练、深蹲训练、直坐训练，等等，在外人看来再简单不过的训练，她都要付出巨大的努力。她谨慎细心地照料自己，让自己能够独立自主，让自己能像个普通人一样健康地生活。同时，她对自己的未来也充满了期待。虽然医生并没有对她的病情能否康复做出明确的表态，但是她坚定地相信人的潜能是无限的，会努力让自己站起来。

心怀感恩，善良真诚

自从读大学以来，王熙婷得到过无数大大小小的帮助，有老师贴心的爱护，有亲朋好友慷慨的资助，还有同学们风雨不改的接送。人们的每一次帮助，她都心怀感恩。为了表达浓浓的感恩之情，熙婷积极地参加了学校的"蓝丝带"感恩活动，她希望在表达感恩的同时，能把正能量传播出去。刚刚读大学时，熙婷希望可以担任班里的心理委员，但是，老师说心理委员也是要经常参加一些活动，她担心因为身体的原因可能会给大家带来麻烦，所以就放弃了这个念头。她说："我觉得只要我有心帮助同学，当不当心理委员对我来说都一样。所以平时在同学们接送我上下课的时候就会和他们谈心，也会给一些同学学习上的帮助。"

勤勉好学，自强不息

软件工程是比较难的学科，但是功课再难，她也会刻苦钻研，努力找到解决的方法。熙婷的妈妈说："她在书桌前一坐就是几个小时，我担心她会不舒服，但是怎么劝她都不肯休息。"因为学习成绩优秀，熙婷荣获过"自强之星标兵""自律达人""三好学生"等称号。在空闲的时候，她会在网上兼职来贴补生活费。

无臂钢琴师刘伟说："要么精彩地活着，要么赶紧去死。"王熙婷毫无疑问地选择了前者。是她，让我们看到了"千磨万击还坚劲，任尔东西南北风"的坚强意志；是她，让我们看到了"不畏浮云遮望眼，只缘身在最高层"的勇敢无畏。熙婷用她的行动,为我们诠释着生命的精彩。

事迹简介

  王熙婷,一个不幸却坚强的女生。她,热爱生命,无所畏惧;她,热爱生活,乐观向上;她,心怀感恩,善良真诚;她,勤勉好学,自强不息。因为学习成绩优秀,她荣获过"自强之星标兵""自律达人""三好学生"等称号。

助学路上，铸梦人

> 都说紫色的琉璃苣花环代表勇气，正如我，一个散发着勇气和恪守着坚持的女孩，一名行走在路上的追梦人，有梦想就会有奇迹！
>
> ——周玉莹

周玉莹，女，汉族，1994年出生，广东白云学院2012级工商管理（人力资源管理方向）学生。父母务农，以种田为生，并育有子女4人，4个孩子的学杂费、生活费几乎耗光了家庭所有收入。周玉莹作为长女，每天下课后背书包赶往集市，为父母及弟妹买菜做饭。小镇傍晚常停电，她便借着微弱的烛光带弟妹们朗读课文、完成作业。寒暑假，姐弟4人则结伴到邻村打工补贴家用。生活的困苦并未困住她求学上进的脚步！她坚信，在国家助学政策和学校的支持帮助下，通过不懈的努力，一定能圆自己的大学梦。她常对自己说，"做一名行走在路上的铸梦人，让自己梦想成真"。

追梦路上，勤勉好学，励志尚实

2012年9月，周玉莹拎着简陋的行李一路颠簸来到广东白云学院，启航她的"大学梦"。然而，昂贵的学费和陌生的环境让这个普通的农村女孩感到失落甚至自卑。正当她一筹莫展时，3000元国家助学金帮助她解决了燃眉之急。同时，学校还为她提供了图书馆里勤工俭学的机会，暂时缓解了生活压力，她重新燃起了追梦的信心。

3年来，对国家和学校资助政策的感恩成为她奋斗的动力和源泉，她勤奋好学，自强不息。时间对她而言就像路易十四手中的"法国蓝宝"一样珍贵。她凭借优异的成绩连续两年获得国家励志奖学金，在较大程度上解决了她的学费困扰。温饱之余，她去得最多的地方是自习室和图书馆，揣着一本一本专业书在自习室里啃食精神食粮，告诉自己绝不做人穷志短、白白消受国家和学校恩惠之人。她经常在图书馆里查找学习资料，直到灯光熄灭或工作人员清场才离开。

她一边学习一边工作，担任学生干部，为同学们提供服务，受到老师和同学的信任和称誉，获得"优秀大学生"和"优秀学生干部"的称号。

逐梦路上，德艺双修，自强不息

作为一名来自农村的大学生，周玉莹深知除了加强知识和技能的学习，努力提高文化和综合素质修养也是当务之急。紧张的专业学习和忙碌的工作之余，凭着对舞蹈的热情，她报名参加了校啦啦队。在啦啦队里，她是零基础，没有扎实的功底，也没有柔软的韧性，于是她时常花好几个小时在形体房里练基本功。汗水和泪水双流，有时累到两手麻得抬不起，膝盖被地板碰得青一块紫一块。

2013年8月，为了备战全国啦啦操联赛，她中断暑假休息，应召回校开始为期两个月的集训。那段时间，她几乎都是在体育馆里度过的。结束一天的训练，大腿肌肉酸痛到整夜睡不着，脑子里浮现的都是动作和节拍。10月20日，啦啦队以出色的表现获得2013年"全国啦啦操联赛"大学组自由动作第一名和花球第二名。当被问起一个农村女孩在现代舞蹈方面为何也表现得如此出色时，她说没有教练的严格要求，没有队友的相互扶持，她就不会取得今天的好成绩。当然，她个人的自强不息正是她励志成功路上的重要保证。

筑梦路上，甘于奉献，互助笃志

出身寒门并未让周玉莹顾影自怜，在校勤工部这个家庭经济困难学生团队中，她乐于助人、甘于奉献，带动身边所有的人共同前进。在学生处老师的指导下，她认识到提升团队综合素质和竞争能力的重要性，积极参与到部门团队建设工作中，并组织了新生的绿色通道、勤工部迎新大会、中秋晚会暨诚信动员大会、元旦晚会暨考前动员大会、师兄师姐欢送会暨寒假实践报告会、勤工部竞聘大会、勤工部拓展培训等一系列主题活动。

在这些活动的组织策划中，她不仅强调团队的亲情融入，让每个学生都在部门找到归属感，而且根据每个学生的特长和能力进行项目分工，让每个参与的同学都有所锻炼、有所收获，让勤工部成为同学们能力提高的阵地和精神憩息的港湾。

周玉莹的努力终于换来了盈盈硕果。2014 年度勤工部共 45 人获得 2013—2014 学年国家励志奖学金，另外有 4 人获得省级参赛奖项，1 人获得国家级参赛奖项，1 人获得国际级参赛奖项。而她自己也从一粒不起眼的沙子成长为勤工部部长。

都说紫色的琉璃苣花环代表勇气，正如她——周玉莹，一个散发着勇气和恪守着坚持的女孩，一名行走在路上的追梦人，有梦想就会有奇迹！受惠于国家资助政策，一批家庭经济困难家庭的孩子得以通过勤工助学、国家助学贷款、国家奖助学金等国家资助政策顺利地完成学业。他们感恩社会，他们自强自立，通过自己的努力付出，奏出当代大学生最强音，用自己的成长成才来感恩国家资助，以实际行动来践行中国梦！

事迹简介

周玉莹同学出生于农民家庭，经济拮据，但她勤俭自强，为人乐观开朗、积极向上。在校期间，学习勤勉，工作认真，爱好文体活动，学业成绩优异。担任班级班长和校勤工部副部长，负责班级和部门管理工作，热心为同学服务。连续两年获得国家励志奖学金、校级奖学金以及"优秀大学生"的称号；获得 2013 年"全国啦啦操联赛"大学组自由动作第一名和花球第二名。

修身励志,振翅飞翔

  我仿佛一个陀螺,在学习、工作、生活中不停旋转,经历越多,转得越平稳。国家的资助帮助我成长,让我变得成熟,也让我懂得感恩和奉献社会。

——季钰苑

  季钰苑,女,汉族,1995年出生,中共党员,浙江省青田县人,广东白云学院电气与信息工程学院2012级计算机科学与技术(1)班学生。父母务农,家中兄弟姊妹较多,经济来源单一,家庭拮据。自2012年入校以来,她克服了生活上的重重困难,刻苦学习、全面发展,在思想品德、学业成绩、社会实践等方面表现突出。凭借优异成绩成为国家资助政策的受益人,获得资助后又以自身的实际行动和励志经历激励着身边的同学。

立德修身,思想上求真求善

  在思想上,她践行社会主义核心价值观,追求进步,认真学习中共十八大以及二中、三中、四中全会精神,不断提升思想觉悟和党性修养,连续两年获得"优秀大学生"的称号,并于2015年加入中国共产党。入党后,她时刻不忘自己的政治身份和使命,时刻向优秀党员看齐,处处关心帮助同学,全心全意为同学服务,积极参与公益活动,是学校"启创社会工作发展协会"长期义务志愿者。

  国家新资助政策体系自2007年建立以来,为寒门学子提供了良好的成长成才平台,也给予好学上进的大学生以巨大精神鼓舞。面对生活的艰辛,季钰苑笑颜以对,努力减轻家庭的压力,连续两次获得国家励志奖学金。一方面,她通过自己的努力获得了国家资助;另一方面,她受到资助后,倍感珍惜,更加发奋图强,积极进取,不断取得新的更好的成绩。并且,她还经常与身边同样困难的同学交流心得、分享经验,用自己克服困难的经历和艰苦奋斗的精神勉励师弟师妹们坚持梦想,共同进步。

诚毅正心，困境中自强不息

她坚毅，是家中的老大，也是班级年龄最小的学生。"天行健，君子以自强不息。"高考一结束，她就进入一家酒店去做服务员，一个月1300元的工资，工资不高还很辛苦，但是她却做到了开学前一天才离职，因为多做一天就可以多赚一天的钱。寒假，为了赚春节假期的3倍工资，她独自滞留广州在真功夫连锁餐厅打工，没有和家人一起过年，只为减轻父母的经济负担。

她自强，在学校，一直坚持勤工助学，大一就加入学校勤工助学部，在图书馆采编组利用课余时间进行新书加工以及图书馆书库的管理等工作，一做就是3年。除此之外，兼职过手机销售、服装代理、化妆品导购、中国移动广州分公司……一天最多的时候连续打3份工。

凭借着坚韧的意志和不屈的精神，她依靠多份兼职的报酬和国家给予的国家励志奖学金，不仅解决了在校的基本生活费用，还减轻了家庭经济压力。兼职工作带给她的不仅仅是金钱，多行业多岗位的工作经验让她更加成熟，也在社会竞争中更具优势，在即将迎来大四实习的时候，她以最短时间找到了比同年级同学更好、更适合的实习岗位。

格物致知，学业上注重实践

在第一课堂，她勤奋好学，名列前茅。辛勤的付出获得了累累硕果，她连续3年综合测评成绩名列班级前茅，连续两年在全校评优评先活动中获得国家励志奖学金、科技创新奖励金。

在第二课堂，她苦练内功，全面发展。在搞好专业学习之余，她特别注重提高自身综合素质。一方面，她积极参加辩论与演讲竞赛，先后荣获广东白云学院第十二届大学生辩论联赛"团体亚军"、冠军赛"最佳辩手"的称号，并曾代表学校应战广东省"廉洁诚信"大学生辩论联赛。另一方面，她还积极参加各类科技竞赛活动，和她的队友获得了全国大学生数学建模竞赛广东赛区三等奖；同时她作为科技创新团队负责人，顺利地完成了2013学年国家级大学生创新训练项目"基于嵌入式物联网技术的家居安防远程监控系统的研究与实现"；另外，她的团队新作品《基于ARM的无线网络远程控制系统》也在第十三届"挑战杯"广东大学生课外学术科技作品竞赛中获得科技发明制作类三等奖。

模范带头，成长中全面发展

在严于律己的前提下，她也是一个合格的学生干部。作为副班长和纪检委员，她所在的班级数年来几乎没有旷课的情况发生。她带动所在班级同学积极参与省部级及其以上的科技创新竞赛，成效显著。在2013年高教社杯全国大学生数学建模竞赛、第五届"蓝桥杯"全国软件和信息技术专业人才大赛、2014年"凯通杯"广东省Java程序员竞赛等赛事上，班级参与率90%以上，并获得1项国际级、11项国家级、35项省级和65项校级的奖励，最终获得了"先进班集体"的称号，而她个人也获得"优秀团干"的称号。

她的能力与素质得到了领导与老师的认可。作为辅导员助理，她协助老师管理2014级电气及其自动化班，在学习中传授经验，在生活中给予师弟师妹们姐姐般的关怀，带领该班获得"军训先进班集体"的称号。在2012—2013学年学校先进集体和优秀学生颁奖典礼暨先进事迹宣讲会上，她登上"榜样白云，共筑中国梦"的舞台，作为国家励志奖学金代表向全校分享她的成长经历，发挥榜样作用，激励大家一起自立自强，不断地完善自己。

她仿佛一个陀螺，在学习、工作、生活中不停旋转，经历越多，转得越平稳。国家的资助帮助她成长，让她变得成熟，也让她懂得感恩和奉献社会。相信这个永不停息的小陀螺，在国家和学校的支持下将插上腾飞的翅膀，成长为一个小飞螺！

事迹简介

季钰苑同学出生于农民家庭，家境贫寒。但她性格独立坚强，珍惜学习机会，3年综合测评一直名列班级前茅，身兼数职，在各个岗位工作上努力工作。她组织创建科技创新团队，完成国家级大学生创新训练项目；参加学科专业竞赛获2013年全国大学生数学建模竞赛广东赛区三等奖、第十三届"挑战杯"广东大学生课外学术科技作品竞赛科技发明制作类三等奖。她连续两年获得国家励志奖学金、科技创新奖学金以及"优秀大学生"的称号。

女儿也应当自强

> 在如今倡导男女平等的新时代，女儿也应当自强！而我，正在用实际行动证明女孩子并不比男孩子差，甚至比一般的男孩子更能吃苦、有担当！
>
> ——余海媚

俗语云："男儿当自强。"而电子科技大学中山学院的余海媚认为，在如今倡导男女平等的新时代，女儿也应当自强！而她，正在用实际行动证明女孩子并不比男孩子差，甚至比一般的男孩子更能吃苦、有担当！

不经一番寒彻骨，怎得梅花扑鼻香

余海媚出生在广东肇庆的一个普通工人家庭，家境清贫，但一家人其乐融融地生活，日子过得也算幸福。可上天似乎要给这一家子更大的考验，父母先后患病，把这本不富裕的家庭压得喘不过气来。

身处贫寒的家庭环境让她早早学会了自立自强，她从小立志要成为一个勇敢坚强的人，让曾有重男轻女思想的父母明白：女孩儿不比男孩儿差！于是她从小学便开始洗衣做饭、做家务活，力所能及地帮父母分担重任。懂事的她从未抱怨过父母、抱怨上天的不公，因为她知道父母已在他们能力范围内尽力给了她最好的一切，如果想得到更多就必须自食其力。

"贫困不是博得同情的资本，只有自立自强才能得到别人对你发自内心的敬佩。"她把苦难当成一笔特别的人生财富，在成长路上不断积累克服挫折的决心和勇气。

常怀感恩回馈心，以身作则带动人

得益于国家的助学优惠政策，通过申请助学贷款，余海媚如愿圆了大学梦。

在班上，她担任班长，积极配合老师的教学工作，团结集体，服务同学。她以身作则，不迟到，不旷课，上一学年获得了全勤奖，被评为"优秀班干部"。

"我知道，国家如今能帮助广大贫困家庭子弟圆上学梦，关键在于中国共产党一直以来的正确领导。作为一名受益于党和国家的贫困生，我非常希望自己也能成为这光荣队伍中的一员。"从大一开始，余海媚便从各个方面严以律己，争取当一名优秀的共产党员，现在她已经是一名中共预备党员了。另外，她还参与了学校2014年"青年马克思主义大学生骨干培训工程"，在党的指引下锻炼个人能力，提高思想觉悟，带领同学们向党组织靠拢。

尽管家庭条件不如一般的同学，但余海媚从未因为自己的出身而感到自卑，相反，她庆幸能在逆境中生长。正是艰苦的生活环境，让她养成了吃苦耐劳的生活作风，铸就了她坚韧不拔的性格。她从不浪费一粒米饭、一张白纸，在她的影响下，身边不少同学也学会了勤俭节约、精打细算。

纸上得来终觉浅，绝知此事要躬行

余海媚乐观向上、活泼开朗，喜欢在舞台上展现自己的风采，在大一时，她就加入了校演讲与口才协会和校主持人队伍。课外她结合自己兴趣，发挥个人特长，踊跃参加校内外活动。

去年她在学校演讲比赛的选拔赛中脱颖而出，最终代表学校远赴河北参加2014年全国大学生演讲比赛，并获得个人二等奖；随后又代表学校参加中山市大学生体艺节演讲比赛，获得三等奖；曾获中山市经典美文朗诵大赛优胜奖、"简爱家居杯"博爱中山朗诵比赛优秀奖等。一到寒暑假，她还积极参与学校调研中心的课题，投身于公益支教活动，或到法院、律师事务所实习，提高专业素养和学习为人处事。

辅导员杨振华老师对余海媚赞不绝口："海媚是一个自立自强、自尊自爱的女生。她努力学习，奋力奔跑，从不被生活的困苦所打倒，而是坚信苦难中也可以绽放出自信的花朵。"诚然，生活的逆境让余海媚比别的同学多了一份思考、压力和责任，为减轻父母的负担，从入学起，她经常利用课余时间勤工俭学。考虑到英语是兴趣也是强项，她于大二开始在一家英语培训机构担任固定兼职老师，虽然每周都要经过来回3小时的车程到远离学校的镇区上班，但能通过自己的双手挣钱，实现人生价值，同时增加社会阅历，得到锻炼，她还是咬牙坚持了下来，这也让她更深刻体会到挣钱的不易。如今，她已经能够每月挣取稳定的生活费，有时还能给父母补贴家用。

书山有路勤为径，学海无涯苦作舟

"没有厚实的家底、显赫的背景，读书成了我改变命运的唯一途径。每想到父母为了供我读书夜以继日地辛苦工作，我勤奋读书的意志就愈发顽强，一股向上拼搏的动力油然而生。我深知国家和社会给我们贫困生提供各种资助，主要是鼓励我们通过学习知识成长成才，而我只有好好学习才能不辜负大家对我的支持和帮助。"余海媚说。

虽然平时忙于参与各种活动，但在学习方面她是一点儿也不敢松懈：课上认真听讲、主动思考，课下图书馆是她的"第二战场"，基本上每天奔走于"宿舍—课室—图书馆—操场"四点一线。有付出必定有回报，经过大一一年的勤奋学习，她已分别一次性通过大学英语四、六级考试，并以优异的综合成绩获得2013—2014年国家励志奖学金、学校二等奖学金，还有国家助学金、爱兰基金会助学金、利丰助学金等资助。

谈起余海媚，同学们都会不约而同地用"女汉子"一词来形容她，"她给人的第一印象是独立干练，身上似乎有永远花不完的劲儿，无论前方的路多坎坷，她始终以微笑面对"，室友梁敏华评价道。而每当被别人笑称为"女汉子"时，余海媚不仅毫不介意，反而总是不亦乐乎地接受并为此感到自豪。因为在她眼里，"女汉子"是一个褒义词，意味着敢于担当、独立自主的新时代女性。的确，她也正在努力成为一名优秀的"女汉子"。

巾帼不让须眉，红颜更胜儿郎

经过自身的努力，余海媚在各方面表现优异，曾获2013—2014年国家励志奖学金、校二等奖学金，2013年、2014年国家助学金，2013年"爱兰基金会"助学金，2014年"利丰助学金"，荣获校"十大自强人物"的称号；获2014年"中国高邑千秋杯"全国大学生演讲比赛二等奖、2014年中山市大学生体艺节演讲比赛三等奖、中山市"简爱家居杯"演讲朗诵讲故事大赛优秀奖、"放歌中国梦"中山市经典美文朗诵大赛优胜奖、第二十届中国日报社"21世纪·可口可乐杯"全国大学生英语演讲比赛校园选拔赛一等奖、第十八届"外研社·京东杯"全国大学生英语辩论赛校园选拔赛二等奖、校第六届演讲比赛二等奖、校第二届法律知识竞赛专业组优秀奖、人文学院"学党史，颂党魂"党史知识竞赛优秀奖、人文学院"学知巅峰，慧聚人文"知识竞赛优胜奖等。

事迹简介

余海媚同学来自普通的工人家庭，父母年老多病加之昂贵的学费让本不富裕的家庭更是雪上加霜，但她坚强勇敢、乐观外向，始终以微笑面对挫折和困难。获2013年"爱兰基金会"助学金、2014年"利丰助学金"、第二十届中国日报社"21世纪·可口可乐杯"全国大学生英语演讲比赛校园选拔赛一等奖、第十八届"外研社·京东杯"全国大学生英语辩论赛校园选拔赛二等奖等。

国家资助,助他展翅高飞

> 用自己的热情感染周围的每一个人,用自己的行动践行着"全心全意为同学服务"的宗旨。
>
> ——艾孜买提江·胡达拜迪

他叫艾孜买提江·胡达拜迪,来自于新疆维吾尔自治区阿克苏市。他爸爸是个工人,妈妈是个家庭主妇,而他自己是个双脚残疾的"少儿麻痹症"患者。

他是广东轻工职业技术学院计算机工程系网络技术132班学生,曾任班级生活委员、校IT服务中心研发部成员、校新疆学生班长。作为新时代的大学生,他拼搏进取,积极向上,真正做到了德、智、体全面发展。

2008年,他以优异的成绩考入广东轻工职业技术学院,从此开始了紧张而又充实的大学生活。近3年的大学生活中,他时刻以一名优秀大学生的标准严格要求自己,3年多的大学生活使他在思想、学习、工作等各方面取得了巨大的进步。

积极进步,与时俱进

艾孜买提江思想积极要求进步,具有坚定、正确的政治方向。大学期间,他认真学习马克思列宁主义、毛泽东思想和中国特色社会主义理论体系,坚持科学发展观。他积极进取,按时递交思想汇报和读书笔记,主动与党员谈话,积极向党组织靠拢,全心全意为人民服务。

在提高自身政治理论素质和修养的同时,艾孜买提江还积极组织、参加各项党团活动,并在其中表现突出。

在平时生活中,他十分注重党政知识的积累,关注国家大事,并在各个方面都严格要求自己,与党中央保持一致,在思想行动上为同学们树立了一个良好的榜样。

勤奋刻苦，孜孜不倦

学习上，艾孜买提江勤奋刻苦，孜孜以求，不曾有丝毫的懈怠。课上他奋笔疾书汲取知识，课下他勤于思考拓展自己的思维。身为学生干部的他，充分利用时间，提高效率，用无限的热情来支配有限的精力，真正做到了工作、学习两不误。每一天，因为脚不方便，他都要比一般同学付出更多的努力和汗水在上学、放学的路上，但是他从不放弃，凭着自己的勤奋刻苦，他的学业成绩在新疆同学中排前列。

任劳任怨，兢兢业业

出生在新疆维吾尔自治区的他，性格开朗，爱好广泛，具备唱歌、跳舞等文体特长，因此进入大学后，多次参加班级联谊会演出，带着自己的球队争夺轻工杯。

他任新疆学生班长，工作认真负责，服从安排，主动开展活动，并协助老师各项活动，积极配合学院完成工作。班长的工作增强了他的组织协调能力，也加深了他与同学们之间的友谊。

在各项活动中，他吃苦在前，享乐在后。无论是面对多么大的困难，他都主动冲在最前面。坚持四项基本原则，严于律己，以身作则，能够发挥模范带头作用。他努力做好上级组织给他的每项工作，并积极配合院（系）里各项工作的开展。为了丰富同学们的课余生活，提高同学们的综合素质，他积极组织活动，使同学们得到了锻炼，也为同学们提供了展示自己才华的空间和平台。

他严格要求自己，以身作则，做好同学的楷模，起到了带头作用；在自己刻苦学习的同时，不断帮助、带动班级同学学习，总是第一时间将珍贵的学习资料传送到同学们的手中；及时传达学院的通知，转达学生的意见，跟负责老师一起做好了班级管理和沟通工作。

以上众多的经历，让他积累了大量的学生活动经验，也提高了自己的综合能力。在工作中，他忙碌并快乐着，他是同学们的好榜样，是老师的好助手。

生活——严于律己，宽以待人

艾孜买提江家在比较贫困的南疆地方，家中 5 口人，只有他父亲的退休工资作为经济支柱，家庭经济困难。生活中的艾孜买提江，乐观开朗，乐于助人，群众基础良好。学校里面每次的救助活动都少不了他的身影；他多次组织同学参加学校乃至社会上的公益活动，热心帮助有困难的同学和社会弱势群体，并参加了无偿献血。他在校期间曾获得学校给予新疆学生的补助金 3000 元，对此，他心怀感恩，对前途更加充满信心。

这就是艾孜买提江·胡达拜迪，思进取，会学习，肯奋斗，乐奉献。他用自己的热情感染周围的每一个人，用自己的行动践行着"全心全意为同学服务"的宗旨。他是老师心中的好学生，具备着较强的能力和全面的素质；他是同学心中的好同学，总是鼓励和帮助身边的人；他是一名新时代优秀的大学生，一名优秀的学生干部。

事迹简介

艾孜买提江·胡达拜迪同学小时候因病患有脚疾，但是他从小自强不息，学习刻苦勤奋，成绩优异。作为优秀学生干部，对待他人热情友善，性格开朗，团结同学，与大家和睦相处，积极参加集体活动，做事情认真负责，吃苦耐劳，不甘落后，积极向上，锐意进取，永不自满，不断地学习和探索，从未放松对专业知识的学习，不断巩固所学的知识，做到温故而知新。

坚持梦想，路在脚下

我走得很慢，但我从不后退。

——黄锐林

他来自粤东一个农民家庭，他的母亲和姐姐患有慢性精神疾病，要靠药物维持暂时的神志清醒，而父亲因多年操劳患上了肺结核病。家庭的困苦没有让他倒下，反而哺育了他自强不息、坚韧不拔的精神。他，就是广东机电职业技术学院2012级汽车技术服务与营销专业学生黄锐林。

苦难是人生的一种财富

他的母亲每年都会犯病需要住院治疗，姐姐的身体精神状态不好，年迈的奶奶需要赡养照料，父亲辛勤劳作的收入经常会入不敷出。穷人家的孩子早当家，读小学、中学期间，他每天下午回家，第一件事就是到地里做农活，挑上水桶到菜园给菜浇水施肥，割些猪草回去喂猪。14岁，他开始做兼职打寒暑假工：到饭店里做服务员，到工厂流水线当包装工，做手工活，卖自家种的农产品……以此来帮助爸爸维持家庭的日常开支。

当他还是一个懵懂的小男孩时，就要撑起困境中的家庭，就要学会勇敢和坚强，就要开始变成了苦难打不倒的铮铮男子汉。也许他看起来很不起眼，但是年纪小的他却有很大的能量，在精神上他从来都是强者。这样的环境条件也没有磨灭他奋发图强的志向，而且他更加地热爱学习和珍惜学习机会，更加努力坚持着自己的求学梦。他坚信：通过努力学习知识技能，掌握一技之长，不断提高自己的能力，以后的生活就不用那么辛苦，一切都会好起来。

2012年的高考让他圆了大学梦，他被广东机电职业技术学院录取了。收到录取通知书的他既欣喜又愁苦：从小立志要走出山区，到外面的世界学习，现在终于有机会走出去了；但求学道路上并不平坦，他面临最现实的问题：钱。广州是一座既繁华又生活成本高的城市，充满机遇和挑战，虽然将来在广州能获得的工作和发展机会也会很多。但是，父亲母亲因病丧失劳动能力，家里没有固定的经济收入，一学年的学费和生活费对原本积贫积弱的家庭来说是不能承受之重。人生往往会遇到很多痛苦的时候，不是因为遇到的事情有多痛苦，而是面临着要坚持梦想还是要向现实屈服的两难选择。最终他没有向困境屈服，而是选择了继续到大学学习。他说："能让我下定决心去上大学的主要原因是在录取通知书上看到国家和学校有贫困助学政策的相关资料，知道了国家和学校有支持家庭经济困难的学生完成学业的好政策，让我原本布满愁云的心头豁然开朗。"按照录取通知书里的提示准备需要的助学申请材料，在国家助学政策和亲友的帮助下，他独自一人来到了广州这座繁华而又满怀希望的城市，开始了一步一个脚印的求学之路。

对从小生长于粤东偏远山村的他来说，靠着自身的努力考入大学是一件让家人感到骄傲的事，因为在他之前，村里还没有几个人能考上大学。那里的孩子从父辈起都是面朝黄土背朝天的庄稼汉。在艰苦的学习生活条件下，他完全凭着自己的勤奋刻苦和坚定的信念走出了大山，向着那个刻在心底的梦想迈出了重要的第一步。"我知道人生有很多东西无法选择，比如家庭、父母。对于起点上的落后，我从来都没有怨天尤人，更不能因为际遇堪怜，便就此放弃！物质上的贫瘠并没有磨灭我对生活、对未来的信心，从另一个角度看苦难是人生的一种财富。"他有着超乎常人的积极乐观心态。

相信生活会好起来，敢于向自己挑战

陶行知先生有句话："滴自己的汗，吃自己的饭，自己的事情自己干。"中学时他就认为，不论最后结果怎样，只要自己努力了，那比什么都真，最重要的是要对得起自己的选择。在成绩面前，他并没有骄傲，而是努力地看清自己的不足。

来学校之前，他就下定决心不靠家里供读，要靠自己的双手挣够大学期间的生活费。他深知一切来之不易，在生活上保持勤俭朴素作风，农村的生活赋予他吃苦耐劳、不畏一切艰难的品质，他利用课余时间、假期时间在校物业维修组和青水居勤工俭学。在青水居的工作就是送桶装水，学校的学生宿舍楼有7层而且没有装电梯，每天在放学后要将至少60桶水送上楼去，从2楼到7楼都要送，往往送完这几十桶水，整个人全身衣服已被汗水湿透了，回到宿舍后连饭都吃不下。这份工作虽然很辛苦，但是他还是咬咬牙坚持下来。通过自己的辛勤劳动，他赚到了生活费，帮家里减轻经济负担，同时能为同学们服务也让他感到很自豪。学院的同学们都说，在班上上课黄锐林永远坐在第一排，在路上见着黄锐林，他的脚步永远是匆匆的。寝室里的舍友说，除了睡觉，在寝室基本见不着他。最忙的时候，他一天要做3份兼职，做过电子产品推销代购、送水工、物业维修、学校宿舍的网络管理员等工作。回忆起那段勤工俭学的日子，他笑言自己是"累并快乐着"，因为他不用开口向父母要生活费了，甚至可以补贴家用。

在校内，他一入学就加入了汽车学院的学生会组织部，每次工作到来都是主动上前，热心为同学们服务，积极配合领导和老师们的工作，认真地履行自己的职责义务，与人团结协作，互帮互助。他相信承担得越多，将来的能力才会越强。作为院团总支组织部部委，他努力做好学生干部的带头作用，让自己的大学生活更充实、更有意义；作为班上的文娱委员，他做好本职工作，积极组织协调班集体活动；作为宿舍长，关心宿友，带动宿友参加学校的文体活动……这些校内实践让他得到历练和成长。

而在校外，为了帮补家用，利用寒暑假期到外兼职打工是他生活的一部分。在东莞某家潮汕餐厅的日子里，他不怕苦、不怕累、敢担当的精神让老板对他刮目相看。他从一个普通的服务员一直做到店长助理，并多次受到用人单位的表扬。这些社会实践让他学会了在很多书本上学不到的技能——生存的技能，这并不是金钱能换来的。

他学的是汽车技术服务与营销，主要方向是汽车销售服务。课余时间他积极参加与专业相关的实习活动，多次参加广州国际车展的实习，为所在的公司挖掘了许多意向客户并促成交易。在车展中他所带领的团队和个人获得了"订单冠军"和"潜客冠军"的好业绩，受到单位的高度评价。虽然在车展实习期间需要早出晚归，早上5点多钟就起床了，但他都克服了困难。他说通过实习这个平台让他努力去学习好各方面的知识，能够不断地锻炼提升自身素质。同时，也让他深刻体会到责任感对工作尤为重要，比如要对每个工作环节了然于心，对于顾客的质疑要保持冷静、耐心处理等。对待工作和对待学习一样，需要严谨的态度、勤劳的作风、忍耐的力量，待人接物都要有礼有节、注意分寸。通过实习，他上了职场一课，让他的沟通能力和专业知识也有更大的提升。

"我走得很慢，但我从不后退"

在同学们眼中，他是一个勤奋学习的人。大学2年，在承担经济压力和繁重的勤工俭学之余，他曾获得过国家奖学金、学院一等奖学金、社会实践优秀奖，并获得"三好学生"、校"自强之星"、校"优秀共青团员"的称号。面对成绩和荣誉，他说："大学生再大也是学生，只要是学生，学习就是主旋律。"除了学习，运动也是他大学生活不可缺少的一部分，乒乓球、台球、游泳、篮球等运动中都少不了他的身影，活脱脱的一个"运动达人"。也正是生活的乐观，成就了今天的他。为锻炼自己的能力，他不断克服自己内向的性格，积极参加各种主持人比赛、营销知识竞赛、跳蚤市场等活动，荣誉的背后让他深深地体会到其中的历练与成长。他用自身的事例告诉每个人，贫困其实并不可怕，可怕的是一颗畏惧贫困而放弃梦想的心。

有人问他这么多年来最想感谢的人是谁。他说："有很多，首先父母辛苦操劳把我拉扯大，还用血汗钱供我读书不容易，心里感觉亏欠他们太多了，无以为报，唯有好好学习和今后努力工作，让他们能过上安稳的生活。另一方面就是来自国家和学校的关怀最让我感激，国家的助学政策就像及时雨和雪中炭为送来了甘霖和温暖，又像灯塔一样照亮了我求学航程中的方向。作为国家助学政策的受助人，我会铭记国家的帮助，在大学学习生活的3年，我会不断努力学习提高自己各方面的能力，心怀感恩，向有理想、有纪律、有素养、有文化的四有青年发展，成为能为国家和社会建设作贡献的有用人才。"

一直以来，他抱着一种积极的人生态度去生活，抱着感恩的心去对待周围的世界，用心做好身边的每一件小事，在长久的坚持中，用自己的努力换来不断的进步和成长。他喜欢引用林肯的一句话"我走得很慢，但我从不后退"来描述自己的生活。虽然没有殷实富足的家境，但健康的体魄足以让他对命运充满感激；虽然没有天才般的头脑，但他有"笨鸟先飞"的毅力。

人生就像饮茶，总要苦一阵子。为了刻在心底的梦想，他将继续坚定地前行。立足当下，志存高远，路就在脚下。

事迹简介

黄锐林同学是一名来自揭阳市普通农村家庭的阳光男孩，家庭的磨难和经济的窘境没有击垮他向上进取的意志。3年的在校学习、工作过程中，他连续两学年学习成绩在班级名列第一，同时他积极参加勤工俭学社会实践工作，赚取学费和生活费，并多次受到用人单位的表扬，做到了学习、工作两不误。

资·质

> 我从不做可怜人，一切突如其来的不如意，用我精神的力量化解，谨记：我要有质，才不浪费温情人的资！
>
> ——张志辉

难如狼，意志猛于虎

2011年5月，病重的母亲永远离开了这个世界，张志辉成了名副其实的孤儿。3年前，他怕父子情在脑海慢慢变得模糊，3年后，母子情也只能存在于他的记忆里。他没有了感情的依托，也没有经济支撑，有的，是给母亲治病时留下的一笔笔不堪重负的债务，医院的，朋友的，亲戚的……

同年，他落榜了，带着亲朋好友的非议，他义无反顾地选择了复读。他怕别人的非议，但他更怕没有知识带路，他会迷失，所以他要坚定地、义无反顾地走自己的路。

质遇资，资质终闪光

2012年9月，他如愿来到了广东文艺职业学院。带着对音乐的热情执着，带着梦想，怀揣着仅剩的300元来到校门口，他要用300元，买他的将来。

他明白，进入大学读书，是他最后的一根稻草。只有抓住，才有可能活出精彩。那天学生处处长找他谈话，辅导员找他了解情况，帮他分析将来的人生规划。他明白了，自己是一个有资质的人，他必须努力自强，将来给学校、社会带来光荣。

大学头一年，他得到了国家助学金，但相对于上万元的学费来说仍是杯水车薪。他战战兢兢地生活，脚踏实地地前进。上课，他永远坐在第一排，用最短的时间记住课堂精髓；他从来不坐后排，因为他怕一晃神就错过了精彩的讲述。课后，他做很多兼职，维持生活，来继续他的梦想。虽然他没法轻轻松松地像别人家的孩子一样无忧无虑地生活在大学的校园里，但他毅然扛起、不怨不悔，他以自强为傲，他以自己为傲！

大学第二年，他接受了学校的建议，按计划把学费平分到每月支付给学校，改变了原来挤在前半个学期还清的策略。他开始慢慢掌握了自己的生活节奏，担任学生会干部，积极参加校内外活动，荣获院级比赛奖项2个、校级比赛奖项8个、校级以上比赛奖项1个。他可以一天十几个小时都待在琴房调律，也可以在必胜客茶水间站上一天拼命赚钱。他被评为2014年度"感动艺园年度人物"——自强之星，并以优异成绩获得了2013—2014年度国家励志奖学金。同学们看到他满脸的笑容，想到他的事，总是从心底地称赞他，可是没人能看见他脚底那厚厚的茧，已长不出水泡。但他欣慰，他快乐，为他的付出得来了收获，因他的坚持为他积累了更多的勇气。他感恩身边有这么多善良的人在帮助他，在关怀他。

你有质，"资"亦爱你

大学最后一年，他不慎右脚分裂性骨折，他为此伤透了脑筋，因为还有很多事要等着他去做。学校总是他最坚强的后盾，学院领导为了让他顺利完成学业，减免了他这个学期所有的学费。这个决定实实在在地给这个孩子的心注满了温情的蜜。他亦是记得，开学时王老师那慈祥而赞赏的眼光，还有在整个大学期间给予他无私的帮助，心灵上的，物质上的，一次次的嘘寒问暖，一次次敞开心扉的交谈……他十分感谢院领导和老师的帮助，感谢命运让他来到广东文艺职业学院这个大家庭。

2015年，他被深圳华侨城国际传媒演艺有限公司相中，担任"美国百脑汇·极力道"演出项目的灯光师。他用一天半的时间学会了从没接触过的灯光调控，解决了当时"美国百脑汇·极力道"演出急缺灯光师的问题，进而向音响调控进军。他从不放弃自己，自己创造机会，抓住机会，把握自己的命运！

回望这一路走来的经历有一句话时不时地在他的脑海浮现："你若爱自己，立志把自己打造成一个有用之人，没有人会愿意舍弃你。你若有质，别人就乐意出资！无论什么年龄，什么时候，无论遇到什么不顺心的事都为自己加油吧！"

事迹简介

　　张志辉同学在校表现优异,虽然家境贫困,但却从未自悯抱怨,而是自立自强,兼顾学业与学费。自信向上,不甘落后,用心踏实练习专业技能,收获了一份份荣耀;2013—2014年在广州音乐培训中心做调律师及在各大琴行任调律师。2014年12月受聘于深圳华侨城国际传媒演艺有限公司,任灯光师。

国家资助，助他飞翔

> 我一直勤勤恳恳，脚踏实地，命运却跟我开了个残酷的玩笑。但我没有气馁，奋勇前进，顽强拼搏。
>
> ——卢俊仲

卢俊仲，男，1992年出生，是广东农工商职业技术学院机电系汽车检测与维修（2）班的学生。在校期间，严格遵守学院的各项规章制度，勤奋学习，认真踏实，积极向上，乐于助人，以提高自身素质为目标，遇到困难冷静对待，顽强拼搏，展现出当代大学生良好的精神风貌。

思想上进，自觉自律

他在高中的时候完全没有想过当班干部，大学入学后争取当上团支部书记，并带领班上成绩优秀、思想觉悟高的同学一起申请入党，向党组织靠拢，积极参与学院组织的各项活动，在活动中学习，在实践中验证理论，在思想上严格要求自己。在不断加强自身素养的同时，做好团组织交给的各项工作，全心全意为同学服务。

他在学习上认真踏实，没有落下一堂课，严格要求自己，努力学习专业知识与相关知识，敢于提出疑问，勇于探索发现，将课堂上学到的知识运用到实践中去，提高动手能力，真正做到学以致用。

不畏病魔，顽强拼搏

暑假期间，卢俊仲因为身体不适前去医院检查，随后被确诊为白血病，面对如此恶疾，他在心里反复说："我这么年轻，我不能死。"住院后，他心情平静了很多，看到悲伤的父母，他真的感觉到父母老了，家里还需要他来撑起，他知道自己必须坚强起来，心想："上天既然给我一条绝路，我要找出一条属于自己的活路。"他上网查阅相关资料，了解到能通过骨髓移植治愈，他更有信心能活下去了。在稳定病情后，父亲留在老家卖房子筹钱，母亲陪着他回学校办理复学，同时向学校反映情况寻求帮助。领导、老师对他的病情相当关心，建议他到广州权威的医院治疗，为了方便他就医，还在住宿紧张的校本部给他母子俩安排了住宿。随后在南方医院就医期间，他遇到很多像他一样不幸而又坚强的病友，他们互相鼓励，共同对抗病魔。有些被折磨得忧郁的病友们看到他如此乐观也被感化了，一同加入战斗阵容。

经过一段时间的治疗后，医生告诉他有两个治疗方案，一是用特效药维持十几年的生命，但是不能治愈，每个月费用要两万多元，还有一个方案就是骨髓移植，能治愈，不过有复发概率，有排斥现象，有并发症、后遗症，需要终生吃药和有可能丧失生育能力。听完后，他果断选择骨髓移植，虽然医生一再强调它的危险性，他依然还是那样回答。领导、老师也支持他的做法。在筹备手术期间，院长、老师多次带着慰问金、慰问品去慰问他们，特别是每逢过节，对他们更是关怀备至。当得知他做骨髓移植需要50多万元的费用，学院还在全院为他开展史无前例的爱心募捐活动，共筹得20多万元的善款，并且破例将国家励志奖学金、助学金一并给予卢俊仲。领导、老师、同学、朋友、社会各界的热情问候、无私的帮助，让他感受到人间的温情、社会的关爱，特别是学院给他如父母般的关怀，让他更加坚定选择骨髓移植这个治疗方案。

幸运的是，没有多久，卢俊仲就在中华骨髓库找到与他完全相合的骨髓配型，要知道配对的成功率只有十万分之一。随后，他在2013年9月开始骨髓移植手术。其间，他忍受着全身大剂量化疗的痛苦，连续呕吐的烧心感，还有并发症带来的疼痛，但是他一直坚强着，没有什么比求生让人有动力去突破极限了。最后他用了相对于其他人更短的时间由手术仓直接出院，手术很成功，很顺利。

出院后，老师、同学前来祝贺，这让他激动不已。但是，他并没有被手术的成功所冲晕头脑，他清楚知道手术的成功只是第一步，要面对的东西还有很多，如复发的概率、尚未出现的排斥反应、手术伴随的并发症、每天极大数量的药物，还有高昂的费用。首先他得让自己软弱无力的身体变得强壮起来。医生不建议术后出门，去人多的地方，所以他早睡早起，每天坚持早早地去没人的操场跑步。两个月努力的结果没有让他失望，跑步由一开始的慢走到两个月后的小跑，体重由出院的70斤上升到100多斤，药量减半，去医院复查的时间也由一个星期变为两个星期，检查的各项指标都与常人相符，体能虽然还没完全恢复，但也不至于软弱无力。在这样的情况下，他让一直陪在身边的母亲回家继续工作，因为手术已经让家里负债累累，他相信自己有能力照顾自己，处理一切问题，多一个劳动力可以减少一份压力。因此，他一个人留在学校提供的单间独立生活，平时看病、生活，他能做得井井有条，在空闲的时候还不忘看书，继续未完成的学业。

不忘初心，感恩社会

复学的卢俊仲并没有因为身体不如别人而怠慢学习，知道复学来之不易，所以他认真完成老师交给的任务，珍惜与同学的相处，享受学习环境，尽量多地去图书馆进行阅读，充分利用学校的优质资源，遇到需要帮忙的同学会尽自己之能，积极参与各种公益活动。有一次在知道母亲的工友的亲戚，一个年龄跟他相近的小伙，也患了白血病要去他手术的医院进行治疗的时候，卢俊仲放弃周末休息的时间前去探望他，给他鼓励，讲述自己对抗病魔的经验，带他熟悉医院的环境，让他在远离家乡的地方能感受同乡带来的温暖。随后，卢俊仲加入了广东志愿者网，成为一名志愿者，为社会贡献他的微薄之力。他知道是国家与学校的帮助让他重获新生，国家、学校帮助了他，他也有责任去帮助别人。

他一直勤勤恳恳，脚踏实地，而命运跟他开了个玩笑。但他没有气馁，而是奋勇前进，顽强拼搏，他不是孤单一人，有国家、学校，有亲人、朋友，他走出了一条属于自己的活路，他知道怀着感恩的心，继续稳步走下去，去帮助路上需要帮助的人是对他们最大的回报。

事迹简介

卢俊仲同学纵使身患恶疾，但从未放弃希望，坚强走下去，并通过自己的努力让身体逐渐恢复，重新迈入知识的殿堂。他希望能够通过自己的努力，通过认真的学习来回报党、社会、学校对他的关爱和期望。

人生没有免费的午餐

> 我始终认为知识是可以改变命运的，所以无论多么艰难，我都坚持自己的求学梦。
>
> ——戴忠鸿

戴忠鸿，男，汉族，中共预备党员，广东省茂名市电白人，珠海城市职业技术学院机电工程学院 2013 级数控技术专业学生，担任班长一职，曾带领班级获得"军训优秀连""优秀团支部"等称号，个人荣获 2013—2014 年度得理励志奖学金、院二等奖学金；两度获得国家助学金；荣获知识竞赛三等奖，被评为"优秀团员""优秀学生干部""校园自强十大自强人物"；因在西藏支教中个人表现突出，被支教团队表彰。

艰难困苦，不忘大学梦

家庭的重大变故促使他学会了坚强。在他高三那年，父亲突然去世，留下 26 万元债务，使生活一下子变得贫困。作为家中长子，他不得不扛起这些重担。他休学一年，四处筹钱并靠自己的努力偿还了家中的债务。生活重担压得他喘不过气来，为此他曾有过轻生的念头，幸好他勇敢地面对，最终坚持了下来。妥善处理这些事情后，他又重返了校园。为圆大学梦，必须要解决自己的生活费，他自强不息，大一每个节假日、多数周末都去兼职，大一这一年来他派送过传单，当过家教，做过超市促销员，等等，寒假时还与别人合伙卖对联……他始终认为知识是可以改变命运的，所以无论多么艰难，他都坚持自己的求学梦。

紧跟党团，不忘品德修身

大学以来，他一直担任班长，有很强的政治素养和政治觉悟，思想行为方面作风优良，班级工作完成得非常出色。积极追求思想进步，始终以高标准严格要求自己，并认真学习马克思列宁主义、毛泽东思想、邓小平理论、"三个代表"重要思想和科学发展观，用先进思想武装自己的头脑，指导自己不断进步，并于2015年3月成为了一名中共预备党员。作为一名学生预备党员，他时时不忘学习新的思想理论，认真学习"中国梦"、习近平总书记的五四讲话、廉政思想理论等一系列思想，并有自己独特的政治思想见解。同时作为一名大学生，他时刻关注时事政治，关心国家的未来发展，不仅学好自己本专业的知识，同时也用其他课外知识来充实自己，武装自己，提高自身修养，丰富自身精神世界。

学业为重，不忘文娱兼备

进入大学以后，他深刻地认识到，大学是知识的海洋。要学习的东西太多，所以在学习上，他做到认真踏实，勤奋好学，刻苦钻研专业知识，严格要求自己学好本专业知识及相关的基础知识；同时努力扩展自己的知识面，广泛涉猎各科知识，培养其他方面能力的同时也提高了自学能力；同时，结合实际，不断地提高实际动手能力，取得优异的成绩。他不断地努力和奋斗，得到学院的老师和同学们的认可，并获得了学院二等奖学金和得理励志奖学金。

除了学习、工作以外，他还积极参加各类文体活动。他说虽然在活动中不是最优秀的，但他坚信当他敢站在那个舞台上，敢面对观众，敢面对自己就是挺不错的了。通过活动，他取长补短，学习别人的优秀之处，不断增强自己的综合素质。大一这一年，他先后参加了珠海市举办的国际半程马拉松比赛、主持人比赛、学园十大歌手、知识竞答等比赛和营销大赛等。在比赛的过程中，他也学会了不服输、不放弃的拼搏精神，也看到了成功者在荣誉和成绩的背后，付出更多的是汗水和泪水，他更加明白人生没有免费的午餐，只有经历了痛苦的作茧过程，才会破茧成蝶，飞舞在美丽的花丛当中。

通过参与活动和培养兴趣，他更加自强自信。荣誉和成绩见证了他的成长之路，也成为不断鞭策他成长进步的动力，为他以后的学习和工作奠定坚实的基础。

家贫受助,不忘乐于奉献

在大一期间的周末,他除了兼职,还积极参加金湾志愿者活动。与其他志愿者一起去维持交通秩序,去老人院陪老人,一起去大街里捡垃圾。他在大一暑假期间参加了一场为期一个多月的西藏支教活动。这次支教选拔的第一个硬性要求就是学历,本来因为他的学历不能当选,但是他真心渴望参加支教的精神打动了支教负责人,最后他被破例批准参加选拔。经过层层筛选,最后成功获得了支教机会。为此,他认识到主动争取机会是很重要的,即使自身经验不足,但努力争取过,也就没有遗憾了。他和支教队伍通过义卖、拉赞助的方式来赚取沿途的车费及取得公益善款。艰难地到达目的地后,一开始由于高原反应及气候问题,他很难适应。但他坚持下去,克服重重困难,最后适应了那里的环境。此次支教,他认为最大的意义在于能够磨砺自己的意志,锻炼了自己的能力,同时也能帮助到学生。也认识了很多来自五湖四海的朋友,拓宽了自己的朋友圈。现在他想做的事情是组织支教,让更多人加入支教的队伍中,通过教学,让更多贫困山区的孩子学习更多新知识,去接触这个美好的世界。

对于20岁出头的他来说,今后的人生道路还很漫长,他会更加努力,脚踏实地走好人生的每一步。

事迹简介

高三那年,戴忠鸿同学的父亲突然去世并留下了26万元债务,作为家中长子的他不得不辍学打工偿还债务;在妥善处理完家中事务后,他不忘自己的大学梦,再次重返校园,刻苦学习,取得优异的成绩,获得学院二等奖学金和得理励志奖学金;热心公益,积极参加志愿活动,在大一暑假期间参加了一场为期一个多月的西藏支教活动,通过义卖、拉赞助等方式获得生活费以及公益善款。

世界以痛吻我，又奈我何

> 只要充满正能量，定能感染身边的人。父亲骨子里的坚毅，变成基因植入到我们的身体里。
>
> ——林乐仪

林乐仪，女，1993年出生，是东莞职业技术学院2012届媒体传播系印刷技术（1）班学习委员，院团委宣传部干事。入校以来，她遵纪守法，严格遵守大学生守则和学校规章制度，关心集体，尊敬师长，团结同学，做好模范作用。平时能妥善处理好班级工作与社团工作间的关系，积极参加集体活动，大学三年在思想、学习、工作以及能力等方面取得了较大进步。

独立自强的性格，励志报答的孝悌

林乐仪出生于汕头一个农村家庭里，母亲病逝时，她7岁，刚上完幼儿园。

那一年父亲事业失败，爱妻病逝，房产变卖，背负一身债，一无所有的他，剩下6个孩子以及年迈的母亲。接下来的日子，哥哥姐姐辍学，奶奶偷偷变卖了戒指，父亲到工地干活，好不容易才向政府申请了些补助给她们上小学。

但是，这些苦难都会过去的。

逝者如斯，日子可以重新改造，钱可以挣回来，父亲从不把孩子们当累赘那样丢弃，而是视他们为不放弃生活的动力。这让乐仪从小就懂得何为担当，这让她性格独立。从小学开始，她就和姐姐一起持家理财，家务活自是不在话下。那时零食在她家是不存在的，生活需求很简单。偶尔她们会偷吃点白砂糖，感觉甜滋滋的。父亲常年在外，偶尔打电话回家，她都又害怕又期待，怕父亲问起成绩，又期待父亲对她说鼓励的话，那是比起白砂糖更令人兴奋的滋味。从小缺乏母爱，父亲便要揽下严父慈母双重角色，但他往往是严厉的，这让功课不优秀的她畏惧，心想只有变得更出色，才能得到父亲的认可，这也是父亲唯一的祈愿了！

面临高考那一年，父亲50岁了，她还是跟以前一样，畏惧又想靠近。父亲总是语重心长地说：不要有压力，尽力去做就好了，考好了，爸爸借钱也会让你读大学！

终于，乐仪考上了东莞职业技术学院。

家庭环境的磨砺让她成为极其独立的人，在大学里她的适应能力很好，思想上和经济生活都很独立，与同学们也相处融洽。她尝试新鲜的事物，不断失败，又不断东山再起。强大自己只有一个目的——让父亲骄傲！正如她说的：亲爱的父亲，如果我未曾为未来努力，拿什么来证明我爱你！2014年6月，乐仪获得了东莞职业技术学院第三届感动校园十大人物——"感恩之星"的称号，这印证了她的努力，印证了她是一个足以让父亲骄傲的人！只愿感恩的孝悌让东莞职业技术学院的学生都感受到了！

认真且勤奋，爱她所爱

林乐仪积极响应中国共产主义青年的号召，向党组织靠拢。2012—2014年两次获得"优秀共青团员"的称号，并在2013年参加学院党校培训，取得结业证书。她刻苦学习，在校学业成绩一直名列前茅，综合测评成绩稳居专业内第一，两次获得学院优秀学生一等奖学金。作为班级学习委员，她平日协助老师的教学，管理考勤，为班级营造良好的学习氛围。她尽善尽美地去完成任务，从不假公济私。她是桥梁，沟通好老师与同学们；是风向标，告诉同学积极向上的路该往哪走。

她勇担责任，加入了院团委宣传部，协助院报排版及新闻采编各项宣传工作，也积极主动协助其他部门工作。2013年任新生班主任助理，协助新生班主任带好班级，对她来说新生就像自己的弟弟、妹妹一样，或许是缺乏母爱的人本身就会母爱泛滥，看见他们变得出色优秀，她会为他们感到骄傲。

正其身，本身就是励志教材

作为贫困生，乐仪生活节俭，不铺张浪费，依靠勤工助学岗位，靠自己的双手挣取生活费。不断努力获得奖学金为自己筹集学费，于2013年曾获国家励志奖学金以及"励志自强标兵"的称号，2014 年获国家奖学金。

她注重工作方法，面对同学的批评与误解能诚恳接受，平日留心照顾班里较弱势的同学，对表现不突出、不积极的同学，在集体活动、团日活动、毕业拍摄时都不会忽略他们的感受。她希望每个人都有参与感，深知自卑让人羞于表现，而她能做的就是制造机会让他们参与其中，这无疑是对同学们的鼓励！2015 年 5 月，乐仪获得系学生干部杰出贡献奖，她以自己的正能量影响着周边的人，因此励志成为她最好的代名词。

她说过，想要成为一个对他人有帮助的人，正其身就是最好的教材！

求学路来之不易，愿折腾着走完

求学之路来之不易，她热爱生活，不断追求，投身于有意义的比赛，获得优异成绩。2014 年 5 月系部选拔一批学生参加第四届印刷行业职业技能大赛，通过考试，包括乐仪在内的 7 个同学代表学院参加了广东省选拔。在太阳迟迟不落的初夏，他们一起起早贪黑练习软件，一起去广州参加培训；一间教室里，七八十台电脑同时滋滋运作，里面挤着 100 多人同时气喘吁吁。6 月初正式比赛结束了，静等结果的一个月里，她生活依旧，绘画、跑步、上课、做项目，又参加了感动人物的评选，之后忙于首届全国轻工职业院校包装结构设计大赛，而后又是学期末的复习，她热爱折腾的岁月。

6 月末，乐仪突然被告知进入了职业技能大赛全国赛，那个夏天过得无比炎热，而她的热血翻涌！剩下的半个月时间又献给了实训室，献给了晨起的广播和晚归的月云，她与一同参赛的师妹努力冲刺着，每夜咖啡伴随。7 月，当别人开始享受暑期，她们却前往江门比赛，历时两天，终获国赛优秀奖的好成绩。

2015 年，她面临着毕业找工作。3 月，乐仪加入一个大学生创业团队——墨非文化公司实习，投身于一家初创公司，或许没有很高的收入，但这里有梦，有坚定的目标和顽强的意识！青年的不服精神输正吸引着她，在工作上，她也始终保持着这份热血！

林乐仪坚信，只要充满正能量，定能感染身边的人，父亲骨子里的坚毅，变成基因植入到她们的身体里。对，她坚信，世界以痛吻我，又奈我何！

事迹简介

　　林乐仪同学在校刻苦学习，2013—2014 学年取得学业成绩专业排名第三，综合测评成绩专业内第一的成绩，连续两年获优秀学生一等奖学金又获首届全国轻工职业院校包装结构设计大赛一等奖。2014 年 6—7 月代表我院参加第四届全国印刷行业职业技能大赛暨第四十三届世界技能大赛平版制版工省赛选拔赛，获省赛三等奖、全国赛优秀奖的好成绩。

没有伞的孩子，必须学会奔跑

> 永远在不停地行走和学习，热忱追逐梦想，"我还在路上"是我不断追求的座右铭。
>
> ——林进国

进而自强不息，国必心存感激。"自强不息"出自于《周易·坤》中的"天行健，君子以自强不息；地势坤，君子以厚德载物"。"心存感激"，则体现了主人公的厚德载物和尊师重道的胸怀，珍惜他来之不易的生活。

他的名字叫作林进国，是广州康大职业技术学院一名普通学生，一名学生干部；他是舍友们的"好妈妈"，老师们的好帮手，朋友们的知己！他成绩优异，能歌善舞，硕果累累；他性格开朗、乐观向上、谦卑有礼、待人友善、低调做人、做事稳重。

他来自一个有14口人的家庭，作为最小的五弟，面对年近60岁的父母和身患残疾的2位哥哥，以及仅有2位哥哥姐姐能维持家庭生计，还有4位小侄子需要读书入学的情况，他多少次痛恨自己为何还要上大学，多少次产生放弃学业外出打工的念头，多少次他忍着饥饿不忍心问父母要伙食费。

有缘所以相聚

因为一次培训，他阴差阳错地加入"康大梦之队"，一起"汇聚团旗下，共筑康大梦"。

有缘所以相聚。有人曾给在第一报告厅、第二报告厅、歌舞厅等院（系）工作场景的一个身影，命名为"专注"。因为他有一种理念，或者说是一种态度，使各位团总支书记和老师都在无意中注意到这位"专注"的孩子。因为他的坚持和努力，部门里面的同学都累了去休息了，尽管他也累了，也坚持站起来和大家说，交给我吧，你们好好休息，放心，我会搞掂。不是因为经常出现，而是他真的用心在工作，用情去关怀。他不做作，不谋利，不强势。他是一颗在漫漫人海闪烁的小金子，只有在无意中才能发现他的存在，他的光芒很弱，但是力量却很强大。

有梦所以坚毅

有人问过他为何如此的坚定与拼搏？他说："每个不甘堕落的人，都有一段沉默的时光。那段时光，是付出了很多汗水与泪水，忍受孤独和寂寞，不抱怨不诉苦，日后说起时，连自己都能被感动的日子。唯累过，方得闲。唯苦过，方知甜。"

穷人的孩子早当家。家庭经济并不宽裕的他，在大家的心目中却是阳光少年。自从上高中以后，他就从未主动向父母要过钱，每次家人打电话问"还有没有钱用呀？"或是"够不够呀？"就算是已经"油尽灯枯"了，他依然说，"有啊！够用啊！放心啊！饿不死你儿子的！"他有一个"不成熟"的想法：18岁后，问父母要钱是一件不孝的事。他想到通过勤工俭学帮补家用，所以高三暑假就自食其力，全靠自己打暑假工赚钱。现在，他利用节假日在广州尚德机构做兼职，担任助教一职，每逢周末，早上6点就要起床赶早班345路公交车，到教学点为机构的学员服务。经过不懈的努力，他得到广州各个校区的老师和学员的认可。公司对他升职加薪，提拔他担任天河校区负责人，同时监管其他助教的工作。他每个月都能获得公司的奖励，但作为负责人的他却说："奖励对我可有可无。要不把奖励留给其他人，让他们得到激励，能更好地工作，同时又能得到锻炼。"公司资源部主管说："他是一个让全公司都佩服的助教。"

有心所以珍惜

他身兼多职，在工作中很忙碌。但仍记得第十届校运会进行得如火如荼，作为院学生会副主席，本应是在绿茵场上忙碌，可当天，却一直不见他的影子。他说："工作已经安排好了，周末要参加自学考试，所以到图书馆复习去了，请大家见谅。"其实，他懂得和每一个伙伴一起奋斗的快乐与幸福，自始至终，他坚信团队的每一个人，因为有心，且行且珍惜。2014年4月，他创立微信公众平台"康大团委"，带领团队在网络新媒体方面进行深入研究。目前"康大团委"微信公众号在广东省高校团委排名第一，被推送到团中央，至今关注粉丝量已突破40000人，总阅读量1269887次。对于康大团委乃至整个学校的文化、资讯、动态等信息的传播方面都起到了积极的推动作用。

奔跑永在路上

"没有伞的孩子，必须学会奔跑。"他自认不是很聪明，但全力做好每件事。冬天被窝的诱惑很大，但他会早起，上课，实训；睡懒觉的诱惑很大，但他会继续坚持和伙伴们共同努力、锻炼、成才；周末逛街的诱惑很大，但他会继续兼职与社会锻炼。早出晚归、披星戴月，或许会很累，但是生活、学习、工作的日子是充实的。他，永远在不停地行走和学习，热忱追逐梦想，"我还在路上"是他不断追求的座右铭。经过努力，他通过了计算机一级考试、英语B级考试、职业资格证考试，还报读了专升本考试，获2014年广东省教育厅"百名优秀学子""优秀共产党员"的称号以及国家励志奖学金、学院三等奖学金等，带领所在团支部荣获"红旗团支部"的称号。

面对富不如人的家庭，他没有埋怨，没有消沉。对于他而言，这是一种挑战、一种考验、一种逆境中的成长。这就是壮志凌云、不屈不挠、勇往直前的他——林进国。

事迹简介

林进国同学家境贫寒，自小开始做兼职减轻家中的经济负担，18岁后开始自己赚取全部生活费；在工作中，他认真负责，专注细致；2014年4月，他创立微信公众平台"康大团委"并在广东省高校团委排名第一，被推送到团中央。经过努力，他通过了计算机一级考试、英语B级考试、职业资格证考试，还报读了专升本考试，获得2014年广东省教育厅"百名优秀学子""优秀共产党员"的称号以及国家励志奖学金、学院三等奖学金等。

孝思不匮，发散光热

> 不管将来从事什么行业，我都会坚信：我是社会的孩子，我要尽自己的能力回馈社会，也会一如既往地照顾好我的母亲。
>
> ——陈凤英

1991年，刚出生4天的陈凤英被遗弃在阳江车站，台山深井镇一对夫妇收养了她。这个家，虽然贫困，却很温馨。但是在凤英13岁那年，由于长期的辛劳加上早年曾经中风，养父再次病倒后就离开了人世。就在同一年，外公外婆也相继去世，本来就体弱的养母在接连的打击下，不久也病倒了，最后只能依靠拐杖来走路。尽管在各方的帮助下，陈凤英可以免费上学，但家庭的重担也全落在了她的身上。这都没有影响到凤英的学习成绩，不断地用自己的光和热，感染身边的同学，传递着正能量。陈凤英政治思想立场坚定，遵纪守法，品德高尚，胸怀坦荡，对自己要求严格，对他人宽厚仁慈，与人为善，能与人和睦相处。乐于助人，她明白人与人之间相互帮助的重要性。有正确的价值观，对自己认为不对的人和事敢于当面指出。她爱岗敬业，尊敬领导，团结同学，勤学上进，勇于创新。

孝思不匮，努力学好专业技能

台山市培英职业技术学校学生陈凤英，带着瘫痪的母亲上学，她的孝女事迹感动了全校师生，也激励了更多的年轻人懂得感恩，承担责任，学会奉献。

陈凤英从小学开始就兼职赚钱养家，到过小食店和服装店做兼职。经过不懈的努力，她考上了台山市的新宁中学。这是市里的重点初中，当时有几位好心人提议出钱供她上台城读书，但是她还是决定留在农村里读初中，因为她的妈妈已经卧床不起无法自理，不能为了自己而丢下妈妈不管。陈凤英不在家时都要先给妈妈穿纸尿裤，每天要洗4次，早上、中午、下午和晚上各1次。每天的时间都安排得很满，平时一边做家务一边和她妈妈聊天，任何时刻都想着她的母亲。转眼间3年过去了，到了2012年的中考，凤英被免试推荐到市的重点中学——台山侨中上学，但是考虑到家里的情况，一个人带着妈妈来到离乡下100多公里的城里上学读书，简直是天方夜谭，在她想要放弃继续升学的选择时，政府、学校，还有一位热心的老板都想尽一切办法送她上学。但由于要照顾妈妈，她只能放弃读重点中学，最终选择了台山培英职业技术学校读会计专业。

到培英学校读书，必须要带上妈妈到城里，必须要租房子。由于她妈妈是个瘫痪的人，且出不了高价钱，找房子的事一直到上学前两天才解决好。凤英开开心心地带着妈妈上学，每天照顾妈妈，上学，做功课，日子过得忙碌而充实。但好景不长，房东要她们搬走，任凭凤英怎样哀求，房东都不同意她们住下去。接着，又搬了两次房子，房东都因她妈妈的情况而赶她们走。凤英又陷入了困境，经过热心人士的指引，凤英母女搬到台城镇的一间原社区的办公室改成的出租房，终于可以安定下来了。后来，凤英为节省租金，征得社区领导的同意，她负责打扫所居住的那幢四层楼房的卫生，她住的房子租金免了。每天，凤英既要上学，照顾妈妈，打扫四层楼的卫生，还要到麦当劳兼职。

虽然生活压力如此之大，但是她没有忘记自己的学习任务，在学校能够认真学习专业技能。她明白知识能够改变命运，要改变生活必须用专业技能来装备自己。为了不影响学习，工作之余，她全身心投入到学习中，每天利用仅有的空余时间来复习功课，遇到不懂的地方就向老师和同学请教，与同学们之间相互请教、讨论、学习。她在考会计证的过程中，遇到不小的挫折，因为要照顾母亲和兼职赚取生活费，导致复习的时间比其他的同学都少，因此第一次会计考证的时候没办法通过，但是经过自己的努力拼搏和同学们的帮助，学习成绩有了很大进步，最后考取了会计证，并且每个学期都被学校评为特优生。

认真学习，积极参加社会实习

转眼间，她实习已经大半年了，其间有累更有乐。参加实习以来，她并不是以一名实习生的心态来工作，而是以一名热血青年的态度来对待工作。每天上班，做家务，学习，占满了她所有休息以外的时间。但是，她总鼓励自己，很快可以独立了，可以为社会尽一份微薄之力了，用实际的行动来感谢帮助自己的热心人士。同时在处理同事关系时，她学会了包容和理解，有不明白的大胆向主管领导请教，不弄虚作假。大半年的实习让她成熟了，能够独立完成自己的工作任务，并得到上级领导的认同和赞扬。不管将来从事什么行业，她都坚信：她是社会的孩子，她要尽自己的能力回馈社会。

　　一直以来，陈凤英从没放弃过，不断努力，逐渐地成长，始终勤奋学习、孝思不匮，以坚持不懈的精神赢得了领导和同学们的认可。陈凤英工作成绩优异，多次获得殊荣。2015年1月，获得团中央颁发的"全国乡村好青年"的称号；2015年5月获得共青团广东省委员会第十七届"广东省五四青年奖章"；2014年12月，获得共青团江门市委员会"乡村好青年"的称号；2014年5月，获得"广东省十大孝女"的称号；2014年5月，获得"台山市品德优秀学生"的称号；2014年5月，获得"台山市身边好人"的称号；2014年，获得"全国孝亲敬老之星"的称号；2014年4月，获得台山市教育系统"学雷锋先进个人"的称号。虽然她获得了这么多的荣誉，但是她没有骄傲过，还回来学校把自己的工作经历和生活感悟跟同学们一起分享，向身边的人传递着正能量。

事迹简介

　　陈凤英同学不仅要照顾瘫痪的母亲，同时要边做兼职边上学，她的孝女事迹感动了全校师生，也激励了更多的年轻人懂得感恩，承担责任，学会奉献。虽然生活压力大，但是她没有忘记学习的重要性，学习成绩每个学期都名列前茅，每个学期都被学校评为学习特优生；并获得"全国乡村好青年"、第十七届"广东省五四青年奖章"、共青团江门市委员会"乡村好青年"、"广东省十大孝女"、"台山市品德优秀学生"、"台山市身边好人"、"全国孝亲敬老之星"、台山市教育系统"学雷锋先进个人"等荣誉称号。

资助点燃希望，知识改变命运

> 命运的巧妙安排成就了这样一位乐观、坚强、豁达、向上的女孩子，朝着自己的目标奋力拼搏是我不变的选择。
>
> ——黄巧敏

黄巧敏是新会机电职业技术学校2012级旅游班的班长，品学兼优，专业成绩总是名列前茅，并多次被学校评为"学习标兵""三好学生""工作积极分子"等，2014年荣获广东省导游能力大赛三等奖，2013年获江门市导游能力大赛一等奖。3年的中专生活，她在提高自己科学文化素质的同时，也努力提高自己的思想道德素质，在思想、学习和工作等方面都取得了突出的成绩，由一位平凡的农村女孩成长为今天令人羡慕的出彩中职生。面对现在所获得的这一切，她深深感恩国家资助政策对她的大力扶持。

国家资助，圆梦大学

黄巧敏出生于广东江门一个贫苦家庭，坎坷的生活，磨砺了坚强、乐观的她。她自小父母病故，只能寄住在姑妈家，不幸的经历赋予了她坚强和自立。为了减轻家庭的负担，从小她就成为家务活的主力。初中期间，因年纪太小无法到工厂里勤工俭学，懂事的她就在课余时间选择了摆地摊。为了赚取更多的生活费，她学会了微笑服务。由于家庭原因，初中毕业成绩优异的她濒临失学，政府的中职助学措施让她圆了继续升学的梦。

勤奋学习，成绩优异

进入中等职业学校后，她选择了导游专业。导游梦，是她永不止步的动力。苦难的生活无法抑制她对梦想的追求，尽管姑妈家的生活也有些窘迫，但好学的她用自己的言行说服了姑妈让她在中职继续追寻自己的梦想，国家资助政策让这位女孩没了后顾之忧。她坚信只要有时间和汗水的付出，就一定能够收获成功，她用持之以恒的努力和旅游专业的热情一次次带给老师和同学惊喜。多少个夜晚，她在学校操场、校道的灯光下看专业书，一遍又一遍地背诵导游词。为了增强身体素质，提高记忆力，她每天坚持晨跑；为了提高才艺表演的水平，她每天苦练基本功，淋漓的汗水使她真实地体会到追梦的喜悦。她的成绩在专业排名中总是能名列前茅，并多次被学校评为"学习标兵""三好学生""工作积极分子"等。2014年，她代表学校参加江门市导游能力大赛，荣获一等奖；代表江门市参加广东省导游能力大赛，荣获三等奖；参加全国文明风采竞赛演讲类比赛，荣获广东省一等奖。她于2014年6月被评为"新会区美德少年"和"江门市中小学优秀学生"。

感恩服务，收获好评

　　成长经历使黄巧敏学会了感恩、乐于助人，懂得了包容、任劳任怨。刚开学时，有位同学由于生活习惯不同总是受到其他同学的排斥，巧敏主动关心那位同学，了解她的难处，帮助她得到班上同学的理解和认可。她还经常与同学分享自己的学习经验与收获，在学校升旗礼上大胆、自信地讲出自己的故事，用自己的成长故事激励身边的同学。班上的大小事更是常挂在心上，她认真协助班主任完成各项班级日常管理工作，主动带领全班同学参加各种活动和比赛，她的热情和上进心大大增强同学们的凝聚力和主人翁精神，使班级从一年级开始就在各项比赛中表现出色，一直稳居一等级，成为全校的标兵班。黄巧敏更是班上全票通过的好班长。

　　同时，成绩优秀的她更是利用专业技能在课余时间大展身手，参加各类型社会实践，学会了自立自强。她在江门某旅游公司担任兼职导游，到新会小鸟天堂等景点做讲解。她在参加江门市的导游大赛中，获得了业余组"十佳导游"的称号。她还利用课余时间，参加江门市金话筒主持人培训班学习，并参加勤工俭学活动，到服务行业当服务员、售货员。正是这独特的经历，使她比同龄人更坚强、更乐观。

　　命运的巧妙安排成就了这样一位乐观、坚强、豁达、向上的女孩子，朝着自己的目标奋力拼搏是她不变的选择。插上国家资助这对翅膀，她能翱翔得更高更远！

事迹简介

　　黄巧敏同学自小父母病故，寄住在姑妈家中，坎坷的生活磨砺了坚强、乐观的她。她学习认真刻苦，各学科成绩在专业排名中名列前茅，并多次被学校评为"学习标兵""三好学生""工作积极分子"等。2014年，她代表学校参加江门市导游能力大赛，荣获一等奖；代表江门市参加广东省导游能力大赛，荣获三等奖；参加全国文明风采竞赛演讲类比赛，荣获广东省一等奖。她于2014年6月被评为"新会区美德少年"和"江门市中小学优秀学生"。

在破瓦下绽放笑容

　　坚持用一颗炽热的爱心去温暖他人，用灿烂的笑容面对生活，用坚强独立的态度直面人生！

——伍银娟

　　她，没有殷实的家境，却能在破瓦下绽放笑容；她，未曾感受到父母的关爱，却能如向日葵一样乐观向上。她懂得感恩，所以她坚强、独立。唯有坚强、独立，才能不辜负爷爷的养育之恩；唯有坚强、独立，才能回报那些帮助过她的人，才能回报社会；唯有坚强、独立，才能成为一个有责任感的人，对自己负责。她就是台山华侨中学高二（11）班的伍银娟。在国家奖学金的支持下，她得以解除生活上的后顾之忧，继续为自己的梦想奋斗、前进！

通过读书改变自己的命运

　　她生长于贫困家庭，是爷爷从外面捡回来的弃婴，从小与爷爷相依为命。爷爷以捡破烂为生，生活十分艰苦。在社会各界热心人士和当地政府的帮助下，她幸运地完成了九年义务教育，并通过自己的努力考上了理想的高中——台山华侨中学。

　　面对3年寒窗换来的理想成绩，她既高兴又担忧。念普高意味着要花更多的钱、吃更多的苦，但她毅然咬着牙决定到台山侨中就读。因为她想通过读书来改变自己的命运！于是，她利用节假日到处找兼职，通过派传单、当酒店服务员、到工厂打工、到学校饭堂派饭等工作拼命地凑学费。但是，随着高中的学业日益繁重，各种资料费、生活费像巨石般压得她喘不过气来。有时为了买一本辅导资料，她要吃上一个月的馒头。每当看着饭卡里的数字从3位数降到零，想起爷爷为自己的付出，对自己的期望，她的眼泪就一滴一滴地落了下来。那时的她就像一只离群的大雁迷失了方向，学习与生活的压力像一双魔鬼的手紧紧掐住她的咽喉，使她无力挣扎。幸运的是，在她茫然、不知所措之际，国家奖学金的到来给了她希望。那一刻，天空是蓝的，树是绿的，花儿都是美的，一切都那么的亲切自然。有一种莫名的感动袭上心头，似一股暖流融化心中的彷徨不安的坚冰，似黑暗中的一把火，给她指明了前进的方向，使她动力十足，勇敢地朝梦起飞！在国家奖学金的帮助下，她一心一意朝着目标前进！

一分耕耘，一分收获

在学校，她张开勤奋的翅膀，在书海里翱翔。随着时间的流逝，高考已在不断地逼近，在这场紧张的预备战中，她毫不松懈，紧紧地抓住每分每秒努力学习！早上很早地来到课室，认真复习、背诵前一天所学的知识，做到课前预习，上课认真积极地回答老师的问题，把要点一一记牢，课后认真复习，查漏补缺，保证当天的功课全部过关。放学后，她独自留在课室背书、做练习；晚上熄灯后，她借助走廊的光线把自己融入书的世界。她就是这样，在别人享受大餐的时候，她在啃书本；在别人上网聊天的时候，她在努力复习；在别人放假回家休息的时候，她选择留在学校自习。一分耕耘，一分收获，她从全级的第100名、第50名到前30名，再到如今的前20名，她在一步一个脚印地向目标冲去。学习如逆水行舟，不进则退，每当她退步时，想起爷爷满脸的期望，想起国家、社会对自己的帮助，她又充满了斗志，重新努力，不断探索适合自己的学习方法，调整状态，投入到学习中去。

她不仅是一名努力学习的学生，还是老师的得力助手！作为高二（11）班的班长，她有着较强的组织能力，有着一颗负责任的心。在自习课，她严于律己，并且能把调皮的同学管理得服服帖帖；在校运会上，她安排活动流程，一一管理物品，并组织啦啦队为运动员加油。同时，她关心同学，与同学团结友爱，在她的带领下，班级形成了良好的学习氛围，自修纪律良好，多次获得文明班的荣誉！

用行动诠释感恩的定义

在家里，她心怀感恩与孝顺之心，做爷爷明亮的眼睛！随着年龄的增长，爷爷早已双目失明，为了避免"子欲养而亲不在"的悲哀，她十分珍惜与爷爷一起的时光。在爷爷生病的时候，她担起一切家务，骑着自行车，到处为爷爷买药，整日地跑来跑去，怕他有多一分的难受，怕他的病情会因自己的拖延而变得更坏。回到家为他换洗衣物、倒排泄物，把爷爷照顾得无微不至。她说："我要像爷爷以前照顾我一样照顾好他。"假期在家，必定会看到她牵着爷爷出去散心，或拉着他回家。每逢周末回家经过超市，她总会用自己在学校省下来的零钱给爷爷买常备药，或他喜欢吃的食物……她就像家里的小太阳一样温暖着爷爷的心窝，成为爷爷明亮的眼睛！

在社会，她到处播撒爱心，收获感动，"帮助他人，快乐自己，"这是她的口号，因此她主动加入台山志愿者的队列，在完成自己的学习任务之余，她便随着队伍去帮助那些需要帮助的人。在春运送温暖的活动中，她积极主动地去拎过乘客手中那沉重的背包或行李箱，用诚恳的微笑取得乘客的信任，赢得她们的掌声；在拜访养老院的老人时，她热情关心老人，问候他们的生活状况，耐心听他们诉说，了解他们的孤独，并开导他们，替他们加油。在一次次活动中，她深深地体会到志愿者的重要性，就像高尔基说的，生活中最大的享受、最高的乐趣，就在于觉得自己是为人们所需要的，是使人们感到亲切的。

她不仅在活动中帮助他人，在平时的生活中，她也不吝惜自己的双手。每次周末回家，在照顾好爷爷的同时，她还会去探望邻居的婆婆。婆婆的儿女都住在城市，除了她的女儿偶尔会给她带点好吃的以外，她就孤零零地在家里。加上她身体不好，所以，小娟总喜欢跑去她家拖拖地、洗洗衣。在她生病的时候给她送饭，婆婆泪流满面地说："多亏了小娟，我才能留住条这老命。"

她就是伍银娟，在希望之火熄灭之际，是国家奖学金给了她重燃的机会，使她能够安心地去追逐自己的梦想，用行动诠释感恩的定义。感谢国家奖学金，给了她无尽的力量，向梦想一路飞翔，坚持用一颗炽热的爱心去温暖他人，用灿烂的笑容面对生活，用坚强独立的态度直面人生！

事迹简介

伍银娟同学多年来与年迈的爷爷相依为命，照顾生活逐渐无法自理的爷爷；面对家中的困境，她从不放弃自己的信念，一直坚持自己的梦想，努力学习，成绩优异；并担任班级班长，认真负责，获得老师和同学们的一致好评；生活俭朴，独立自强，通过自己做兼职筹集学费和生活费；同时热心公益，积极参加义工活动，帮助他人，回报社会。

励志笃学篇

用书本和环境凝结成内心另一个自我

> 我极度渴望听到周围人的声音和书本的解答,观察和学习周围人的优点,从书本中思考问题的答案,用生活作教材。
>
> ——梁 婉

梁婉,女,1996年出生,是清华大学社会科学实验班的2014级学生。入校以来,她严格遵守学院的各项规章制度,认真踏实,学习勤奋,自觉性强,积极参加各项活动,在思想、学习、生活、个人实践等方面都取得了较大的进展,得到了同学和老师的认同与肯定。

严于律己,积极向上

在思想品德方面,梁婉坚持严格要求自我,不断追求上进。入学以来,通过几次参加积极分子的活动,包括参加时事热点讲座和志愿讲解闻一多先生的事迹,并在其后作了思想汇报,加深了对党的领导的认识和党的精神的感受。她平时友爱同学,乐于助人,善于发现别人并学习别人的优点。她有较强的自我批评意识,对于一天的工作总结经常自省,并虚心请教别人的意见和建议,有选择地采纳。对于周围同学做得不够好的地方,她能委婉地提出自己的看法,周围人都乐于倾听她的想法和采纳她的意见。进入大学以来,她对于生活和学习上的困惑能积极与师长沟通并且坚持长期的调整和改变,保持不竭的学习热情和动力。从小城走入大都市,她坚信接受改变和广纳言听才是自我进步的基奠,在保持自己个性的同时,不断调整自己有失偏颇的想法,但不将自己的看法强施于他人。她乐观开朗,对于生活中遇到的挫折,喜欢用不同角度去解释和看待,自己解决烦忧。

勤勉刻苦,成绩优异

高中三年,她连续几次拿到学业优胜奖,并能在成绩上保持自我突破。

高三一年的学习状态和效果都保持上升状态，并在多次模拟考中取得了名列前茅的成绩。她深深知道读大学的机会对于自己来说确实是来之不易，所以对待学习，她总是毫不马虎，带着家人的希望和自己的梦想和对未来的畅想，不断奋斗。高考中她以全省理科第 39 名的成绩考入清华大学。上大学后，她认识了许多表现十分优异的同学，不断分析自己与他人的差距并且具有强烈的追赶动力，注重学有收获，对于课程能及时总结。大一上学期综合学习成绩为 87.5 分。

投身实践，提升自我

上中学以来，她都积极参与学校的社会实践活动，如各种校园卫生清洁活动、大学的社团生活和假期实践等。她喜爱与人打交道，喜欢为社会做贡献，大学加入了心理协会、南粤文化交流协会和社会科学学院学生科协，参与了协会活动组织，并积极参与活动。她经常关注实践信息，关注各个领域的讲座公告。大一下学期，她参加了清华红会与心理协会合作的支教项目，到北京市华奥中学给初一的同学支教，并参加了首都大学生心理健康节的志愿者活动。2014 年寒假在潮州市进行潮州旧八景现状社会调研，并获得了清华大学社会科学学院的寒假实践项目"卿国卿城"的三等奖。2015 年暑假奔赴青海西宁进行东西部穆斯林习俗保留程度差异的西部调研和奔赴辽宁朝阳进行服刑人员未成年子女暑期支教暨公益模式调研。

自强不息，成长成才

她出生于一个普通的农民家庭，经济来源靠患有腿疾的父亲打工支撑。小学就读于乡里，年级有两个班，她的班级成绩总出不了年级前三。中考时到城里的城南实验中学考试，成了小学里几年来第一个考进重点中学前 100 名的学生。初中时，班里很多从城里小学毕业的同学，水平在她之上，尤其是英语。她开始每天背单词，日复一日地缩小与他们的差距，从原先全级第 80 多名到后来每学期全级第 30 名内，获得学业优秀奖。初三第二学期的时候，她的母亲病逝，沉痛的打击没有使她放弃学业，调整心态后继续紧张地为中考备考。中考时以 690 分考入全市最好的金山中学，并且通过汕头金山中学在潮汕三市的招生考试，因经济原因考虑放弃赴汕头就读。她的爷爷曾苦劝她到潮州技校读高中，高中毕业后可以靠着一门技术找工作，在家庭经济压力下，她曾含泪动摇，但在亲戚支持下最终到汕头金山中学就读。高中三年，国家助学金打消了她学习上的经济顾虑，一心专注于学习成绩的提高。在国家和学校的关怀下，她有了一个纯粹安宁的学习环境。因为父亲只有初中的教育程度，很少教导她如何应对生活中的问题，她极度渴望听到周围人的声音和书本的解答，观察和学习周围人的优点，从书本中思考问题的答案，用生活作教材。她渴望听到别人对自己不足的指正，并用改变证明她值得别人的欣赏。她喜欢挑战高效学习的过程，用自驱力鞭策计划的执行。她将学习视为织一张致密的网，不断弥补漏洞。除了学校统一要求的教辅书，从小到大，她所有的学习资料都是她姐姐用过的练习册。她会捡起别人没用完的笔芯第二次用，会用以前的笔记本的背面作草稿纸，会从同学那搜集草稿纸带回家当废品卖，她想用一个家庭所需负担的最少的教育资本，得到最多的学习积累和沉淀。她从入学时的第190多名到最后高考摘得全市桂冠，她关注的只是自己进步与否。接到清华招生组的电话，她的第一反应不是欣喜，而是一份沉甸甸的感觉，对未来需要更多的张力去大步向前的责任。她用书本和环境凝结成内心另一个自我，通过时刻与自我的对话，鞭策着一个奋笔疾书的她走入梦想的学习殿堂。

事迹简介

　　梁婉同学出生于普通农民家庭，父亲素来患有腿疾，而母亲在她初三那年病逝，虽然家庭贫寒，又遇至亲离世之痛，但她一直自强不息、艰苦奋斗、努力学习，从乡里的小学考入城里的实验中学，再从城里考入全市最好的高中，最后在2014年高考中以全省理科第39名的成绩考入清华大学，通过自己不懈的努力最终步入理想的学习殿堂。

坚定信念，自强不息

我从不悲观，一直用知识武装头脑，涉猎优秀的人文书籍，用精神上的丰足填补经济上的窘迫。我积极向上，坚信知识改变命运，努力改变自己的命运和家庭的贫困现状。

——吴灶全

吴灶全，男，佛山市顺德区人，现于浙江大学修读生物医学工程硕士学位。

"德智体美劳"全面发展

吴灶全于1991年7月出生在一个贫困的农民家庭，父亲双腿残疾，母亲有轻度智力障碍，妹妹正在小学读书，家庭收入主要来源于父亲的钟表维修。他于2003年进入均安中学读书，其父亲的微薄收入已难以应付两个孩子的学杂费，当时学校与镇工商分局选择该生为扶贫对象，并帮助他顺利完成初中、高中的学业。他进入均安中学以来，一直严格要求自己，始终以提高自身综合素质为目标，努力成为一个"德智体美劳"全面发展的人才，在思想、学习和生活等方面表现出优良的作风、取得突出的成绩，成为学校众多学子的榜样。他不仅在学习方面刻苦认真，成绩名列前茅，而且在英语、物理、化学等各类竞赛中屡屡获奖。他在国家、学校和社会的多方面帮扶下成人成才，于2008年被评为"广东省三好学生"，得到了老师、同学们的认可。最终，他在2009年以优异的成绩考上中南大学，修读生物医学工程专业，从事国产医疗设备的学习和研发。

积极向上

在本科期间，他保持一贯的学习作风，积极向上，敢于钻研难题，学习成绩一直名列前茅，多次获得奖学金，如国家励志奖学金、校级一等奖学金、浙江华友奖学金等。他不仅系统、严谨地学习专业知识，且努力把理论应用于实践，结合专业需求开发设计仪器。在大二暑假，他参加了学校的数学建模竞赛，并组队参加国内的竞赛，最终获得湖南省二等奖。在大三学年，他以优秀的成绩被推荐到生物芯片实验室，得到刘正春导师的栽培，成功申请了国家级大学生创新训练项目。经过项目组成员一年多的努力，该项目以优秀的成绩结题，被评为"中南大学优秀创新项目"。于大四学年，他参加了浙江大学生物医学工程的夏令营，并获得硕士保送资格。2013年9月，他进入了浙江大学生物分析仪器实验室，攻读硕士学位，深入学习专业知识，并希望为医疗器械国产化贡献一份力量。

作风良好

该生不仅学习端正严谨，而且思想方面、工作实践方面有良好的作风。他热爱祖国，树立了正确的人生观和世界观，在提高科学素养的同时，不断提升自己的思想品质。他积极参加学校、学院的集体活动，不断锻炼自己，服务学校，奉献社会。在大三暑假，他参加学校组织的暑期社会实践项目，深入走访湘江流域的污水处理厂，抽取江水样本并送至检测部门，最终总结调查结果、撰写社会倡议书，提醒社会各界为保护湘江水质作努力。他与人为善，乐于助人，力所能及地帮助更有需要的人。他生活勤俭节约，所获得的奖学金都用到实处，极大地减少家庭的经济压力。他从不悲观，一直用知识武装头脑，涉猎优秀的人文书籍，用精神上的丰足填补经济上的窘迫。他积极向上，坚信知识改变命运，努力改变自己的命运和家庭的贫困现状。

他在求学时光里，深受老师和同学的喜爱，与他们结下了深厚的情谊。他不断勉励自己不忘老师、国家的栽培，努力成为栋梁之才，为学校增光添彩。他即将硕士毕业，步入社会，将会再接再厉，不断完善自己，争取成为优秀的毕业生，将所学的专业知识运用到未来的社会实践和工作中，以自强不息的精神、坚定的信念和社会责任感迎接挑战，攀登新的人生高峰！

事迹简介

吴灶全同学虽然家境贫寒，但生活的窘迫并没有压倒他对学习的热爱。在校期间，他刻苦学习，于2008年被评为"广东省三好学生"；2009年考上中南大学，在大二学年修读生物医学工程专业。2012年参加浙江大学生物医学工程夏令营，并获得浙江大学保研资格；2013年6月本科毕业，9月进入浙江大学攻读硕士学位。

努力的人最幸运

一切以结果倒推过程的方法论都是耍流氓。因此，我经常虚心向不同的人讨教学习方法。

——张宏峰

3月的成都，天气不冷不热，他在出租房里，查阅着资料。这时，收到了电子科技大学研招办的短信，短信内容如下："亲爱的张宏峰，很高兴地通知您，您已被我院您所报考的专业录取。稍晚，研究生院将公示录取情况，请关注。"他长舒一口气，没有任何庆祝方式，只是把信息转发给家里人，便又埋头整理资料了。

就这样，张宏峰考上了研究生。此时，同窗好友的祝贺，学院老师的赞赏，纷至沓来，让他有些措手不及，似乎他打心里还没准备好迎接这一切的到来。他心里清楚，这一切的到来，并不是那么一帆风顺。

真正有长远意义的事情

回首4年前，张宏峰本来是考不上东莞理工学院的，他的分数，只比学校理工科投档线高一分。只是刚好那年理工科扩招了1000多名学生，他就成为这1000多个幸运者中的一员。刚进大学，同学们都喜欢谈论自己的高中，但有趣的是，大部分同学对自己高中的努力倾向于轻描淡写，同时强调自己是在高考发挥失常的情况下才"不得已"来到东莞理工学院的。在他们看来，如果说自己高中很努力地学习，并且高考正常发挥，最后考到东莞理工学院，似乎是一件拉低自己智商的事情。在这样的环境下，张宏峰一开始也倾向于表达自己"名落孙山"的情怀。但不久，他认识到，这样的情怀一点意义也没有，甚至有些自欺欺人。他的家庭并不富裕，父母背负的经济压力，让他不得不提前考虑起自己4年后的工作。在他看来，当下对他真正有长远意义的事情，是静下心来好好学习，为以后工作蓄力。他的专业是软件工程，每天晚上，他都在宿舍练习敲代码；每次下课，几乎都能看到他在讲台上向老师请教。但即便他如此努力，依然得不到专业课老师的注意。因为他的资质实在太普通了，别人看一遍能懂的C语言教材，他要看三四遍，甚至更多。他只能更努力，才能达到他大一的目标——进入软件工程卓越计划班。

态度比能力要来得更有力

事实上，张宏峰总是如此幸运的——第一学期入选卓越班的名单公布了，软件工程专业只有他一人，他成了同学们眼中的"学霸"。在卓越班里，他仍不断努力，这一次，他的目标，主要是取得专业技术上的突破。大一结束，他成绩排名班级第二，并顺利获得国家励志奖学金。这笔奖学金对于他来说意义重大，因为如果没有获得这笔奖学金，他便需要外出做兼职赚生活费，这也就意味着他很难全身心投入学习。为此，他很感激国家的这笔及时资助。进入大二，他便加入了电子商务实验室，致力于JavaWeb技术的学习。同年，他参加了广东省Java程序员竞赛，并获得了初赛第二名、决赛二等奖的好成绩。在实验室学习的同时，他成了实验室助理，帮助老师打理实验室。工作上，他认真勤快，服从老师安排，很快便得到老师的信任。在大三时，由于在实验室的认真表现以及学习成绩优秀，经学院时任副院长欧阳老师的推荐，他担任计算机学院2013级软件工程卓越班的助理班主任，处理新生班级大小事务。一开始接手这一职务，他心里很没底，因为他并没有学生工作的经验，也不擅在公众场合言辞，综合能力并不优秀。但他乐于接手这一职务，因为一直以来，他接受过许多师兄师姐的帮助，特别是他的助班。接手这一职务，便可以将这种帮助传承下去，这是他想做的事情。有时候，态度比能力要来得更有力些。

艰苦考研路

事实证明，热情不能当饭吃。第一学期，张宏峰的工作尚可说到位，但第二学期，他毅然选择去考研。助班的工作难免疏忽，尽管他依然对所带的班级充满热情，并关心着每个学生。但关于考研一事，他虽早有念头，却迟迟没有下决心，主要原因在于他明白一旦考研成功，那便要多念3年书，而这3年不但不能给家里人增加收入，反而要父母为自己的硕士学费买单。这对于并不富裕的家庭来说，确实值得权衡。为此他苦恼了很久，最终他还是选择了考研，这主要出于对计算机的热爱。

考研真的很辛苦。张宏峰喜欢篮球，喜欢看 NBA，他常跟朋友打一个比方："平时学习，如同 NBA 的常规赛，而考研这一年的学习，就如同 NBA 的季后赛。"NBA 里，季后赛是检验一支球队能力的试金石，而考研，则是对大学生学习能力的终极考验。从建校以来，计算机学院考上"985"高校的学生屈指可数，而张宏峰从一开始就打算成为这屈指可数的人之一。他对自己要求极高，甚至可以说有些苛刻，这在考研时一度让他陷入焦虑的情绪而无法自拔。幸运的是，在这过程中，他慢慢学会调整自己的情绪，克服焦虑，舒缓情绪，从容而坚定地前进着。这是他考研时收获的最大精神财富。他经常说："一切以结果倒推过程的方法论都是耍流氓。"因此，他常虚心向不同的人讨教学习方法，这些人中，有的考研成功，有的失败，有的半途而废⋯⋯在他眼里，结果有时无法体现过程的艰辛不易，也并不影响方法的好坏。

这就是张宏峰的大学 4 年。很平淡，很幸运，正如他自己所言，努力的人总是幸运的。对于党和国家给予贫困学子的资助，对于母校东莞理工学院，对于计算机学院，他一直心怀感激，正是在这样的平台下，他才能取得今日小小的成绩。接下来的研究生阶段，他定当更加努力，因为他坚信：只有努力奋进，才能永远创造人生的幸运与精彩！

事迹简介

张宏峰同学积极向上，努力进取。在软件工程普通班学习成绩排名第一，并通过卓越班的考核，被选拔进卓越班。通过面试成为实验室助理，协助老师管理实验室。担任计算机学院 2013 级软件工程卓越班助理班主任，处理班级大小事务，带领 2013 级的同学更快地适应大学的生活。

梦想和责任，医路相伴

> 所有的墙壁，其实都是门，只要你足够奋力，别害怕，逼自己去闯一闯，总会遇到自己的九又四分之三站台，总有墙后的世界阳光明媚。梦想，在头顶三尺的地方，逼自己跳一跳，够得着。
>
> ——李凯群

李凯群，一名出身寒门的平凡学子，在国家的资助下，脚踏实地，不懈追求自己的人生理想，努力攀登白色巨塔。

出身贫寒，立志从医

从小，李凯群就对知识有着强烈的向往，然而，家里7个小孩的学业对他的父母来说是沉重的负担。有朋友劝他们让孩子早点出去打工养家，可是父亲说："初中辍学是我一直以来的遗憾。既然孩子们都愿意深造，我就会全力支持他们的梦想。"李凯群知道这是很沉重的担子，从小就树立了承担家庭责任的愿望，并为之自强不息。出色的表现让他获得了大家的认可，国家和学校给了他很多资助。他发现，自己不仅应当承担家庭的责任，更不能让帮助自己的人失望。

高二，亲人突然的晚期肝癌去世对他打击很大，他立志学医，希望能帮助更多的病人及家庭。经过高三的辛苦奋斗，他如愿进入南方医科大学的临床医学八年制专业。进入大学以来，南方医科大学的学习氛围让他如鱼得水。在学习时，他是专注的，经常在回宿舍的路上低头思索，甚至身边的同学在嬉戏打闹也不知道；在学习时，他也是"苛刻"的，经常为一个细节演算很久，纠结很久。大学期间，李凯群成绩居专业前列，同时获得了广东省数学建模三等奖，还被评为"南方医科大学优秀学生"。

取得优异成绩的同时，他意识到学习不仅需要勤奋，更需要追求境界，开阔视野，他经常与其他志同道合的同学聚在一起讨论分享学习方法和读书心得。

科研起步，探索自然

由于专业的特殊性，他大一大二必须在国防科学技术大学学习理工科知识，作为医学生，他笃信知识的学习不应囿于专业的局限，学科交叉往往是创新的沃土。他接触科研是在大二参加国防科学技术大学的物理学术竞赛，那时候他的选题是研究"弯液面"现象。作为一名医学生，这是他完全不熟悉的选题，他决心从最基础的物理学知识点出发，寻求共同点。之后很多个日日夜夜，陪伴他的只有一本本厚重的物理学专业书籍以及一篇篇专业文献。实验条件的匮乏让他很多次都想过放弃，却又不忍心让努力付诸东流。每次坚持下来，总能够让自己更进一步。为了完成实验数据的精确测算，为了完成实验图像的采集，数十次实验早已习以为常。在得知自己获一等奖的那一刻，李凯群形容"被自己感动了"。从这次参赛经历，他感慨：所有的墙壁，其实都是门，只要你足够奋力，别害怕，逼自己去闯一闯，总会遇到自己的九又四分之三站台，总有墙后的世界阳光明媚。梦想，在头顶三尺的地方，逼自己跳一跳，够得着。

2013年，他和他的同伴决定挑战自己的极限，参加全国数模比赛。数模竞赛的整整3天时间里，他和伙伴们只有几个小时的睡眠时间，在相互沟通、相互交流、相互帮助中解决问题，排除困难，来获取成功。最终他们获得了广东省数学建模三等奖。在这次经历中，他发现自学知识和探索未知的问题比以前单纯的课堂学习有趣多了，团队学习相对"单兵作战"往往能激发很多灵感和提高效率。

回到南方医科大学，他开始接触生命医学课程，以医学大师为自己榜样。著名外科学家裘法祖曾说：如果一个外科医生只会开刀，他只能成为开刀匠，只有会开刀又会研究才能成为外科学家。他在学习繁重的临床医学课程之余早早就进入实验室，阅读大量外文文献。在很多人眼里枯燥、生涩的术语，对他而言，却如此生动、充满乐趣、令人沉醉。科学研究需要耐得住寂寞，反复的实验和不断的失败很容易让人放弃，他却经常为了一个漂亮的结果一遍又一遍地重复实验。他发表一篇《肾移植与群体反应性抗体》综述，参与的一篇SCI论文也正在投稿，还参加了国家大学生创新创业训练计划项目。

回报社会，实现自我

追求梦想的过程中，李凯群得到了很多老师、同学的帮助。他说，兼济天下不是一个空洞的词汇，而是源于内心的感恩和责任。在国防科学技术大学，他利用宝贵的外出机会去敬老院当义工，给老人们宣讲一些健康知识，表演节目。虽然自己身体瘦弱，但依然参加献血活动。作为专业副分队长，尽心尽力为同学服务。常常有同学向他请教学习问题，他总是耐心地讲解，即使自己不懂，也会去查阅相关资料。

他说："梦想就是让自己可以承担更大的责任，责任就是帮助更多的人实现他们的梦想。"

他说："责任和梦想，医路相伴。"

事迹简介

李凯群同学出身贫寒，立志从医学习，专注"苛刻"，成绩居专业前列，同时获得了广东省数学建模三等奖，还被评为"南方医科大学优秀学生"；他接触科研，参加物理学术竞赛和全国数模比赛，并获得了广东省数学建模三等奖。早早就进入实验室参与实验，发表一篇《肾移植与群体反应性抗体》综述，参与的一篇SCI论文也正在投稿，还参加了国家大学生创新创业训练计划项目。回报社会，实现自我，在国防科技大学时利用宝贵的外出机会去敬老院当义工；作为专业副分队长，尽心尽力为同学服务；热爱医学、品学兼优、刻苦钻研，这是他的最大特点。

天道酬勤,梦在前方

> 出身贫寒的我始终保持一个信念:学海无涯,天道酬勤。
>
> ——康嘉文

康嘉文,男,广东省化州人,2009 年 9 月就读广东工业大学自动化学院自动化专业。大学四年里,他学习刻苦认真,学生工作经验丰富;2013 年获得学校保送研究生资格,免试入读自动化学院控制工程专业。读研期间,他勤奋努力,刻苦钻研,成果突出,研二时向学校提出研究生提前毕业的申请后获得批准,并已通过硕士毕业答辩。2015 年 1 月,他再接再厉获得学校"申请考核制"博士免试入学资格,并将于今年 9 月攻读博士学位。

党在他心——积极向党争优秀

高中时期的康嘉文学习勤奋,成绩优秀,被推荐为入党积极分子。他始终坚持认真学习国家政策,掌握时事动态,拥护中国共产党的领导;积极参加各项党活动,在思想上、政治上、行动上积极向党组织靠拢。在大三的时候,他顺利成为了一名正式党员,更加严格要求自己时刻谨记党的历史使命,勤奋学习,努力工作,保持共产党员的先进性,主动向优秀党员学习。他利用课余时间认真阅读马克思等人的经典著作,用先进的理论武装自己,使自己在思想上达到更高的境界。经过努力,他于 2014 年 11 月被评选为"广东工业大学学生示范党员"。

学海无涯——书山有路勤为径

在学习上,出身贫寒的康嘉文始终保持一个信念:学海无涯,天道酬勤。在入学时,他获知国家为了激励家庭经济困难的大学生勤奋学习、努力进取、全面发展,专门设立奖励品学兼优、家庭经济困难学生的国家励志奖学金。他那时就下定决心勤奋学习、全面发展，争取获得国家励志奖学金，减轻父母的经济压力。为此，他在大学4年里每天起早贪黑赶学习，班上同学对他的评价是："他是我们班里最勤奋、最拼的同学。"同时大学期间，他一直担任院学生会干部，积极为同学服务。虽然如此繁忙的生活有时会让他略感疲倦孤独，但他坚信天道酬勤并牢记获得国家励志奖学金的目标。他清晰知道自己大部分课余时间被繁杂的学生工作所占据，必须通过勤奋来赶上甚至超越同学们。大学4年里他的勤奋努力也得到了相应的回报，在全校入学平均分最高的自动化专业里，他连续两年获得国家励志奖学金，并3年获校级优秀学生奖学金或优秀学业奖学金，基本解决了他大学期间所有生活费用，大大减轻了父母的经济负担。他自我总结说，正是国家的资助政策极大地激励着他努力前行，全面发展。

康嘉文在学习课内知识的同时，也积极参与实验室项目学习以及各类校内外竞赛，并获得含国家级三等奖、省级二等奖在内的多项奖励。

在研究生阶段，康嘉文始终铭记国家资助的激励宗旨，继续勤奋学习，刻苦钻研。研一时期，他的学位课加权平均分达89.2，专业排名第一，被同学们赞誉为"学霸"。他的科研成果突出，入选广东工业大学"拔尖创新人才"培养对象。截至研二，他已发表含SCI一区在内SCI/EI论文7篇，获得申请号发明专利5项，投稿在审论文5篇。2013年，他发表了1篇国际会议论文，并在国际会议现场发表英语演讲。2015年6月，他发表1篇国际会议论文并成功获得学校专项资金资助，前往英国参会并做现场演讲。

在科技竞赛方面，他曾参加2014年全国青年科普创新实验暨作品大赛，先后获得省级第二名、全国第三名，并且他的作品曾获得《羊城晚报》《北京青年报》《广州日报》等多家知名媒体报道介绍；此外，他还获得省级2项奖励，其中包括2015年"挑战杯"全国大学生课外学术科技作品竞赛广东省特等奖，并入围全国决赛。

学生工作——小荷才露尖尖角

在学习的同时，在国家励志奖学金的激励下，康嘉文全面发展，积极参与各类学生工作。大一他加入院学生会，并于大二留任秘书处财务部部长，由于细致严谨的工作作风，获得"优秀学生会干部"等荣誉称号；同年，他在学校图书馆勤工俭学，并担任学校图书馆馆刊的学生主编，带领团队顺利完成了馆刊的编辑工作，深得好评，并获"勤工助学先进个人"的称号。

大三，他以办公室助理组组长身份在广东省大运会筹备委员会办公室参加志愿服务工作，带领团队负责省筹备委员会办公室日常工作，其中出色地完成广东省领导、各高校校长等重要人员的接待工作，获得"优秀志愿者——金奖"荣誉称号。此外，他还与两位同学积极联系著名外企 NI 公司，创立校级技术社团"广东工业大学 LabView 俱乐部"并担任副会长。大四，他担任学院辅导员助理，负责毕业生就业管理工作。研究生阶段，他积极辅助导师开展实验室团队管理工作，工作认真负责，严谨细致，深得老师们好评。

同时，康嘉文也乐于参加社会实践活动。其中包括第十六届广州亚运会地铁安检志愿者服务工作；2010 年暑假期间，他参加广东工业大学"走访广工大创业者足迹"活动，并获二等奖；2011 年暑假期间，参加广东工业大学"走访广工大创业者足迹"活动，并获三等奖。他还获得暑期"三下乡"社会实践活动"优秀实践队员"的称号。

宝剑锋从磨砺出，梅花香自苦寒来。国家励志奖学金为康嘉文减轻了部分生活经济的压力，使他得以安心投入学习与工作，这几年来也获得不少荣誉，但是他深知"成功属于过去"，应该将目光着眼于未来。他将继续秉承"天道酬勤"的信念，谨记国家资助鼓励困难家庭学生成才的初衷，继续努力，全面发展，争取早日回报社会，为国家贡献一份自己的力量。

事迹简介

康嘉文同学正处于研究生阶段，其学习成绩优秀，专业排名第一，获得学校优秀研究生奖学金一等奖以及"广东工业大学学生示范党员"的称号。科研能力突出，已发表 SCI/EI 论文 7 篇，获专利申请受理号专利 5 项，投稿在审论文 5 篇。在学科竞赛上获得国家级奖项 1 项、省级奖项 2 项、校级奖项 3 项。现为广东工业大学研究生"拔尖创新人才培育计划"的培养对象。

励志成长

> 我不仅学习成绩优秀，还积极参与学术科技、学生社团和社会实践服务等多种活动，并获得多项荣誉，在同学和老师眼里是一位能力突出、可信赖的学生。
>
> ——陈 瑾

陈瑾，女，汉族，广东潮州人，中共党员，汕头大学理学院2011级数学与应用数学专业学生。在校期间，她在思想上积极进取、热爱中国共产党，一入学便向党组织提交了入党志愿书，并严格要求自己，很快从同学中脱颖而出，获得党组织的肯定，成为一名光荣的中共党员。她待人真诚，做事认真负责，入学以来一直不断挑战和提升自己，她不仅学习成绩优秀，还积极参与学术科技、学生社团和社会实践服务等多种活动，并获得多项荣誉，在同学和老师眼里是一位能力突出、可信赖的学生。

科研锤炼

学业上，陈瑾一直名列前茅，积极参与科研项目和各类数学建模竞赛，展示出非凡的科研创新潜能，并有规划地不断提升其科研能力。从大二开始，她便成功申请到汕头大学国际研究中心的独立研究项目，受到香港特聘博士Wai-man Kwok老师的思维训练；之后，在罗军副教授的指导下接连完成汕头大学理学院SRP本科生研究计划和创新实验两个研究项目，在《汕头大学学报》发表1篇论文，并获得汕头大学第十届挑战杯"三等奖"；同时，她多次组队参加数学建模竞赛，成绩不断提升，从2013年全国大学数学建模竞赛广东省赛区一等奖，到2015年美国大学生数学建模竞赛（MCM）国家一等奖，可见其背后所付出的努力。通过这些，可以感受到陈瑾对于学术科研的热爱和投入，以及她不断挑战自己，有意识有计划地培养自己的科研创新能力的想法。

勤工俭学

工作上,她认真负责,踏实肯干,无论是勤工助学岗位,还是学生干部工作,都能出色完成任务。从大二下学期开始,她利用学校提供的大量的勤工俭学机会和各类奖助学金,自己负担大学生活的所有费用。在大三这一年,她在身兼两个项目的同时,还先后兼任课外兼职辅导员、学生互助中心SLC联络员、学生宿舍社区导生等勤工俭学工作。经过这一年的历练,她的能力有了质的提高,能有条不紊地应对各项事务,亦让其从各项面试中脱颖而出,获得汕头大学与美国麻省理工学院(MIT)合作的国际交流课程学习机会,并获颁由MIT教授签名的课程结业证书。与此同时,她也乐于分享自己的经验所得,曾在一场关于数学建模学术报告会中担任助讲,和同学分享自己的建模论文写作和剖析题目的经验。在大四下学期,她更是以项目团队中唯一一名大四在读生的身份,担任汕头大学整合思维课程小班导修老师,获学生和团队同事的连连好评。

实践追求忘我

在建立自我的同时,陈瑾也积极投身到社会服务实践和志愿者服务活动。她参加的志愿者活动,有宣传垃圾回收利用的"绿芽行动"和推广健康知识的农村健康促进计划,也有服务外来参观者的校友开放日志愿者活动,以及服务项目类的整合思维志愿者测试和李嘉诚基金会和汕头大学共同举办的"与大师同行"志愿者活动。另外,她还利用暑假的时间与同学组队参加了广东省"展翅计划"调研活动,调研报告受到老师好评;毕业后,她还义务担任汕头大学的校友联络员。由此可见,陈瑾富有公益爱心和社会服务意识,是一名具有良好道德修养的优秀大学生。

2014年,她凭借着出色的专业成绩、科研水平和综合素质,成功拿到硕士研究生推免资格,于2015年9月到华南理工大学攻读研究生课程。总而言之,陈瑾是一名德智兼备的学生,是广大受助学生中奋发图强、感恩奉献的优秀代表。

事迹简介

陈瑾同学在学业上刻苦努力,成绩一直名列前茅,并获得二等学业优秀奖学金、汕头大学理学院校友奖学金、汕头大学"学术科技突出贡献奖"等奖项;同时积极参与科研项目和各类数学建模竞赛,展示出非凡的科研创新潜能,并获得美国大学生数学建模竞赛一等奖、全国大学生数学建模竞赛一等奖、第十届汕头大学"挑战杯"大学生课外学术科技作品竞赛三等奖等荣誉;获得硕士研究生推免资格,现已被华南理工大学计算数学专业(优化计算与数据挖掘方向)录取。

志存高远，奋起飞翔，做一个阳光明媚的女孩

> 面对着自己最亲的人一个个都离我而去，我没有抱怨命运对我的种种不公，也没有抱怨生活的艰辛。虽然父母都不在身旁，但是我仍积极乐观地面对生活，努力做一个如阳光般明媚的女孩。
>
> ——梁育慧

梁育慧，女，汉族，1996年7月出生，广东省云浮市云城区人，是广东省云浮市云浮中学2014届毕业生，现就读于广东财经大学公共管理学院行政管理专业。在校学习期间，该生严格要求自己，思想健康，积极进步，学习勤奋，工作认真，生活朴素，具有良好的思想道德品质，学习成绩一直名列前茅，深受师生的一致好评。

命途虽坎坷，但从不逆来顺受

她是一个不幸的女孩，3岁还不到，父亲便因病去世，她还未能好好感受这沉甸甸的父爱，也不知道失去父亲的滋味是怎样，长大以后才被亲人告知她是笑着参加父亲的丧礼的。她没有兄弟姐妹，只有妈妈与她相依为命。历尽艰辛，妈妈才含辛茹苦把她拉扯大。然而初一那年，她的母亲也改嫁了，从此便剩下她自己一个人。她从小便寄居在婆婆家里，自己照顾自己，独立坚强。面对着自己至亲的远去，她没有抱怨命运对她的种种不公，也没有抱怨生活的艰辛。虽然父母都不在身旁，但是她仍积极乐观地面对生活，努力做一个如阳光般明媚的女孩。她也是一个懂事乖巧的女孩，面对着发生在自己身边的事情，她慢慢地成长起来，明白到了世事的艰难，于是她开始不停地努力奋斗，每天认真地学习，因为她明白，只有知识才能让她有能力改变自己的命运，才能更好地报答母亲的养育之恩以及其他人对她的帮助，才能担起对家庭、对社会、对国家的责任。

学习刻苦，锐意进取

也许是贫困的家庭背景熏陶出了她面对困难举重若轻的心理素质，也许是历尽艰难的成长经历，磨练了她坚忍不拔的精神意志，她从不惧学习上的困难，一丝不苟，刻苦认真。她深深坚信知识可以改变命运，同时她将精益求精、刻苦钻研作为自己的信条，在教室、图书馆都留下了她的身影，因此，她的成绩一直名列前茅，高一时参加广东省云浮市云浮中学与肇庆市四会中学的英语竞赛并获一等奖，高中三年每次统考均能获学校奖学金，并且曾获第七届全国冰心文学大赛铜奖。在大一上学期的期末考试中，英语和微积分的成绩均名列全系第一。尽管取得了不错的成绩，但她仍不断努力地提高自己的专业素质，充实和完善知识结构，以处处做榜样、树旗帜的标准严格要求自己，积极向党组织靠拢，成为了一名入党积极分子。

勤工俭学，知恩图报

"没有伞的孩子就必须要学会努力奔跑。"在生活中，即使生活再困难，她也从没有想过放弃投降。由于她母亲重组家庭并育有一女，高中的学费对她的家庭来说也是一笔沉重的负担，但是，她都会想办法来减轻母亲的经济负担。寒暑假期间，她很多时候并没有像同龄人一样尽情地玩耍，更多的时候是选择去兼职打工，赚取学费。当她得知可以申请国家助学金的时候，对于当时家境贫寒而又坚定求学的她来说，真的是雨中送伞，雪中送炭。很多人接到大学录取通知书的时候都是兴奋不已，然而，当她接到录取通知书的时候，她却皱起了眉头，看着这昂贵的学费，她心里很不是滋味，一直在想她该如何筹集到足够多的学费。她通过同学的介绍做起了家教，用自己所学的知识去辅导别人的学习，并赚取学费。尽管学费如此昂贵，但是，她依然想方设法地去筹钱，最后在亲朋好友以及老师的帮助下，她终于如愿以偿地踏进了大学的大门，开启了她的新旅程。在大学里，她申请了国家助学金，国家助学金就像及时雨一样帮助了她。除此之外，她还会在周末去做兼职工作赚取生活费用。她主动参与学校的活动，例如校园清洁、图书馆志愿者活动等，以自己的实际行动为他人服务，感恩国家的资助。在生活上，他不与同学攀比吃穿，朴素节俭，严于律己，宽以待人。同时注重与老师、同学们的交流沟通，气氛融洽和睦。

乐观向上，投身实践

　　她性格开朗，积极乐观，踊跃参加集体活动，曾到养老院、孤儿院进行志愿者活动，帮助老人打扫卫生，与老人聊天，和孩子们玩游戏等，用自己的实际行动为他人、为社会贡献自己的一份微薄之力。在大学里，为了提高自己的综合素质，更好地锻炼自己的能力，她积极加入社团，现为广东财经大学校新闻中心采编部的干事，主要负责写稿报道校园新闻。在社团工作中，她尽职尽责，任劳任怨，待人热情友好。在社团里不仅锻炼了做事的效率，学到知识，也收获了与伙伴的真挚友谊。

　　滴水之恩，当涌泉相报。接受国家资助的她更懂得一点一滴来之不易，她正通过自己不断的努力，使自己成为一个德智体美全面发展的大学生，更好地回报国家，回报社会，回报父母以及所有帮助过她的人。

事迹简介

　　梁育慧同学自小父亲便病逝，初一时母亲也改嫁了，面对命运的坎坷，她从不逆来顺受，而是刻苦学习，锐意进取，成绩一直名列前茅。高一时参加广东省云浮市云浮中学与肇庆市四会中学的英语竞赛并获一等奖，高中三年每次统考均能获学校奖学金，并且曾获第七届全国冰心文学大赛铜奖。高考以优异的成绩考入广东财经大学，在大一上学期的期末考试中，英语和微积分的成绩均名列全系第一。

奔跑中的航海"追梦者"

在阳光中奔跑,在奔跑中追梦,在追梦中传递正能量!

——杜 望

杜望,男,汉族,共青团员,广东海洋大学轮机工程专业2012级本科学生。

2015年,杜望获得美国大学生交叉学科数学建模竞赛一等奖,亚太地区大学生数学建模竞赛二等奖;2014年,杜望获得全国大学生数学建模竞赛广东省二等奖、国家励志奖学金、学校奖学金等奖项。他以好奇心投身于学术科研,把数学的研究和应用作为人生梦想去不懈追求;以责任心参与社会工作,热心服务同学。杜望的综合素质在全年级中名列前茅,曾获得"优秀学生""优秀班干部""优秀团员""优秀宿舍长"等荣誉称号;他爱好体育,参加过全校第十三、十四、十五届男子5000米比赛,曾获得第二、第六名的优异成绩;同时,杜望也取得全国计算机等级考试二级、三级、四级证书;杜望热心公益,积极献血,并光荣地成为2015年广东省大学生运动会的一名志愿者。

痴情数模,源于对自然和生活的好奇

探索自然和生活的兴趣,让杜望迷恋上了数学建模。学习轮机工程专业的他在大学课堂上,只学习了一年的高等数学,而且也没有接触过数学软件。对梦想的追逐热情,使他忘记了遇到的各种困难,在业余时间,杜望经常到理学院去旁听数学课程,并自学了MATLAB、lingo、SPSS等数学软件。

杜望和他的团队参加国际大学生数学建模竞赛并获得一等奖并非偶然。在参加国际大学生数学建模竞赛之前,他们曾参加亚太地区大学生数学建模竞赛、全国大学生数学建模竞赛、全校大学生数学建模竞赛,均获得优异成绩。提起大学生数学建模竞赛,杜望总是很兴奋,"比赛结果固然重要,但更重要的是我在比赛中学到很多东西,比如搜索资料、阅读文献、处理数据

(尤其是大量数据)、选择算法、编写程序等。而且,我的整体意识、团队意识和心理素质等都在比赛过程中得到锻炼与提高。"谈及参加大学生数学建模竞赛的感受,杜望表现出很深的感情,"我不会忘记大家在比赛那几天夜以继日写论文的情形。但每次写论文时,我总会有妥协与遗憾:妥协,是为了整体利益服从团队安排;遗憾,是因为不论我们的论文写得多么好,它总有可以改善的地方"。

杜望很喜欢数学。他认为,数学和应用数学不仅是业余爱好,也不仅是锻炼思维的工具,更是将来圆梦的基石之一。

坚持运动,锻炼体力与毅力

经常有人问杜望:"你晚上围着校外环可以跑几圈啊?"因为有人说曾见过他在3000多米的校外环上跑过3圈,也有人说曾见他跑过5圈。对这个问题,杜望总是笑而不答,"It depends on my mood(这取决于我的心情)。"杜望从来不把在校外环的跑步当作锻炼,他认为,这只是消遣,即"Just for fun!(玩玩而已!)"杜望的舍友笑称,"你把它叫'玩玩儿',我们把它叫'拼命'。"

杜望的体育锻炼在全校闻名。这不是因为他参加过学校第十三、十四、十五届的男子5000米运动会并取得优异成绩,也不是因为他在船员"四小证"实习项目5米跳水和游泳等运动中的积极表现,更多的是因为他的坚持:在校近3年来坚持晚上围着学校外环跑步。杜望的日记有时只有几句文字,有时只有几个数字,有时只有几个简单笔画,但这些简单的东西,记录和见证了他的奔跑历程。

杜望觉得,坚持跑步不仅仅是为了参加比赛,也不仅仅是为了强健体魄,更多的是为了保持积极向上的精神风貌,传递正能量。通过跑步,杜望提高了身体素质,锻炼了毅力,养成了良好的生活习惯,这些东西比那些赛场上获得的荣誉更重要。

依靠奖学金、助学金、贷款和勤工俭学,独立解决了大学费用

母亲在杜望幼年时去世,祖父年已古稀且常年吃药,家庭经济主要依靠

爸爸一人在家种地来支撑。为了减轻家里的负担，杜望在大学里面已经做了近3年的勤工助学。大一时，杜望曾经同时做3份兼职。那时，除了做好这3份兼职，作为学习委员，他还要做好班级工作，认真完成自己的学业，并参加了学校运动会。那时杜望感觉确实很累，"记得那时自己晚上去做了家教，第二天上午做实验，下午去参加学校男子5000米比赛，居然跑了小组第三，综合第六的成绩！"

面对忙碌的大学生活，杜望也会感到疲倦，但杜望有适合他自己的放松方式。疲倦时，杜望有时到学校附近的湖光岩公园5000多米的主干道上自由地跑上一圈或两圈，或者到学校里游泳池里自由地游1000多米，或者在体育馆、篮球场上打球，然后，在图书馆中安静地看一些闲书。

爱奉献，付出比得到更幸福

尽管大学生活有些忙碌，杜望仍然热心于公益事业。大学生志愿献血活动，他积极参与；大学生志愿者暑假粤西支教活动，他也踊跃报名。为了服务2015年广东省大学生运动会，也为了提高自己的社会实践能力，杜望积极报名2015年广东省大学生运动会志愿者。经过两轮严格面试，杜望如愿成为2015年广东省大学生运动会志愿者中的一员。杜望对第二轮面试印象深刻，"那天下午刚刚考完英语六级，我们就连夜赶写亚太地区大学生数学建模竞赛的论文。那天夜里休息不到3小时，第二天上午去参加第二轮的面试。当时真担心自己会被刷下来，很幸运，后来，还是被录用了。"

这就是航海学子杜望：在阳光中奔跑，在奔跑中追梦，在追梦中传递正能量！

事迹简介

杜望同学在校表现突出，2015年获得美国大学生交叉学科数学建模竞赛一等奖、亚太地区大学生数学建模竞赛二等奖；2014年，获得全国大学生数学建模竞赛广东省二等奖；也取得全国计算机等级考试二级、三级、四级证书。

有为青年,励志科研创新

我相信,只要自己努力奋斗,一定可以改变未来,实现自己的梦想!
——李伟彬

李伟彬,男,1994年出生,广东省汕尾市人,广州大学机械与电气工程学院机械设计制造及其自动化专业本科生,现担任学院卓越班机械专业负责人、项目负责人、班级学习委员。

穷人家的孩子早当家

李伟彬来自汕尾市的一个偏僻农村,家中父母年迈,兄妹较多,家里艰苦的条件给他带来了很多困难和阻碍,然而这些困难和阻碍却让他磨炼了自己的意志,自强不息,面对生活和学习上的困难,依旧勇敢大踏步向前。

俗话说:"穷人家的孩子早当家。"为了不给家里年迈的父母造成经济负担,他下定决心要靠自己来完成大学的学业。在开学之初,他经过学院和学校的审核,通过经济困难生认定,获得了国家助学金。这不仅在物质上帮助了他,更在精神给了他极大的鼓励——要努力学习,报答国家对他的资助。在过去的3年大学生活中,他通过不懈的努力,共获得国家助学金两次、国家励志奖学金两次,以及其他学术竞赛优胜奖金,目前已基本负担自己的学费和生活费。

李伟彬深知学习的机会来之不易,他不允许自己碌碌无为。因此在步入大学以后,他努力学习专业基础知识,认真对待每一门课程,在每次作业和课程设计上都以最高的标准严格要求自己。在平时的学习中,他注重理论和实践的结合、学科特色的分析,有效地提高了学习效率。同时他也充分利用网络和图书馆资源,广泛阅读大量书籍,扩大自己的知识面和视野。这些探求成就了他的优秀学业成绩,入学以来班级学业成绩排名依次为第二名、第四名和第一名。此外,他通过自学,还先后考取了"全国认证二维CAD工程师证""全国认证三维CAD工程师证""全国认证CAE工程师证""全国认证 CAM 工程师证",为今后的发展奠定了基石。

刻苦钻研

在勤勉学习,与人为善的同时,在学术研究上他也不断奋斗。2013 年他通过考核,进入广州大学创新班学习科研基础知识。在别人暑假放松旅游的时候,他每天花 10 个小时以上的时间在实验室制作学术作品;在别人课余时间休息娱乐的时候,他每天晚上为设计作品挑灯夜战。通过半年的艰苦学习与锻炼,他掌握了系统的科研能力,开始在机械与电气工程学院卓越班有条不紊地开展长达两年多的学术研究工作。

在卓越班期间,他组建团队研制一款"自动压缩打包换袋垃圾桶",获得了机械与电气工程学院科技创新大赛一等奖。而后,为了这一以"环保和节能"为理念的科研作品能更好地服务社会,最终与其团队成功研制出升级版——"智慧型全自动环保垃圾桶",并带着它参加第十四届"挑战杯"全国大学生课外学术科技作品竞赛广州大学校赛和第十三届"挑战杯"广东大学生课外学术科技作品竞赛。因该作品能有效解决当前城市垃圾分类回收率低、环卫工作不卫生和管理落后的问题,推动"智慧城市"建设,受到现场评委的一致好评,获得了一等奖,并入围第十四届"挑战杯"全国大学生课外学术科技作品竞赛。

在研究过程中,他作为第一发明人,申请了 2 项国家级发明专利(智能垃圾桶压缩打包方法及装置、智能垃圾桶自动开袋封袋方法及装置);作为第二发明人,申请了国家级发明专利(智能垃圾桶自动换袋套袋装置及方法),获得了 2 项国家级实用新型专利授权(智能垃圾桶自动换袋套袋装置)。

在学术研究期间,为了替学校和学院争取更多的荣誉,实现自身更高的价值,他参加了第九届全国信息技术应用水平大赛和工程训练综合能力竞赛。每次夜里拖着疲惫的身体从实验室回宿舍的路上,他都在总结今天的成果,计划明天的任务。虽然学习和科研的压力很沉重,但他从没后悔过,他坚信他的努力在未来肯定能给家里的亲人带来更多的幸福。上天也肯定了他的付出,最后他获得了全国信息技术应用水平大赛二等奖,工程训练大赛综合能力竞赛校赛一等奖和省赛三等奖。为了证明自身的创新能力,挑战来自各大名校的高手,他还参加了首届广州创客马拉松大赛,靠着长期积累的科研基础和比别人多一份的努力,最后他的团队作品脱颖而出获得第一名,并受到了媒体的关注。

除了刻苦地钻研自己的科技项目，他还勇于承担团队的职责，担任"挑战杯"课外学术科技项目、国家创业训练项目、广东省"攀登计划"科技创新培育专项资金以及广州大学创新训练项目的负责人；同时，他还担任机械与电气工程学院卓越班机械专业负责人。这些工作虽然加重了他的科研负担，但是，李伟彬认为这份责任更能鞭策他在科研的路上奋进，更能全方位地锻炼他的组织能力、沟通能力、抗压能力。而他也在这份职责中找到回报国家、社会和学校的机会，他担任专业负责人的同时也定期为师弟师妹开展相关专业培训课程，帮助师弟师妹们更好更快地掌握科研本领和学习专业知识，他相信辅导新人学习科研知识，是表达感恩之情和报答祖国、社会、学校的最好方式。在学术研究过程中，他也找到了学术的乐趣。他用团结友爱的方式带领团队，让团队的科研氛围轻松愉快，项目运作过程虽然辛苦但也不失欢笑。他合理规划时间组织团队成员参加运动和小聚餐等活动，让大家在科研过程中也能得到适当的锻炼和放松。

积极阳光

在生活中他热情友善、积极阳光。他经常参加班级和宿舍举办的篮球赛、假期出游等集体活动，争取更多的机会能在大学里与同学们共处。在学习与学术的繁忙之余，他热爱健身和篮球，运动让他感觉生活充满活力和能量，也让他感受到与朋友们在球场上奔跑和合作的喜悦。大学生活的点点滴滴，让他成为同学们心中的好朋友。

当然，为人大方，乐于为人着想的他不仅仅关心自己的学业，他也总是尽自己所能地帮助其他同学，追求与大家共同进步。不管是课后与同学讨论学习问题，把好的学习资料和学习方法分享给同学，还是关心同学的宿舍生活，他都是那么热情、尽心尽力，身边的同学遇到困难，都愿意与他倾诉。

在大学十分有限的时间内，李伟彬凭着毅力，兼顾学习与学术，并都取得理想的成绩。然而，这些丰富的成果和来自外界媒体的赞扬并没让他骄傲自大，因为他知道自己的学术奋斗之路还很远，他需要学的专业知识还很多。现在，他在为下一次的成功努力奋斗着。

在这3年的大学生活当中，李伟彬虽然经历过不少风雨，然而，这些点点滴滴给他带来了成长和成绩。面对新的挑战，他认为只有继续坚持艰苦奋斗的优良传统，努力学习科学知识，积极参加科研工作，用科学知识武装自身能力，才能不断超越自己。相信在未来的日子中，李伟彬一定会走出自己的精彩，实现自己的梦想！

他相信，只要自己努力奋斗，一定可以改变未来，实现自己的梦想！

事迹简介

李伟彬同学家境贫寒，但他刻苦学习，成绩优异，并连续两年获得国家励志奖学金；在学习之余，立志科研创新，作为项目负责人，获得"挑战杯"重点项目、国家大学生创业训练项目、广州大学大学生创新训练项目立项，入选广东省"攀登计划"科技创新培育专项资金申报，参加第十三届"挑战杯"广东大学生课外学术科技作品竞赛获得一等奖，并入围第十四届全国"挑战杯"大学生课外学术科技作品竞赛。同时，他还作为第一发明人，申请国家级发明专利2项。

资助助他成长，感恩助他成才

  今后的我，会继续拿出"吹尽狂沙始到金"的毅力，拿出"直挂云帆济沧海"的勇气，把这个社会的正能量分享、传递下去！

——黄复铭

  黄复铭，生于广东茂名，是广州医科大学第三临床学院2012级临床医学专业（10）班的一名学生。与众多的高校经济困难学生一样，来自农村的黄复铭家庭条件艰难，兄弟众多，负债累累。雪上加霜的是奶奶重度残疾，常年需要人照顾，同时兄弟3人都在读或准备读大学。黄复铭的父母深知仅仅靠着家里的几亩田是难以支撑起这个家庭的日常开销及儿子们的学杂费的。为了改善家里的经济状况，他们借钱养了几十头猪，以期能筹措起复铭的大学第一年的学杂费。2012年时却因猪瘟赔得血本无归。考上广州医科大学的黄复铭一边为能够继续遨游在知识的海洋而欣喜，但是，另一边却有一种无形的压力时刻困扰着他。为了减少父母的负担，黄复铭利用暑假时间在化州小城里创办了一个小型的家教中心；大学入学以后也参加了多份兼职，然而，面对学习的压力，他一度陷入学习还是兼职的迷茫之中。茫然中一线光明，他获得了国家助学金，通过了国家助学贷款。在家庭经济十分匮乏的情况下，他迎来了转机，与梦想握手，看到了奋斗的希望！国家资助让他圆了一个贫困农村孩子好好学习的大学梦，圆了实现"知识改变命运"的理想梦！

  自上大学以来，黄复铭获得了国家和学校的资助：国家助学贷款帮助他解决了大学的学费问题；国家助学金、国家励志奖学金不仅使他的学习、生活得到了保障，更促使他更加勤奋地学习；学校的奖学金充分肯定了付出的努力，更使他自强不息，追求无止境。因此，一直以来，他都很感谢国家和学校的奖助，这不仅解决了他物质上的困难，更是鼓舞了他综合素质的不断提升和完善。正是因为有资助，他才能有着与其他同学一样安安稳稳、开开心心地度过大学生活的机会；正是因为有肯定，他更是对自己的要求越来越高，不想辜负父母的期望，不想辜负国家和学校的资助，时刻自强不息；正是因为有责任，他下定决心一定要学有所成，成为一名好医生更好地服务社会，服务国家，贡献自己的力量。3年的大学校园生活，他成长了，收获专业知识和技能，感知资助力量，践行知恩图报。

坚持党员标准，发扬奉献精神

他积极进取，认真学习马列主义、毛泽东思想、邓小平理论和"三个代表"重要思想，时刻关注着国家时事政治的动态变化，认真践行社会主义和谐社会的建设目标，获得了"广州医科大学优秀共青团干部"的称号。作为一名中共党员，他对自己时刻高要求，遵守纪律、尊敬老师，在同学们之间起到带头作用：他主动积极多次参加献血活动；平时在去医院见习的公交车上总是把座位让给有需要的人；春节临近，他埋下对家的强烈渴望，选择做春运志愿者以帮助更多需要被帮助的人；他积极参加社区服务、2013年和2014年的广州马拉松志愿者等各种社会实践活动。他只想尽自己的绵薄之力，在活动中奉献着自己的爱心与善良，把这一份爱传递、分享，带动更多的人，帮助更多的人。他曾担任第三临床学院2012级大班团支书，积极响应党组织的号召，推广党组织精神，用实际行动展示优秀党员的影响，积极吸纳更多的人加入这一队伍。

重视专业学习，强化应用能力

作为一名医学生，他始终记得自己首要的任务是学习，始终记得自己的医生梦想，始终记得以后要肩负起救死扶伤的责任。他清楚地知道，只有专业知识够扎实才有底气去担起这一重担。在过去的3年里，他遵守课堂纪律，认真学习，成绩优秀，每个学期均获得学校奖学金，并在2013年荣获年度国家励志奖学金。此外，他乐于与老师、同学交流，在加强自己专业知识的同时还时常补充课外知识，力求掌握与学科相关的知识，提高知识的适用水平，真正做到胜不骄败不馁、自信而不自负，为以后实现自己的梦想、价值奠定扎实的基础。

增强服务意识，争取全面发展

他曾任第三临床学院2012级大班团支书、校青年志愿者协会培训部副部长，带领"迅售"创业团队参加学校创业大赛，现任广州医科大学第三临床学院学生第五党支部副书记，他一直保持脚踏实地、勤勤恳恳的工作作风，与其他成员一起为院、为校的各项活动出谋划策，并为其做好各种工作保障，服务于全体师生，赢得大家的一致认可与好评。其间，他获得"广州医科大学三好学生""广州医科大学优秀学生干部""广州医科大学优秀共青团干部""2013年度广州医科大学十佳学生干部""2013年度广州市教育系统优秀共青团员"等称号。

其中，在院级的工作中，他认真履行大班团支书的职责，积极动员院里的同学努力上进，认真完成他的分内工作，当然也会积极地协助他人的工作，真正起到了老师和同学之间的桥梁作用，得到院里老师的高度肯定。在青协的工作中，他工作积极，与协会的成员和谐合作，曾成功地协办了粤港交流会、2012年广州马拉松、站前街志愿服务、春运等活动，曾经也带领本班级同学举办了六榕街社区服务活动，并得到社区居民的肯定和良好的反响。

践行勤俭节约，延伸团结助人

在生活中，他乐观开朗，朴素大方，乐于助人。来自于农村的他，家庭虽不富裕，但一直很满足、很感激，满足于父母、兄弟、朋友健康，感激于国家政府、学校老师的资助与支持。他深知父母的钱来之不容易，所以他一直倡导并践行着勤俭节约、乐于助人的传统，只要同学们需要帮助，他都会第一时间提供帮助，平时里主动为同学们排忧解难，用一颗真诚的心去关心和对待身边的每一个人，善于和同学沟通，积极和各种人物交朋友，在生活中建立了良好的人际关系。同时，他还利用课余时间参加各种协会社团活动，是校青年志愿者协会成员、第三临床这院按摩队队员、校拉丁队队员，并获得2013年度校园舞蹈大赛冠军，参与微视频大赛的作品《我们十班》获得了一等奖。2014年参加了校园的创业大赛，并获得了校创业大赛优胜奖。

黄复铭就是这样的一个人。思想上，他秉承党员精神，时刻起带头作用；学习上，他视学习为学生第一要务，力求学好专业知识；工作中，他尽心尽力，为每一次活动出谋划策；生活上，他友爱和善，善于交友。

"天行健，君子以自强不息；地势坤，君子以厚德载物。"他的成长有赖于国家政府的新资助政策体系，也有赖于学校提供的良好的学习成才环境以及师长们的关爱关怀，更有赖于他自己自强不息、奋发图强的积极乐观的心态和上进心。

资助助他成长，感恩助他成才。今后的他，会继续怀着这份感激，做个温暖的人；今后的他，会继续努力学习专业知识，走在追梦的路上，实现他的医生梦，为社会奉献出自己的一份力量；今后的他，会继续拿出"吹尽狂沙始到金"的毅力，拿出"直挂云帆济沧海"的勇气，把这个社会的正能量分享、传递下去！

事迹简介

黄复铭同学来自农村，家境拮据，国家的资助使他能够顺利进入大学学习，也督促他刻苦学习，取得优异成绩，大学3年每学期都获得学校奖学金，2013年还获得了国家励志奖学金；在工作上，他一直保持脚踏实地、勤勤恳恳的工作作风，曾获得"2013年度广州医科大学十佳学生干部"的称号；在生活中，他团结同学，乐于助人，利用课余时间勤工俭学，参加各类协会社团活动以丰富自己的精神世界。

扬帆起航，追梦成长

虽然这是我不能言说的痛，尽管偶尔也会感觉自卑，但"穷苦的孩子早当家"，我一直把它当作我在大学生涯中的一种动力，把握好青春时期努力拼搏，我要改变家庭穷苦的现状，让家人都能挺直腰杆过上好日子！

——庄抗

"青春是用来奋斗的！"看似简单的一句话却诠释了他对自己青春的定义；入校以来，他始终铭记着"立志、崇德、勤学、创新"的校训，严格遵守学校的各项规章制度，争当向上向善的大好青年，为起到先锋模范作用严格要求自己，在各个方面都取得了不错的成绩。他就是受到老师和学生一致好评，来自韶关学院2013级化学与环境工程学院的学生庄抗。

不能言说的痛

当被问及他在大学的目标以及动力时，他的目光渐渐黯然下来，思绪陷入对往事的回忆中：两岁时，爸爸意外车祸导致脑部神经损伤并留下了后遗症，至今仍需药物维持；爷爷、奶奶已年近7旬，爷爷意外致使腿部膝盖粉碎性骨折，被确诊为三级残疾，虽然每个月有低保金，但是远远不够家里的开支；哥哥为了减轻家庭负担去新疆参军，整个家庭靠妈妈在支撑。"虽然这是我不能言说的痛，尽管偶尔也会感觉自卑，但'穷苦的孩子早当家'，我一直把它当作我在大学生涯中的一种动力，把握好青春时期努力拼搏，我要改变家庭穷苦的现状，让家人都能挺直腰杆过上好日子！"这个身高1.8米的大男孩，笑起来一脸阳光。

天道酬勤

2013年9月，他怀揣着激情与梦想来到了韶关学院，开始了属于自己的大学生活。"天道酬勤",热爱学习的庄抗,学习成绩一直名列前茅,大一学年的学习成绩和学年绩点名列班级第一名,综合测评名列班级第三名;大二第一学期平均成绩班级名列第一名,并顺利通过英语四级考试。庄抗始终坚信着一句话"越努力,越幸运",因为努力,所以幸运。他先后荣获了国家励志奖学金、第六届全国大学生数学竞赛(非数学类)预赛三等奖、全国大学生数学建模竞赛广东省三等奖,荣获韶关学院专业技能竞赛二等奖、韶关学院第十四届数学建模比赛三等奖、韶关学院第三届大学生数学竞赛(非数学专业)二等奖、韶关学院第四届大学生数学竞赛(非数学类)一等奖、化学与环境工程学院"励志之星";这也成就了他在未来道路上源源不断的动力!

在大学期间,他始终保持着积极乐观的心态,合理地分配学习与工作上的时间,妥善处理人际关系。乐于奉献的他,大一期间担任班级宣传委员,积极为班级同学服务,被评为"韶关学院优秀共青团员"和"校园文化先进个人"。先后担任学院健美操和排球的负责人、院级学生会体育部副部长、随想电脑社的软件部部长、学院男排副队长以及班级的副团支书,对工作有强烈的责任感,为班级以及学院做力所能及的事,并荣获了"韶关学院优秀学生干部"的称号;在宿管社区中,他作为碧桃苑第二十八幢的层长和舍长,积极配合社区辅导员的工作以及内务检查,定期让各宿舍清理内务垃圾等,共同为打造文明宿舍而努力!

学习和工作之余,他积极参加社团活动,广泛涉猎开拓自己的视野,曾多次在社会实践中取得了优异的成绩。在大学之初,他参加了化学与环境工程学院第十期团干学干培训营暨第一期青年马克思主义者培训班,并荣获"优秀小组"的称号;参加了韶关学院第二届大学生调研竞赛的实践活动;寒假期间,他积极参与社会实践活动"我的中国梦——大学生党员访万家"。在酷暑难耐的暑假期间,当别人都在享受空调下的安逸生活时,他孤身一人来到宁波市镇海区的建筑材料工地,开始了长达一个月的打工生活,每天把自己暴露在高温炽热的太阳底下做着体力劳动的工作——钢筋的焊接与搬运;"虽然累点热点,但其实感觉也挺好的,既能赚钱为下学期生活费做准备,减轻家庭经济负担,又是一个难得的锻炼机会,何乐而不为!"他笑着对我们说。在大二寒假期间,他在深圳市宝安区力可普尔有限公司做移动电源的检测与包装的工作,又为锻炼自己找到了一个难得的机会。

感恩回报

　　他还积极投身于公益志愿活动,在迎接新生入学、图书馆清扫图书柜以及敬老院看望老人等活动中都有他的身影;对于学校组织的爱心募捐活动,尽管自己不富裕,他也很积极地为那些处在生死边缘的人奉献自己的爱心;"我相信好人一定会有好报,我很开心能为那些需要帮助的人奉上一点爱心!"

　　出身寒门的庄抗,生活条件很拮据,然而,他没有因贫穷而失去斗志。他在2013—2014学年获国家助学金,2013—2014学年获国家励志奖学金。8000元的国家资助,减轻了学费的负担,让他能够心无旁骛地坐在教室认真学习。他常在心里默默告诉自己,"要感谢党和国家对我的资助,才让我有实现梦想的机会,以后一定要做个对社会有用的人"。他立志:在未来道路上不辜负国家、社会、父母和老师的期望,脚踏实地一步一步走下去……

事迹简介

　　出身寒门的庄抗同学,生活条件拮据,然而,他并没有因贫穷而失去斗志。他刻苦学习,成绩优秀,连续两学年平均绩点班级第一,获得国家励志奖学金、第六届全国大学生数学竞赛(非数学类)预赛三等奖、全国大学生数学建模竞赛广东省三等奖等奖项;工作认真负责,获得老师和同学们的一致好评,也荣获2013—2014年度"韶关学院优秀共青团员"以及"校园文化先进个人""韶关学院优秀学生干部"等称号。

彩虹总在风雨后

> 有时实在很累时我会调侃自己说："睡觉是一种坏习惯，我要把它改掉。"正是凭借这种过人的毅力和勤奋，才奠定了我收获荣誉的基石。
>
> ——林楚涛

林楚涛，男，中共党员，佛山科学技术学院电子与信息工程学院光信息科学与技术专业2011级本科生。家境贫寒，学习勤奋刻苦，积极参与科研，在科技创新、社会实践、志愿服务等方面表现突出，先后获得省级以上科技创新奖励9项（排名第一），其中国家级2项、省级7项；此外，申请国家专利8项（排名第一）；发表学术论文2篇（第一作者）。他学习成绩优秀，先后获得学校的"三好学生""学生干部标兵""优秀学生干部""社会工作优秀者""优秀团干"的称号以及学业优胜奖、单科成绩奖，并获得2012年国家励志奖学金、2014年国家励志奖学金和学校"困境成才"奖学金。

家境贫寒，自强自立，求学路上扛起生活的重担

林楚涛来自一个普通的农民家庭，家庭经济困难，父亲是一个建筑工人，母亲是家庭主妇，家里经济收入主要来自父亲，父亲的微薄收入除了供家庭日常的开销，还要负担正在上大学的他和高中的妹妹的学费和生活费，家庭经济处于紧张的状态。2011年年底，林楚涛父亲出了严重车祸，导致脑出血，需要一年的住院治疗，医疗费需要20余万元，他和妹妹面临辍学的问题，他的精神一度处于崩溃边缘。但是，在妈妈一再的支持与鼓舞下，他和妹妹并没有选择辍学，而是更加奋发图强。妈妈选择了进入工厂工作，每月赚取1600元的工资，维持家里的经济收入；而他也开始接手各类兼职，在学习之余赚取自己和妹妹的生活费，4年间还向家里寄回4000余元。就这样，在没有任何经济保障的背景下，他开始了自立自强的大学学习生活。4年间，他没有从家里拿过一分钱，靠着助学贷款、奖学金、助学金、兼职，解决了自己在大学里的学费、住宿费和各种生活费用，有时资金有余也

会寄回家里。在这样的困境下，他不但没有放弃理想信念，而且更加发奋图强。通过自己的不懈努力，在很多方面都取得了喜人的成绩。

潜心科研，攻坚克难，衣带渐宽终不悔

林楚涛是一名热衷于科研的学生，每年在学校学术科技创新基金的项目申报中都能看到他的身影。他先后获得学校的学术科技创新基金6项（排名第一）；在国内核心期刊中发表学术论文2篇（第一作者）。此外，申请国家发明专利3项（排名第一），国家实用新型专利4项。参与国家级大学生创新创业训练项目1项（排名第一），完成省级大学生创新创业训练项目1项。先后参加了全国大学生光电设计竞赛、全国虚拟仪器大赛、广东省大学生物理实验设计大赛、广东省第十二届"挑战杯"大学生课外学术科技作品竞赛、广东省大学生节能减排工业设计竞赛、2014"创青春"全国大学生创业大赛、广东省"挑战杯·创青春"大学生创业大赛等多项比赛，获得国家级奖项2项、省级奖项7项。正是身处家境贫寒这种逆境中，使得他比别人更多一些对事情的执着和对成功的渴望。俗话说"宝剑锋从磨砺出，梅花香自苦寒来"，在大学里，由于科研项目的难度大、时间紧，作为众多项目的核心骨干，他带领伙伴共同进步，努力攻关，由于工作紧张甚至经常熬夜，一天24小时有20小时是在实验室里度过，每天只睡3～4个小时，这种状态一直在他的大学生活中上演。有时实在很累时他会调侃自己说，"睡觉是一种坏习惯，我要把它改掉"。正是凭借这种过人的毅力和勤奋，才奠定了他收获荣誉的基石。

学习刻苦，表现优异，凝练学生本色

林楚涛的学习成绩在专业排名中一直名列前茅，连续4年获得学校学业优胜奖和单科成绩优秀奖。在平时的学习生活中，他还不忘给学习成绩落后的同学辅导课程，获得同学们的一致好评。先后获得学校的"三好学生""优秀学生干部""社会工作优秀者"的称号，并获得2012年国家励志奖学金、2014年国家励志奖学金和2013年、2014年学校"困境成才"奖学金。林楚涛还先后在班级担任团支书、学院学生会委员、班主任助理、学生党支部书记、校团委办公室常务副主任和光电协会会长等职务，是校级学生机构

的主席团成员，在任期间参与策划实施多项在师生中反响热烈的活动。群众基础好，是老师们的好助手，同学们心中的好榜样。

无私奉献，回报社会，追求理想的升华

"艰苦环境中磨砺意志，志愿服务中享受幸福"，在校学习之余，林楚涛同学也不忘参与社会志愿活动。每个寒暑假，他都会抽出部分时间出来参与社会志愿服务，累计服务时数超过960小时。他身处逆境，感恩社会，先后4次献血，下乡义教2次，曾经3次因为工作累倒在岗位上，甘于奉献、兢兢业业、永不言败成为了他的代名词。他也先后参与过佛山市禅城区青年123社区行动、微志愿齐参与、雷锋月等多项志愿服务活动，参加国家助学贷款调查，进入农村宣传国家助学贷款的政策，参加"我的中国梦——大学生党员访万家"活动，进入农村调研，了解农民对党的十八届三中全会精神的理解和期待的政策落实情况，获得禅城区"优秀志愿者"的称号以及禅城区铁军社区"创文省检贡献奖"。

"宝剑锋自磨砺出，梅花香自苦寒来。"之前所有的荣誉都已成为过去，在佛山科学技术学院的这四年中，尽管出身贫寒，却从不向困难低头，他在用心血和汗水塑造一个更加完美的自己，逐步完善自我，改善自我，一点点进步。在未来的生活中，他将以百倍的信心和万分的努力去迎接更大的挑战，用辛勤的汗水和默默的耕耘去谱写辉煌的未来。

事迹简介

林楚涛同学境贫寒，学习勤奋刻苦，积极参与科研，在科技创新、社会实践、志愿服务等方面表现突出，先后获得省级以上科技创新奖励9项（排名第一），其中国家级2项、省级7项；此外，申请国家发明专利4项（2项排名第一），国家实用新型专利4项（1项排名第一）；发表学术论文2篇（第一作者）。并获得2013年和2015年国家励志奖学金、学校"困境成才"奖学金。

自立自强是她的口号，多姿多彩是她的追求

> 自立自强的性格，使得我学会不满足，使得我不断渴求着新的知识的灌溉，使得我的能力一天天地成长起来。
>
> ——冯雅希

冯雅希，女，彝族，中共党员，北京师范大学珠海分校艺术与传播学院2011级影视系学生。

自入校以来，她始终坚持着自立自强的原则，坚持德、智、体全面发展，在学习、工作和社会活动等方面也取得了一定的成绩。

勤学多思，积极向上

她坚信一个人的积极性是从开学伊始便已经奠定的，开学初，她便主动竞选了班级学习委员一职。竞选成功后，她便竭尽全力为同学们服务，颇受老师、同学们的赞赏。分专业后，她在同学们一致的推举下成为戏文班的班长，为同学们尽心尽力服务了3年。

在党组织的教育下，她在开学之初便提交了入党申请书，并且光荣地成为2011级第一批入党积极分子，在思想逐渐成熟后她通过党组织严格的考验，现已成为了一名中共党员。

在学习上，她秉着积极向上的态度，无论是专业课还是公修课，都认真听讲，认真准备考前复习。大学4年中，她连续两次获得专业全级第一名、一次全级第二名的好成绩，在大学4年总成绩排名中荣获第一名。多次获得特等专业奖学金及励志奖学金，最终获得国家颁发的国家奖学金。大四开学不久，她便接到了英国萨里大学中全英排名第一的酒店专业的邀请。

投身实践，服务同学

在工作中，她始终坚持着积极向上，为同学们服务的宗旨，开学初便加入了院第八届学生会成为一名干事，通过一年的努力和学习，于2012年成为外联部副部长，为服务学生贡献着自己的一份力量。

在学院第九届与第十届学生会交替之时，她积极地递交了学生会主席职务申请，她认为，学习与实践是可以兼顾的，都是一种正能量的体现。最终，她通过自己的努力及平时表现成功竞选，成为学院第十届学生会主席。

成为主席后，她全身心地投入到学生工作中，先后组织举办了院级歌手大赛、艺百科系列活动等，承办了学院大部分学生活动。为迎接新一届学生的到来，她主动担任主编，设计印刷了600份多达50页的迎新手册。歌手大赛的成功举办，则荣登新浪热门排行榜。

在获得一些工作成绩后，她并没有放慢自己的脚步，反而更加积极地参与到各类工作中。她不但担任了院影视系第一届"影视之夜"活动主创人员之一，而且积极参与学院与电视台合作的情景剧拍摄，成为剧组的骨干人员。繁重学习工作之余，她还担任了2013级电影学辅导员、校级学代会委员，等等。她曾两次获得校级优秀社会工作奖学金，这是学校对她工作能力及参与精神的一种肯定。

取长补短，夯实专业

在集体活动中，她同样怀着多参与、多学习的态度，积极参与其中，主动参与了学院2008级、2009级以及2010级影视系的毕业答辩记录工作，借此了解学习往届学生的学习状况，取长补短。大一利用节假日，参与学院2010级影视编导班深圳"文博会"课外实践，结合自己所学专业，开阔自己的眼界。平时生活中，她也积极参与学院拍摄活动，例如，大一时期参与光影艺传为银行拍摄防火注意事项视频的工作，大二时期参与拍摄学院宣传片，以及跟随老师到外景拍摄珠海市斗门青少年宫十周年宣传片。日常练习中拍摄微电影、MV等，提高自己的拍摄经验和拍摄动手能力。结合自己戏剧文学写作的专业，首部商业微电影剧本《奇迹》由上海摄影家协会摄影师筹拍，不但锻炼了自身剧本写作能力，也见证了她在专业认知中的成长。

勤工俭学，自强不息

勤工俭学方面，她课余时间一直在学校图书馆办公室进行勤工俭学，为家庭减少负担，节省开支。大学4年中，她坚持每个暑假外出实习，锻炼自己的社会能力。

大一暑假期间，她应聘到河南省西华电视台，做一名摄影助理，凭借自己大一学习的基础知识，获得了同事们的认可，共同制作完成了走进农村等节目。大二暑期，她在河南省九丰集团宣传部做一名策划实习生，协助部门为新推出的理财产品做了一系列的策划活动。大三下学期，她参加了我校与香洲区政府合作的珠海市香洲区第一期"大学生社区后备人才"，并在面试中以大三学生身份获得第三名的好成绩。在社区实习的过程中，她成为香洲区民政局社会组织发展中心的一员，积极协助民政局工作，并且策划拍摄了《珠海好儿女——护工王春景》的宣传视频，走进民政局养老院，为丰富活动作出贡献与努力。大四临近毕业，她已成为珠海市丹田股份下校里信息公司的一名市场运营生，在努力实践、学习社会这条路上，她从未停止过。

父母离婚已经将近10年，母亲一人独自将她抚养长大，由于过度劳累造成疾病缠身，如今已58岁的母亲终于将毕生的心愿完成了，那就是送她走入大学的殿堂。所以，在生活经济方面，她尽量做到力所能及，不愿也不忍心让她的母亲为了她辛苦赚钱。她很感谢学校对她的资助，缓解了她的家庭的重担，虽然身为贫困生，但是人穷志不短，她会努力拼搏，不让老师、家长以及学校失望！自立自强是她的口号，多姿多彩是她的追求，精神和生活都要同样精彩，这样才不枉学校对她的栽培，她也会尽自己的全力协助学校及学院工作，需要她的地方她便会义无反顾地奉献出自己的全部力量！

大学4年中，她自立自强，不言放弃。她乐观开朗，似乎从来没有什么事情可以难倒她。她热衷于服务同学，同学们对她也十分信任和认可，她感到开心和自豪，同时，她也会继续努力，向身边的每一个人传达自己的自强正能量！

宝贵的大学时间，如白驹过隙。在这4年的时光中，她在学习、工作和生活中都积累了宝贵的经验和感受，也使得她的大学生活充实而快乐。自立自强的性格，使得她学会不满足，使得她不断渴求着新的知识的灌溉，使得她的能力一天天地提升起来。大学的生活已经接近尾声，她已经充分做好了进入社会的准备，毕业不等于松懈，反而是要做得更好，以更高的标准要求自己逐步向前!

事迹简介

　　冯雅希同学秉着积极向上的态度,大学4年中,她连续两次获得专业全级第一名、一次全级第二名的好成绩,在大学4年总成绩排名中荣获第一名。多次获得特等专业奖学金及励志奖学金,最终获得国家奖学金。结合自己戏剧文学写作的专业,开拓创新,首部商业微电影剧本《奇迹》由上海摄影家协会摄影师筹拍。

为梦前行

国家的资助消除了我在生活中的顾虑,为我带去暗夜里的一丝曙光,送上寒冬里的一抹温暖。

——陈土军

陈土军,生于1993年5月,共青团员,就读于华南理工大学广州学院2013级机械工程专业。2013—2014学年担任班长期间,带领班级获得多项荣誉。2013年11月至今为学校机器人队的一员。无论是专业学习、学科竞赛还是活动策划,他都认真对待,力争优秀。

困境中茁壮成长

陈土军来自广东省湛江市坡头区坡头镇塘尾村的一个贫困家庭,有祖母、父母亲、弟妹共6人。主要靠父亲外出打工、祖母与母亲在家务农维持生活。其父在2013年因工伤休息半年多,其母常年有胃病,眼睛有疾患,2012年4月份查出患有甲亢疾病,靠吃药缓解病痛。同时,家庭还要照顾患有高血压的外公以及患有肾结石的外婆。不仅如此,该生妹妹大学在读、弟弟高中在读,家庭承受着巨大的经济压力。

感谢国家和学校出台一系列资助政策帮助那些品学兼优的学生,为他们解除衣食之忧,让他们安心学习。作为千百个受资助的学生之一,陈土军曾获得2012—2013学年国家助学金、2013—2014学年云峰企业新生助学金、2014—2015学年国家励志奖学金和2014—2015学年学校奖学金等多项资助。

思想上积极进取

该生积极向党组织紧密靠拢,大一上学期递交入党申请书,并于2013年9月成为入党积极分子。同时,他积极组织和参加党课培训班的雷锋月活动和素质拓展活动。

作为班长，陈土军关注国家动态，学习党的思想，积极开展班会活动，向大家宣传党、团的思想和政策，呼吁大家积极向党组织靠拢。现作为一名预备党员候选人，他更是以一名共产党员的标准来严格要求自己，谨记"吃水不忘打井人"的理念，在提高自身思想觉悟的同时，在班级开展爱心募捐、雷锋月、志愿者活动和公益献血等活动，努力帮助更多的同学，发挥自身榜样作用。

学习上刻苦钻研

陈土军在2013—2014学年综合测评排名第一，其中德、智、体均为班上第一名，获得国家励志奖学金和学校二等奖学金。他深知"勤能补拙"的道理，把大学看成不一样的高考，在机器人队过着没有周末，没有节假日的学习时光，不敢有丝毫懈怠，最终取得了全国机器人大赛一等奖。在2015年3月参加英国机械工程协会香港分会举办的第四届大中华机械设计比赛并获得总决赛第三名的好成绩，取得了历年来最好的成绩。本学期，该同学正筹备今年6月份由中国共产主义青年团和中华全国学生联合会举办的亚太大学生机器人大赛国内选拔赛，希望能够取得好的名次为学校争光。其他已获得奖项如下：2015年2月获得校级"大中华地区设计大赛季军"；2014年11月获得省级"CaTICs网络建模大赛三等奖"；2014年10月获得国家励志奖学金；2014年9月获得校级"优秀学生干部"的称号以及学校二等奖学金；2014年6月获得第十三届全国大学生机器人大赛一等奖；2013年9月获得校级"优秀学员"的称号。

实践中积累经验

为了更好地锻炼自己，充实大学生活，陈土军在担任班长期间积极参加学风建设、"5·20"心理活动、院（系）运动会、素质拓展活动、社会志愿活动等活动。在他和班委的带领下，其所在2013级机械（8）班获得"先进班集体"的称号以及"优秀主题班会竞赛活动班级奖""心连心素拓活动优胜奖"等。

此外，该同学利用课余时间在学校食堂进行勤工助学来减轻家庭负担，并且利用寒暑假时间，或留在学校机器人队学习实践知识或外出兼职发传单、做问卷调查提升自身的工作能力。生活的逆境培养了他吃苦耐劳、不畏一切艰难险阻的品质。同时也让他意识到认真学习才是唯一的出路。农村的贫苦生活，给予他积极向上、不畏艰难的优秀品质，让他在辛苦的日常生活中感受异样的充实、幸福和快乐。国家的资助消除了他在生活中的顾虑，为他带去暗夜里的一丝曙光，送上寒冬里的一抹温暖，希冀他能借助这份力量照亮未来的旅程，发挥榜样力量引领其他同学一起迈向成功。

感恩中回报社会

　　于细节中见真情，无论奖学金还是助学金，都不仅仅是一种荣誉，它们的设立，寄托了党和国家对学子们的殷切期望。它某种意义上更是一种责任，促使学子们更加努力去学习，给予他们继续前进的动力。国家资助政策不仅是金钱的支持，更是精神上的慰藉，帮助陈土军分担后顾之忧，鼓舞他树立自立、自强的奋斗意识，是国家的资助政策、学校的关怀，赋予他战胜挫折的力量，让他心怀感恩之心用实际行动去回报父母、学校以及让他重燃梦想的党和国家。希冀他能以此为契机勤勤恳恳做事，踏踏实实做人，感恩社会，奉献国家！

事迹简介

　　陈土军同学虽然来自贫困家庭，但他未被贫困所压倒，刻苦学习，成绩名列前茅，曾获得2012—2013学年国家助学金、2013—2014学年云峰企业新生助学金、2014—2015学年国家励志奖学金和2014—2015学年学校奖学金等多项资助；积极参加课外科研活动，曾获得校级"大中华地区设计大赛季军"、省级"CaTICs网络建模大赛"三等奖、第十三届全国大学生机器人大赛一等奖等奖项。

敢想、敢做、敢拼

> 凭借着一股敢想、敢做、敢拼的干劲，希望通过不断的努力来证明自己，让自己活得更有价值，更有影响力。
>
> ——陈晓楷

陈晓楷，男，生于 1992 年，中共预备党员，就读于华南理工大学广州学院 2012 级汽车工程学院车辆工程专业。2014 年 7 月起至今担任校机器人创新基地电控组组长；2011 年担任汽车工程学院第四团支部班长兼素质拓展委员；2012 年担任校学生会学术部部长，组织开展学校各类大型的讲座以及辩论赛。其学习成绩和专业能力突出，生活俭朴，工作态度认真。入学以来，他怀着一颗感恩的心，感念母校的恩泽，立志做一个具有好的影响力的大学生，为母校争光。

强化专业知识本领，争当科学"排头兵"

陈晓楷连续两年在年级综合测评以及智育排名第一。他认真踏实，勤学苦练，刻苦钻研专业知识，严格要求自己，努力学好各项专业知识及相关基础知识，并不断提高实际动手能力，取得了优秀的成绩。入校以来，该生有科学的生涯规划，有明确的学习目标，认真钻研专业知识，刻苦学习，每次成绩都名列前茅。乐于帮助其他同学，取长补短，达到共同进步的目的。上课时他认真听讲、做好笔记，积极思考并回答老师提出的问题，从而带动同学们上课时与老师之间的互动，使整个班级的学习气氛也大大提高；课后及时完成作业，做到认真复习，预习一起抓，并经常去图书馆看各类报纸杂志以拓展知识面。

勤俭节约，自强不息

陈晓楷连续两年获得国家励志奖学金。对于获得的奖金，他没有乱花一分钱。在生活上,他依旧十分俭朴,从不铺张浪费,也从不乱花一分钱。但是,只要哪个同学在生活上遇到了困难,他都会力尽所能地帮助解决,竭尽所能地献出自己的一份力量,曾为汽车学院举办"温情一转,温暖你我"爱心募捐活动捐献自己的零花钱,帮助有需要帮助的人。陈晓楷有学校奖金的支持,但平时也会尽可能地减少生活开销,少花父母的血汗钱。

源于同学,服务于同学

陈晓楷曾担任学校学生会学术部部长以及车辆工程第四团支部的班长。在校学生会学术部期间,他充分利用好部门这个舞台尽心尽责,团结部门干事做好部门的各项相关事务。曾经参与组织策划过多个讲座,如"新东方备考大学英语四、六级讲座"等,并参与组织策划过"第三届唇齿争锋,舌论英雄之大学生辩论赛",独立组织策划过"把握现在等于成就未来"的主题讲座,还独立邀请过国内名人覃彪喜先生到学校开办讲座,并在学生活动中心举办了学校规模最大、影响力最大的以"读大学,究竟读什么"为主题的专题讲座。他在活动中积极主动学习,身受部门里面的"家文化""军队文化"的熏陶,并把所学的管理知识等应用到班级管理当中。在班级里他连续两年担任班长,为了把 63 名新同学真正地融合在一起,他和身边的班委通力配合,组织策划足球赛、篮球赛等活动,增进同学之间的交流。还在重要节日的时候开展一些小活动,例如冬至组织吃汤圆等。他还和班委们齐心协力,在雷锋月开展了以"弘扬雷锋精神,创建和谐校园"为主题的班会以及广州北站志愿之行,大力宣传雷锋精神,使其深入人心。同时,也和班委们一起组织开展了联谊,并参加了学院组织的快乐团支部活动、校级的快乐班级活动,在全校 100 多个班级的同台竞技中,挤进全校前十强。

专于学术,勇于钻研

陈晓楷获得国家实用新型专利一项,还有另外两项国家实用新型专利正在审批中,分别是"DIY 机械原理演示装置""智能多功能小车"以及"单摆永动机"3 个项目。他凭着认真做事的态度,以及忘我的敬业精神,投身于实验室。在此期间,他深深地被科学技术所吸引,跟着学校老师做科研项目,锻炼科技创新能力,曾参与主持"SRP 即学生项目研究计划""FSAE

方程式赛车数据采集系统"，以及广东省大学生创新创业训练计划项目"DIY 机械原理演示装置"两项。他一边跟着老师一起做项目，一边也积极参加各种校内比赛，就这样慢慢地从基础知识开始，一步一步地积累研发的经验，为后续的省赛、国赛等竞技比赛做足了知识理论储备。现获得的荣誉包括国家级比赛奖项 6 项、省级奖项 3 项。主要奖项如下：第六届全国大学生机械创新设计大赛全国二等奖、第七届全国大学生节能减排社会实践与科技竞赛全国三等奖、第九届全国大学生"飞思卡尔"杯智能车竞赛华南赛区电磁组二等奖等。目前，陈晓楷在学校机器人创新基地，为参加 2015 年的亚太地区机器人 robocon 比赛而备战，主要负责电控部分的设计研发。

陈晓楷凭借着一股敢想、敢做、敢拼的干劲，希望通过不断的努力来证明自己，让自己活得更有价值，更有影响力。该同学是一位爱国、甘于奉献、品学兼优、拥有较强创新能力，并具有良好的思想道德的学生，在与同学相处中平易近人，起到了先锋模范的作用。在践行社会主义核心价值观的社会实践行动中，他"居其位，安其职"，在自己的岗位上发挥出了应有的价值，举办有影响力的活动，在校园活动中注入正能量。

事迹简介

陈晓楷同学学习刻苦，成绩优秀，连续两年在年级综合测评以及智育排名第一，并连续两年获得国家励志奖学金；他积极参加校内外的各项科研创新活动，并获得 1 项"国家实用新型专利"，还有其他 4 项专利正在受理中，并获得第六届全国大学生机械创新设计大赛全国二等奖、第七届全国大学生节能减排社会实践与科技竞赛全国三等奖等奖项；他曾任学校学生会学术部部长以及班长等职务，本着"源于同学，服务于同学"的原则，组织各类大型讲座、辩论赛，为校园的学术文化建设贡献自己的一份力量。

作为党员,他感到光荣

我明白自己应该具备一种"我是党员我光荣"的骄傲自豪感,我意识到党赋予我的不仅是一种荣耀,更是一份职责,一份担负祖国建设事业兴旺发达的历史重任,这是一种素质,也是一种能力。

——黄土华

他叫黄土华,男,中共党员,于2012年9月考取华南农业大学珠江学院,现就读于设计与传播系环境艺术设计1202班。他出生于农村,家庭经济收入来源单一且低微,他家兄弟姐妹多且都在读书,家里的生活不宽裕。从小他的爸爸妈妈长年在外打工,从小便和他的爷爷奶奶相依为命,积极面对生活上的种种困难。他现担任华南农业大学珠江学院设计与传播系学生党支部书记、华南农业大学珠江院学生党员服务工作站总站副站长兼环境艺术设计1202班团支书,2014年9月起担任2014级新生助理辅导员。在朋友们眼中,他是一个活泼开朗、热情的人;在父母眼里,他是一个乖巧孝顺的儿子;在同学眼中,他是一个负责任,乐于助人,勤奋好学的学生干部;在老师眼中,他是一个得力的左右手。

现已是大三的学生的他,两年来一直严格遵守学院的各项规章制度,做好模范带头作用。平时他能够妥善处理好学习和各学生组织工作之间的关系,在思想、学习、工作等方面取得了突出的表现,在同学中有着很高的威信和广泛的影响。他是一位全面发展的人,不仅在学生干部工作方面取得了显著的成绩,在政治思想、学习成绩、社团工作、文体等多方面都有突出成绩,并受到老师和同学们的一致好评。

思想上积极要求上进,不断提高政治素养

他在思想上积极上进,不断提高自己的办事能力、组织管理能力。他目前担任系学生党支部书记,组织策划了一次又一次的活动,在他的带领下,党支部成为一个具有凝聚力的团体。无论在校园内外,他都用一名优秀大学

生的标准来要求自己，上课期间，遵守课堂纪律，不旷课；热爱班级，团结同学，积极参加集体活动，有很高的集体荣誉感，有广泛的群众基础；课堂之外，广交良朋，相互鼓励，相互帮助；平时能认真学习马列主义、毛泽东思想、邓小平理论和"三个代表"重要思想，不断提高自身政治修养。从成为一名预备党员开始，他就赋予自己一种使命，严格要求自己！他在不断加强自身素养的同时，做好各项工作，全心全意为同学服务，处处以优秀党员的标准来严格要求自己，并积极朝更高的方向努力，在同学中发挥着重要的模范先锋作用。

认真学习，努力工作

在工作上，他能做到一丝不苟，认真踏实，从不拖拉，一直都是以"今日事，今日毕"的原则去做每一件事。大学的两年里，他积极参加各学生组织，2012年11月至2013年11月，担任华南农业大学珠江学院社团联合会组织部干事。2012年11月至2013年11月，担任华南农业大学珠江学院学生党员服务工作站第八分站副站长。2013年3月至今，担任华南农业大学珠江学院设计与传播系学生党支部书记。2013年5月至今，任班级团支书。2013年11月至2014年11月，担任华南农业大学珠江学院学生党员服务工作站第七分站站长。2014年9月至今，担任华南农业大学珠江学院设计与传播系2014级助理辅导员。2014年11月至今，担任华南农业大学珠江学院学生党员服务工作站总站副站长。在班级和其他组织之间难免会引起一些时间上的矛盾冲突，他总能很好地解决这些问题，做到组织、班级工作两不误。在班里和其他组织里，他学到了很多知识，懂得了如何为人处事，如何用爱去关怀每一个人，明白了很多做人的道理。

在学习上，他上课专心听讲，认真完成老师布置的各项作业。在专业知识学习上努力认真，并虚心地向学校的各位老师学习，勤学苦练，刻苦钻研专业知识，积极参加学院组织的各项活动。他取得了以下的优异成绩：①2012年11月在华南农业大学珠江学院运动会醒狮表演中表现优异；②2013年5月获华南农业大学珠江学院党委学生党员"月度党员之星"的称号；③2013年11月获华南农业大学珠江学院二等奖学金；④2013年12月获"讲文明，树新风"2013年首届全国平面公益广告大赛优秀奖；⑤2014年4月获华南农业大学珠江学院寒假"社会调查报告"三等奖；⑥2013—2014学年获"华南农业大学珠江学院优秀学生干部"的称号；

⑦2014年11月获华南农业大学珠江学院优秀学生干部奖学金；⑧2014年11月获国家励志奖学金；⑨2014年12月获"华南农业大学珠江学院党委学生党员年度党员之星"荣誉称号；⑩2014—2015学年获"华南农业大学珠江学院优秀团干"的称号。

生活朴素，乐于助人

在班级里，他是一名模范班干，和同学相处得十分融洽，同学们都很喜欢他，信任他。他总是积极带头参加学校的各项活动，集体荣誉感强。平时养成了批评与自我批评的优良作风，不但能够真诚地指出同学的错误缺点，也能够正确地对待同学的批评和意见。面对同学的误解，他并不会因为同学的误解和批评而耿耿于怀，而是诚恳地接受，从而不断地提高自己。因家庭困难，在工作和学习之余，他每天坚持在学院进行勤工助学和外出做兼职来解决自己的生活费，生活上他十分俭朴，从不铺张浪费，也从不乱花一分钱。但是，只要哪个同学在生活上遇到了困难，他都能力尽所能地帮助解决。在寝室，舍友关系融洽，互相关心，共同努力，宿舍的卫生环境总是保持得很好，并受到老师和同学们的一致好评。

他的大学生活已经过了一半多了，剩下一年多的大学生活，他明白自己应该具备一种"我是党员我光荣"的骄傲自豪感，他意识到党赋予他的不仅是一种荣耀，更是一份职责，一份担负祖国建设事业兴旺发达的历史重任，这是一种素质，也是一种能力。已经是优秀学生干部的他，要自强不息、积极进取，争当优秀党员、优秀大学生。

事迹简介

黄土华同学虽然出生在农村，但他自强不息，刻苦学习，成绩优秀，曾获得学校二等奖学金、国家励志奖学金；他工作认真负责，表现突出，曾担任设计与传播系学生党支部书记、设计与传播系2014级助理辅导员、学生党员服务工作站总站副站长等职务，并获得学校优秀学生干部奖学金。

挑战自我、追求卓越

> 家庭的贫困只是暂时的,成绩的好坏也已成过去,怎样走好未来的路才是我自信和勇气的见证,我始终相信一分耕耘,一分收获。
>
> ——李瑞坤

李瑞坤,男,汉族,中共党员,广州大学华软软件学院软件工程系2011级软件工程专业学生。曾获学院最高奖学金"华软奖学金"(16000元)、2013—2014年国家励志奖学金,并且多次被评为"优秀共产党员""优秀学生干部""创新之星"。现在阿里巴巴集团工作。

他自立自强,勤俭节约;努力学习拓展视野,深入钻研专业知识;课余时间积极参加活动,热情为学校师生服务。

自强不息,突破困境,国家政策助飞翔

李瑞坤出生于粤西贫农家庭,从小被寄养在并不富裕的亲戚家上学,因此从小就要学会照顾自己的衣食起居,这段经历让他比同龄人更加懂事和成熟。父母40多岁时才生下他,早些年还能通过两亩薄田来维持生计,然而父母渐渐老去,很多农活干不动了,经济也不景气,种植的蔬果都是几毛钱一斤的价格,父亲用自行车满载一车的蔬菜最后只能换来几十元钱。最让他难忘的是初中期间补课,200元一个月的费用,老师特别减免到50元,家里仍是拿不出来。那时起,他立誓一定要通过自己的努力减轻家里的负担。于是他通过自学编程知识,帮助别人开发软件得到一些报酬,以此来换取学费、生活费。从得到第一笔报酬起,他便没有向家里伸手要过一分钱,也正是通过兼职实践,使他自己的技术水平得到了提升。中学时期的学业与工作在时间上总是相悖的,他常常需要工作到深夜。当一切看似风平浪静时,家中却突然出现了变故,2009年开始他的父亲曾多次脑溢血、中风入院,昂贵的手术费让家里债台高筑,2014年年初的一次突然病发永远地夺走了他父亲的生命。树欲静而风不止,子欲养而亲不待,他强忍心中的伤痛,重新

振作，他明白，只有活得出彩，才不会辜负父亲的期望。

他在大学二年级时获得国家助学金3000元，大四时获得国家励志奖学金5000元，再加上学校设立的奖学金，使他顺利地完成了学业。国家和学校的资助，真的是雪中送炭，大大地减轻了他的经济压力，使他可以更加专注于学业，快速自我提升。

坚持不懈，精益求精，学术路上有所成

在校期间，他始终保持着积极向上的心态，时刻不忘自己是一名共产党员，注重个人素质与品德培养，同时也时刻以高标准严格要求自己，学习刻苦勤奋，成绩优异。他积极参加科技、学术活动，在校期间多次带领团队参加各类学术比赛，累计获得国家级奖项3个、省级4个、院级21个、系级1个。作为一名党员，很好地发挥了一名共产党员的先锋模范带头作用。

他本着求实创新刻苦钻研的精神，将自己的爱好和所学知识结合在一起，以实践为根本，将抽象的、难以理解的概念通过实验进行剖析，经常引入一些先进的技术和同学分享学习，帮助同学们解决学习上的技术性难题，在同学中树立起创新的榜样。在精英班学习期间，白天时间被课程占满，他就利用深夜的时间去做实验，一遍又一遍地验证巩固白天学习到的知识。功夫不负有心人，在老师的鼓励和指导下，大学4年里，他积极参与了许多校内外举行的专业比赛。先后获得了第五届中国大学生服务外包创新创业大赛全国二等奖、"中国航信杯"第七届全国信息技术应用水平大赛全国一等奖、广东省大学生IT专业技能大赛特等奖、广东省JAVA程序员竞赛三等奖、第十一届科技学术节之网站设计大赛二等奖、最佳人气奖、最佳团队奖、华软奖学金、学生二等奖学金等。

感恩：乐于助人，认真工作

从中学以来他就一直乐于帮助同学们解决电脑问题，在大学期间他决定加入义务为全院师生服务的网络管理协会。无论他是网络管理协会的一名干事，还是技术部部长、会长，他都急同学之所急，利用课余时间、休息时间，以"服务同学"为宗旨，以第一时间解决同学们的问题为己任，努力为同学们解决电脑问题，同时普及网络知识。校园里哪里有电脑问题，哪里

就有他。他的足迹几乎布满了学校的每一间宿舍。其专注、负责的工作态度和钻研精神得到了老师、同学们一致的认可。

感悟：迎接新挑战

在生活上，他朴素节俭，严于律己，宽以待人，尊敬师长，并在平时积极和同学交流沟通、融洽和睦的相处。帮助过很多同学解决学习生活上的难题。他不仅在思想、学习、生活上要求进步，同时更加注重在实践中锻炼自己，因为他知道，要成为一名优秀的符合社会需要的大学生，不仅要有一定的科学文化技能，更重要的是要有社会奉献精神并且懂得如何把自己学到的东西运用到实际生活中去。家庭的贫困只是暂时的，成绩的好坏也已成过去，怎样走好未来的路才是他自信和勇气的见证，他始终相信一分耕耘一分收获，有付出就会有收获。为了更好地回报家人、回报社会，他一直在完善自己，努力不懈地迎接各种挑战。

这几年，尽管他获得过很多的荣誉，但是他深知"成功属于过去"，应该将目光着眼于未来，继续努力，为 IT 行业发展贡献自己的力量。

事迹简介

李瑞坤同学出生于粤西贫农家庭，但他自强不息，刻苦学习，曾获学院最高奖学金"华软奖学金"（16000 元）、2013—2014 年国家励志奖学金；在学习之余，他本着求实创新刻苦钻研的精神，积极参与了许多校内外举行的专业比赛。先后获得了第五届中国大学生服务外包创新创业大赛全国二等奖、"中国航信杯"第七届全国信息技术应用水平大赛全国一等奖、广东省大学生 IT 专业技能大赛特等奖、广东省 JAVA 程序员竞赛三等奖、第十一届科技学术节之网站设计大赛二等奖等。

自强方成俊杰

不管在什么情况下，我都谨记这样一句话：没有到不了的明天，只要你不倒在今天的夕阳下！

——张伟杰

张伟杰，男，广东河源市东源人，出生于1993年，中共预备党员，现就读于广州番禺职业技术学院信息工程学院2012级软件测试班。

来之不易的大学生活

他是个农村家庭的孩子，父亲因一次意外导致三级残疾，失去了基本劳动能力，全家靠母亲在外打工赚钱，供3兄妹生活和学习。生活压力与一般人当然有所不同，他不仅需要担起报名费用，还得解决大部分的生活费用。为了来之不易的大学生活，他想尽一切办法解决生活上的问题，并坚持学习，完成自己的学业。主要是靠学校的奖学金、外包项目、兼职获得自己的生活费用。即使生活再累，他沸腾的血液还是渴望闯出一番作为。他深知还有很多人和自己一样，为了梦想而努力、奋斗，并引导他越来越有自信地追求未来，追求自己想要的以后——"创造出自己的事业"。

自强不息

曾经的他对专业一无所知，上专业课时总比人慢半拍。可是，他并没有气馁，而是坚持每天晚睡早起，勤学苦练，刻苦钻研专业知识，积极参加各项比赛。在大一，就任C编程设计语言课程的助教，帮助老师指导班里的同学，并于期末获得"优秀助教"的称号。在不知不觉之中，他喜欢上了这个专业，并竞选上了校软件协会的技术部部长。对于他来说，这是一个莫大的挑战，不仅需要提高自己的专业能力，还需要培训部门的干事和会员，为协会活动提供技术支持，举行各种计算机技能培训活动。在参加活动之余，争取时间自学 Java 程序设计语言，并代表学校参加了广东省第五届"蓝桥杯"软件设计人才大赛，取得广东省一等奖并晋级到国赛中，终于在 2014 年 6 月荣获第五届"蓝桥杯"软件设计人才大赛全国二等奖，为学校争了光。为了拓展自己的知识，于 2013 年 12 月参加了"网络虚拟运营挑战杯"中国大学生创业计划竞赛，并在专项竞赛常规赛第一赛季中，晋级参与国赛并荣获全国三等奖。因为获得了这些奖项，让他在专业课程学习上得到了不少经验，2012、2013 两年连续获得学业奖学金、国家励志奖学金、素拓奖学金等。

刚踏进大三的他，就想着刚升大二读艺术专业的妹妹以及即将进行高考的弟弟。下一年，弟妹都要同时向家里拿学费以及生活费，面临昂贵的艺术专业学费以及未知的公办还是民办学校学费。这些昂贵与未知的费用，母亲的工资是远远不够的，弟妹的课余兼职也将会是杯水车薪，因此这个重担只能由他来肩负。此时，他意识到以他现在的能力，毕业转正之后的工资是远远不足以支付弟妹的学费以及生活费。所以，提前实习的他就与同学一起承接校内项目与校外外包项目，利用实习工作的空余时间进行项目开发。可白天要上班，他只能利用中午休息的时间、下班回宿舍的时间和周六日的时间进行项目开发。在别人的眼中，他就是机器人，24 小时全天候工作。但他深知，唯有通过尽可能多的代码编写，才能提高他的编程能力，才能在 2016 年 7 月份正式工作时拿到满意的工资，才能拿到轻松解决弟妹生活费的工资。

通过自强不息的拼搏，他在全国众多高校学生中脱颖而出，于 2015 年 3 月获得了 2014 年度"寻访中国大学生自强之星"的称号。

强化自身

作为番职院的学子，始终以强化自身为本，发挥先锋模范作用，一直严格要求自己，思想积极上进，不断提高政治素养。入校后就向党组织递交了入党申请书，处处以党员的标准来严格要求自己。2013 年 7 月，被评为"广州番禺职业技术学院优秀共青团员"，并于 2014 年 5 月份转为预备党员。

秉承学校"学以致用"的校训，为提高专业能力，在 2015 年 5 月份，他向学校提交了实习申请，经学校同意后，于广东电信规划设计院开始实习。在工作上一丝不苟、虚心请教，努力弥补专业能力上的不足，学习与团队成员沟通协作，积极配合完成上级安排的各项事务，深得公司的信任和赞许，并获得学校实习团队"先进个人"的称号。

在企业上学习一段时间后，伟杰对专业的市场行情有了初步的了解。在实习期间，他与几个志同道合的同学做了很多市场分析、行情调查，并成立了"梦一线工作室"。如今工作室正在开发免费开源项目"番职E家"，通过工作过程中慢慢结识商业伙伴，让工作室壮大起来。虽然前路充满未知的挑战，但是他会与同伴们一起坚持不懈地努力。非常感谢番职院给了他一个实现梦想的平台，教会他如何坚强、如何奋斗，更重要的是，教会他如何面对生活中种种未知的挑战。不管在什么情况下，他都谨记这样一句话：没有到不了的明天，只要你不倒在今天的夕阳下！

事迹简介

张伟杰同学出身贫寒，但自强不息，学习刻苦，成绩优异，获得2012—2013学年学业奖学金三等奖、2013—2014学年国家励志奖学金、2013—2014学年学校素质奖学金二等奖；同时也积极参与科研创新活动，获得2013年12月虚拟运营挑战杯国赛三等奖、2014年2月学校第五届学生职业技能大赛项目"程序设计大赛"三等奖、2014年3月"蓝桥杯"软件设计大赛广东省赛一等奖、2014年5月"蓝桥杯"软件设计大赛国赛二等奖以及2014年度"寻访中国大学生自强之星"的称号。

宝剑锋从磨砺出，梅花香自苦寒来

要做生活的强者，绝不能被磨难和挫折打败！

——冯银芝

"天将降大任于斯人也，必先苦其心志，劳其筋骨，饿其体肤……所以动心忍性，曾益其所不能。"这是孟子的名言，也是鼓励冯银芝在逆境中奋起的座右铭。

冯银芝，女，广州市天河职业高级中学会计1301班班长，校学生会学习部干部。她学习成绩优秀，专业技能成绩突出，是同学们心目中当之无愧的"学霸""优秀学生会干部""优秀班干部"。她拥有的自强不息、勤奋踏实、勇于实践、合作共赢精神，充分体现了新时代中职学生的综合素质。

穷且益坚，不坠青云之志

冯银芝来自一个特殊的家庭。她的母亲为聋哑残疾人，家里的开支全靠父亲一个人微薄的收入支撑，她和小她1岁的弟弟就读同一年级。4年前，父亲不幸被确诊为癌症晚期，冯银芝姐弟一边面临中考的压力，一边还要夜以继日照顾重病的父亲。面对生活的磨难，她没有抱怨，而是利用一切课余时间积极帮助母亲做手工活帮补家计。为了早日承担起养家的责任，为了让弟弟接受更好的教育，冯银芝放弃了自己的普通高中梦，报读了职业中学。肩负着父亲临终前的期望与嘱托，冯银芝以高分考入了国家级重点职校——天河职中就读。学校给她减免了一切费用，班主任的关心爱护令她如沐春风。冯银芝告诉自己：要做生活的强者，绝不能被磨难和挫折打败！

天行健，君子以自强不息

入学以后，冯银芝格外地珍惜这来之不易的学习机会。她清楚地知道，只有把自己打造成为具有扎实专业技能的中职生，才能在今后竞争日趋激烈的社会中立于不败之地，因此她广泛学习各种新的文化思想和专业知识。她不断鞭策自己，严格要求自己，学习态度端正，目标明确。每个学期，她都能制定出科学、合理的学习计划，每周都有小计划，对于难学的知识点，她总是反复地钻研，不攻克难关决不罢休。她周密地安排时间，从不偏科，在每学期的学科考试中，不仅成绩名列前茅，而且每科发展都很均衡。两年来，她多次获得校级"三好学生""特别进步生""全勤生"等荣誉称号。

在技能训练方面，她懂得"勤能补拙"的道理，面对困难从不低头，自始至终、勤勤恳恳地对待每一项实操训练。在沙盘实操课中，她担当起财务总管一职；在珠算技能课上，她认真背诵加减乘除的口诀，牢记指法，总能迅速完成老师布置的任务；在点钞技能课上，她更是游刃有余，手指灵活地在一沓沓钞票中穿梭；在会计实操课上，她每次都主动担任组长，帮助小组内技能较弱的同学。两年来，作为学校点钞技能队的骨干成员，她代表学校参加广州市点钞技能赛并获奖。她还顺利考取了"珠算五级证书""会计电算化证书""会计从业资格证"等多个专业技能证书。

有志者，事竟成，破釜沉舟，百二秦关终属楚

冯银芝始终牢记，作为一名学生干部，应当在学习和生活上做同学们的表率和带头人。因此，她不但处处严于律己，更注意积累工作经验，积极和班上的同学交流思想，在团结、合作中实现班级工作的良性发展。在她的积极组织与努力下，会计1301班在校运会、科艺节、技能节、经典美文朗诵等活动中取得了优异的成绩，并多次获得学校"文明班"的荣誉称号。她本人也在活动中不断积累经验，改进工作方法，成为同学的贴心人，老师的好助手，被评为校级"优秀学生会干部""优秀班干部""劳动积极分子"等。

苦心人，天不负，卧薪尝胆，三千越甲可吞吴

为了拓展自己的知识面，扩大与社会的接触面，增强个人社会竞争力，锻炼和提高个人的能力，积累个人经验，把平时所学的知识在实践中运用出来，冯银芝积极参加学校组织的社会实践活动，如到广东省考试中心参加试

卷汇编登记工作、收银员工作等。课余她还积极参加勤工俭学，用自己的辛勤劳动贴补家用，以减轻母亲的负担，同时也让弟弟更安心地读书。入读中职两年来，她先后在酒店打扫过卫生，担任过服务员、传菜员，兼职做画模、手机营销、派发传单等工作。冯银芝的日历里几乎没有周末与节假日，在别人休息、娱乐的时候，她经常穿梭在广州的大街小巷勤工俭学。老师们心疼她，提出要发动师生捐款帮助她，被她坚决谢绝了。她感恩于学校的助学政策，不愿意更多的索取，而要用辛勤的劳动回馈家庭、回报学校，适应社会的生存法则。两年来，即使再苦再累，她都咬紧牙关坚持下来，不但帮补了家庭的经济，更提升了个人综合职业能力，积累了丰富的处世经验。这些宝贵的财富将为她日后步入社会、更快地适应社会打下良好的基础。

　　让生活恬淡成一汪平静的水，然后告诉自己：水穷之处待云起，危崖旁侧觅坦途。面对生活的磨难和挫折，冯银芝绝不怨天尤人。在成长的道路上，她进德、立业、敏学、笃行，坚信"不飞则已，一飞冲天，不鸣则已，一鸣惊人"。我们也期待着，冯银芝在以后的学习和工作中继续发挥先锋模范带头作用，在未来的工作岗位上更加如鱼得水，游刃有余！

事迹简介

　　冯银芝同学在学校担任班长、校学生会学习部干部。她学习成绩优秀，专业技能成绩突出，思想上进，勤奋认真，懂事善良。拥有自强不息、勤奋踏实、勇于实践、合作共赢的精神，充分体现了新时代中职学生的综合素质。

细节决定成败

> 生活的每一天都富有挑战性,做每件事都会有新的收获,自己的能力也在一点一滴的日常学习和工作中积累起来。
>
> ——罗绮雯

罗绮雯是个全面发展、乐于奉献、热爱生活、勤于实践的好学生。她认真学习,不断提高自身修养,处处严格地要求自己,作为班级学习委员的她,热心帮助同学的学习,使同学得到不同的进步。他已经连续3年获得"优秀学生""优秀班干"的称号。

认真学习,努力工作

在工作上,她认真负责,努力做好学生会的相关工作以及班级的事务。她不仅完成学生会派给的任务,也积极帮助其他同学的工作,不拖拉,一直以今天的事今天完成的原则去做每一件事情。在学习上,她勤奋好学,刻苦钻研专业知识,学习目标明确,她曾说,"细节决定成败",学会计的就必须要细心才能做好这份工作。入校以来,她的成绩一直名列前茅,取得了会计从业资格证、全国计算机一级证、收银员证等相关证书,还积极参加学校组织的社团活动和技能竞赛等,并取得优异的成绩。与此同时,她加入了专业技能竞赛集训队,代表佛山市参加竞赛,并以获得一等奖的好成绩进入省赛,从中不断提高自己的专业知识,锻炼自己。在学校的两年多时间里,她充分利用学校的资源,在各方面发挥着能力,实现价值。

乐于助人,勤俭节约

在班级里,她总是很热心地帮助同学,与同学和谐相处,能够正确对待同学的批评和意见,从而不断提高自己,面对同学的误解,她总是一笑而过，不会耿耿于怀。在生活上，她也很节约，不铺张浪费，哪个同学遇到了困难，她也会力所能及地帮助。老师眼中的她就是一个开朗乐观、坚毅、成绩优秀的好学生，对于老师分配的任务能认真完成，是老师的好帮手，各方面都取得了较大的进步和优异的成绩。

通过职校两年多的学习生活，她收获颇多，她说："生活的每一天都富有挑战性，做每件事都会有新的收获，自己的能力也在一点一滴的日常学习和工作中积累起来。非常感谢老师和同学给予的机会，让自己成长。"2012—2013年第一学期，获"优秀学生""文明标兵"的称号；2012—2013年第二学期，获"文明标兵""优秀学生""优秀共青团员"的称号以及技能节手工会计一等奖；2013—2014年第一学期，获"优秀学生""优秀住宿生"的称号以及佛山市技能竞赛手工会计项目三等奖；2013—2014年第二学期，获"优秀学生干部""优秀共青团员"的称号以及技能节翻打传票二等奖、技能节企业经营团体三等奖、佛山市技能竞赛会计电算化项目一等奖；2014—2015年第一学期，获"优秀学生"的称号。

这些荣誉是她平时不断努力、勤于练习的成果，不断成长，证明自己的实力，使她成为同学们的好榜样。

事迹简介

罗绮雯同学入校以来成绩一直名列前茅，取得了会计从业资格证、全国计算机一级证、收银员证等相关证书，在校期间已经连续3年获得"优秀学生""优秀班干"的称号，以全面发展的优异成绩、认真工作的态度和热心善良的好品质，赢得了老师、同学的一致好评。

寒门学子，拳拳爱心

入学以后，我享受了国家免学费的资助，从那时开始，我暗暗下了决心，一定要成为一名对国家有用的人才，以报答国家的资助之恩。

——刘明培

刘明培于2013年9月就读于肇庆市工业贸易学校机电技术应用专业。入学以后，他享受了国家免学费的资助，从那时开始，他暗暗下了决心，一定要成为一名对国家有用的人才，以报答国家的资助之恩。

入学不久，他担任2013级机电（4）班班长，主动加入学校团委实践部，并不断提高思想认识，自觉模范遵守国家法律和学校规章制度，严格要求自己，艰苦朴素，刻苦学习，努力工作，热心为同学服务，做老师的好助手。在2014年6月刘明培被评为"肇庆市三好学生"，并于2015年5月被推荐为"广东省优秀学生"。

学习中华传统文化，加强道德修养

在思想上，他能积极学习政治理论，学习中华传统文化，加强道德修养，发扬中华民族优秀传统。他先后两次协助班主任组织全班同学参加了学校组织的传统文化经典诵读比赛并获奖，多次带领其他班干部到黄岗敬老院开展送温暖活动，帮老人家洗衣服，搞室内外卫生，陪老人家聊天。在平时的学习和生活中，他以学生干部、优秀学生的标准严格要求自己，尊敬师长，孝敬父母，团结同学，积极帮助学习上、生活上有困难的同学。同班有位莫同学患有轻微的智障，入学初曾受其他同学的欺凌和讥讽，心灵受到伤害，一度想退学离校，刘明培主动要求与这位莫同学同住一间宿舍，给予这位同学生活和学习上的许多照顾和帮助，让这位同学重树信心，继续中专学业。2013级机电（5）班的陆同学是刘明培的老乡，因患小儿麻痹后遗症而手脚抽搐，行动不便。刘明培虽然是入学以后才认识陆同学的，但对他表现了极大的关怀与帮助，每次都陪同他乘车回家和返校，经常帮他解决一些生活上的困难，使他全身心投入学习中，取得优异的学习成绩。

学习态度端正，学习目标明确，自我调节能力强

在学习方面，刘明培学习态度端正，学习目标明确，自我调节能力强。中职学校不同于普通中学，以技能学习为主，理论与实践相结合，理论课与实训课穿插进行，学生学习的适应能力要比普通中学生强。刘明培不断调整自我，努力探索适合每门学科的学习方法，从培养学习兴趣着手，锤炼积极进取、乐观向上的学习心态，坦诚面对老师的表扬或批评。在学习过程中，能做到一丝不苟，不懂就问，形成了深入探究的良好习惯。有一次，教"机械制图"的曾老师因家有急事想下课后马上回家，恰恰刘明培有一个问题未弄懂而上前询问老师，老师心情焦急批评他不认真听课，当时刘明培觉得很委屈，眼泪夺眶而出。晚上，明培知道了原委，反而觉得自己没体谅老师，第二天主动向老师认错，曾老师十分感动、内疚，主动将知识传授给他。在校园生活中，刘明培能合理安排时间，做到学习、锻炼身体、社团工作三不误。该同学每科考试成绩都取得 90 分以上，每次考试都名列全级第一名，每学期都被学校评为"三好学生"，并获得了学校综合奖学一等奖，2014 年 10 月被学校评为"学习之星"。

主动性强，积极性高

在工作方面，刘明培主动性强，积极性高。他一直担任班长，并一直在团委实践部工作，工作事务多，工作压力大。但他能迎难而上，勤恳踏实地做好本职工作，把班务工作安排得有条不紊，把班级活动搞得有声有色。在实践部的工作中，他灵活机智，对电器维修技术掌握得快，对工作热忱认真。团委每学期都组织学生团队为教职工、社区市民维修电器，刘明培每次都积极参加，发挥特长。他还积极协助学校电工维修学校教室、学生宿舍的灯管、风扇等公共物资，为学校节省资金，也确保了广大同学学习、生活的正常进行。由于刘明培表现出色，团委实践部在去年换届时推选他担任实践部部长，成为实践部新一届的带头人。在平时的生活中，他崇尚质朴的生活，保持农民子弟勤俭节约、诚实做人的良好品质，养成了良好的生活习惯和正派作风，他深知金钱来之不易，从不乱花一分钱。为减轻家庭负担，他

坚持每个长假期都外出打工赚钱，作为自己平时的生活费。从去年1月份开始，他凭借着过硬的电工技术，被肇庆市嘉溢食品机械有限公司聘请为长期技术员，周末和放假期间到该公司安装电器控制箱，从而获得了较高的工资报酬。一年多来，他不仅没有再向家人要过一分钱，还先后资助自己妹妹读书费用合计3000多元。

事迹简介

　　刘明培同学在校担任班长、学校团委实践部部长，工作认真负责；学习目的明确，刻苦认真，成绩优异，每学期的成绩均列全级第一，2014年6月被评为"肇庆市三好学生"，2014年10月被学校评为"学习之星"，2015年5月被推荐为"广东省优秀学生"。

践行南丁格尔精神

　　我正用自己的正直和善良为歌，热心和宽容为曲，弹奏暖人心扉的歌；我正用自己的理想和追求为笔，进取和奋发为墨，书写充满希望的画。

——黄瑞怡

　　黄瑞怡，女，汉族，团员，1994年出生，广东省英德市人，广东省连州卫生学校护理专业2014届毕业生。在校期间，她曾担任班学习委员职务，是老师的得力助手，经常利用业余时间协助老师整理资料。她刻苦学习，努力工作，在各方面严格要求自己，努力使自己成为一名德、智、体、美、劳全面发展的优秀中专生。她的学习成绩一直名列班里第一，并多次被评为"三好学生""优秀学生干部""优秀毕业"，深受广大师生的一致好评。2014年5月，她以优异的成绩考取了护士专业资格证书，现就职于广东省英德市人民医院。

修学先修人，处世德为先

　　幼年丧母，家境贫寒的她性格中有着倔强的一面。兄妹3人是靠着爷爷奶奶辛勤劳累抚养长大的，望着爷爷奶奶日渐苍老的脸，她在心里暗暗发誓：我一定要为爷爷奶奶活出个模样来！带着爷爷奶奶的殷切希望和自己的梦想，她来到了广东省连州卫生学校。在校期间，她一刻也没有放松对自己的要求；没有忘记家人的嘱托和自己的理想。她深知爷爷的艰辛和苦楚，不与同学比吃穿，始终把长辈那种吃苦耐劳的精神作为自己刻苦学习的动力，时时刻刻地激励自己。每当想要松懈的时候，她都会想起爷爷起早贪黑拖着疲惫的身躯下地干农活的背影，此时她便咬紧牙关，克服一切困难，只为回报爷爷奶奶对她的那份深深的爱。为了减轻家里的负担，每个假期她都会出去打寒暑假工，面对困境，她始终不怕吃苦，勇挑担子，用真诚和孝心面对生活。

勤奋好学，关心集体

她勤奋刻苦、善思好问的精神，使她不但具备了广博的知识，还培养了良好的学习习惯和学习能力。在各类考试中，她的成绩始终名列前茅，曾被评为班级"三好学生""优秀护生""优秀团员""优秀学生干部""优秀毕业生"等。

她的脸上时刻挂着灿烂的、乐观的微笑。身为班干部，她总是尽自己最大的努力，为老师分忧解难，做老师的好帮手。她常说："助人为乐是中华民族的美德。在别人有困难需要帮助的时候，如果我们能发自内心地去帮助他们，别人的难题解决了，自己也会觉得很快乐。"在学习上，她主动帮助学习有困难的同学，把自己的学习经验和方法传达给他们，用自己的切身体会鼓励他们。在她的帮助下，以前班里的学困生学习成绩得到很大提升。班里有位同学学习成绩不理想，学了的东西很快忘记，操作考试总是在及格边缘。于是，她便利用课余时间帮这位同学补课，还号召同学们一起练习，一起学习，并鼓励这位同学参与集体活动。在她的帮助下，这位同学渐渐找回了学习的信心，学习成绩也稳步提升。每当同学们夸奖她的时候，她总是笑着说："我只是做了自己应做的工作而已。"

努力工作，为病人服务

在实习期间，她被分配到英德市中医院实习，从踏上护理工作岗位的第一天起，她便以饱满的热情、温暖的言语、真挚的眼神、悉心的护理为患者排忧解难，送去温暖的爱心。她对工作、对病人认真负责的态度，赢得了病人及家属们的赞誉。怀着对护理工作无比热爱的情怀，她倾注全力地投入到了护理工作中，从不计较个人得失，主动配合带教老师搞好科室管理工作。她深知要成为一名合格的护士，不仅要备扎实的护理操作技术，良好的职业道德和综合素质在护理工作中同样重要。

作为一名实习护士，她每天都以最美丽的微笑、最亲切的语言、最体贴的护理、最饱满的工作热情来面对病人。每天早上7点半，她来到病房，首先向每一位病人问好，"大家早上好！""昨天晚上您睡得好吗？""今天您感觉好一些了吗？"每天下班前，她会再次来到病房看看病人，问问他们有什么需要，问问他们今天的感觉如何。一句句简单的问候拉近了护士与病人之间的距离。一句句真诚的话语，使病人体会到了医患之间的平等和亲切，护患之间也架起了一座座心灵的桥梁。

2014年12月，她以优异的成绩被广东省英德市人民医院招聘为导诊护士，作为一名导诊护士，她除了必须具备和其他临床工作不一样的沟通技巧外，还需要扎实的医学基础知识和基本技能，更多的是要从病人的角度出发，急病人所急，想病人所想，解决病人所需，达到病人所愿。因为导诊护士服务的对象是对医院环境、布局结构一无所知的人，是疾病缠身、精神相对脆弱、行动诸多不便的人，有时候不经意的一个回答、一句话、一个表情、一个举止都可能成为纠纷或矛盾产生的导火索。所以，即使是些小问题也要认真对待，一丝不苟，让每一个病人带着病痛而来，带着满意而归。这样，往往一个上午的导诊服务下来，她口干舌燥，腰酸腿疼，但她从来都任劳任怨，没有半句抱怨。

加强业务学习，提高护理水平

她始终对自己高标准、严要求，努力以"全心全意为人民服务"为宗旨做好各项工作。她深知要想做一名好护士，工作不能简单地停留在打针、发药、执行医嘱上，更重要的是丰富自己的理论知识和实践经验能力，为了提高自身素质，增强服务意识，培养理论强、技术硬的基本技能，她坚持理论指导实践，实践检验理论，注意融会贯通，学以致用，所以她常听来院的专家讲座并与有经验的护士交流，还进行了业余专科学习。为了给患者提供更好更专业的服务，她不断提高自己、丰富自己，为提高自身护理水平做出努力。

一分耕耘，一分收获。如今她正凭着自己顽强的毅力，在浩瀚的学海中奋力遨游；她正用自己的正直和善良为歌，热心和宽容为曲，弹奏暖人心扉的歌；她正用自己的理想和追求为笔，进取和奋发为墨，书写充满希望的画；她正用爱心、恒心、信心、诚心托起更加灿烂的人生，始终把践行南丁格尔精神作为自己的人生目标。

事迹简介

黄瑞怡同学在学校担任班级学习委员职务，做事情认真负责，吃苦耐劳，有较强的组织和管理能力，是老师的得力助手。学习刻苦勤奋，一直以优异的成绩名列前茅而且一路遥遥领先。2013年"5·12"护士节参加学校护理技能大赛获得"静脉输液"二等奖。2014年5月以优异的成绩考取了护士专业资格证书，同年12月被广东省英德市人民医院招聘为护士。

贫寒不移求学路，国家资助他成长

　　面对拮据的家庭经济，每个学期我都要去打工，为家、为求学，我不怕流汗水、流泪水，最怕的是撑不起这个家。面对困境，我始终不怕吃苦，勇挑担子。

——温金洋

　　温金洋，男，汉族，1995年出生，广东省普宁市人，团员，揭阳市综合中等专业学校大专现代教育1202班学生，现任校学生会主席、班级生活委员。

国家资助铺就成才之路

　　2012年9月至今温金洋就读于揭阳市综合中等专业学校期间，他在一、二年级时共获得国家助学金5000元。对于当时家境贫寒而又坚定求学的他来说，真的是雨中送伞，雪中送炭。他在感恩的同时也时刻反省自己，用不断努力来提高自己专业素质，充实和完善知识结构，以处处做榜样、树旗帜的标准严格要求自己。在学习方面，该生也是品学兼优，在校全面突出的表现，得到了领导、老师的一致好评，荣获2012—2013学年度校"三好学生"、2013—2014学年度"揭阳市优秀学生干部"、2014—2015学年度"广东省优秀学生干部"的称号。

笑对生活，勇敢面对学习工作中的挑战

　　金洋思想积极上进，热爱中国共产党，热爱国家，尊老爱幼，品学兼优，有吃苦耐劳和无私奉献的精神，是新时代学生的楷模。在校担任学生会的主席，一直尽其所能地为同学、为学校、为社会服务，真正做到具有先吃苦后享受的服务精神。正是拥有这个信念，金洋从未放弃对工作的热情，尽

职尽责，勇于创新。尤其是在2014年这一年里，金洋一方面管理学生会日常事务，负责学生会的常规工作；另一方面，协助老师收集课题研究所需的资料，由于做到了"勤"字当先，工作还是井然有序地开展，且顺利完成了学校交给的各项任务。在众多的荣誉面前，金洋时刻保持着清醒的头脑，对工作确实做到了以下几点：

（1）注重自身的修养建设，以身作则。根据一段时间的学生自律管理实践，金洋深深地意识到"一个优秀的领导者就能拥有一支先进的队伍，管理者的思想素质、管理能力代表着一个集体未来发展的方向，决定着这个团体发展方向"。因此，他非常重视自身的学习与提升，通过不断的努力来进行自我完善。

（2）认真落实好学生会主席的职责，严格执行各项工作，快速、准确地传达领导所布置的任务，并积极组织学生干部出色地完成学校各项日常工作。主要包括风纪纠察、卫生检查及夜自修纪律检查等工作，特别是我校一年一度的文化艺术节，组织会内成员做好会场布置、秩序管理和会后收拾会场等后勤工作。与此同时，还负责开展了连续两天丰富多彩的游园活动，为每年的文化艺术节都能顺利圆满闭幕做出了自己的贡献。

（3）以人为本，注重学生干部队伍的建设。在工作中，该生始终把加强学生干部队伍建设视为我校学生自律管理的重点，因此，坚持每周一次召开学生干部负责人会议，对工作作出明确的要求，及时了解各部门工作的最近情况及成员的动态，对部分在工作上不太认真的同学，及时做"面对面"的思想工作，以此，提高各成员的思想素质，培养学生会成员的集体主义精神，增强责任心和使命感，从而增强整个组织的凝聚力与战斗力，一心一意地为学校师生服务，充分发挥学生干部的作用，真正成为学校领导、老师的左右手。

（4）发扬不怕苦、不怕累的精神。在各项活动坚持走在最前线，给同学们树立了榜样，起了模范带头作用，把每周二定为校园服务日，带领青年志愿者对校园各卫生死角进行清扫，力争给同学们提供一个更舒适的学习环境。

热爱生活，勤俭节约

在生活上，金洋不与同学攀比吃穿，朴素节俭，严于律己，宽以待人。注重与老师、同学们的交流沟通，气氛融洽和睦。面对拮据的家庭经济，每个学期他都要去打工，为家、为求学他不怕流汗水、流泪水，最怕的是撑不起这个家。面对困境，他始终不怕吃苦，勇挑担子。用真诚和孝心笑对生活。接受国家资助的他更懂得一点一滴来之不易，浪费只会遭受良心的谴责。

努力学习，立志为国家做贡献

在揭阳市综合中等专业学校就读期间，他学习刻苦认真，热心助人，每学期综合成绩都名列前茅，温金洋用不懈的努力和脚踏实地的态度，使自己获得了全校师生的一致认可，多次获得省、市级表彰。

在学习和能力提高的同时，该生更加追求思想上的进步，已于今年递交了入党申请书，志愿成为中国共产党的一分子，将来投身于党的伟大事业，并决心在以后学习工作中，尽自己最大的努力去发展完善自我，力争成长为一名优秀的人民教师，为我国的教育事业做贡献。

事迹简介

温金洋同学在学校学习刻苦勤奋，成绩优异，2012—2013年被评为学校"三好学生"，获国家助学金。荣获2013—2014年"揭阳市优秀学生干部"、2014—2015年"广东省优秀学生干部"的称号。该生热情友善，性格开朗，团结同学，有较强的组织协调能力。学习上不甘落后，积极向上，从不自满，不断地学习和探索，从未放松对专业知识的学习，不断巩固所学的知识，做到温故而知新，取得了优良的成绩。

勤能补拙是良训

在我前面的人，不是我的目标，而是我的下一个背影。

——郑名礼

就像在同学眼中那样，郑名礼是个积极向上、品学兼优的学生。在平常的学习中，他总能出色地完成学习任务，积极参加学科竞赛并取得好成绩。他的课余生活同样多姿多彩，从乒乓球到篮球，球场上总能看到他矫健的身影。

不甘人后，勤学苦练

出生在粤西的一个不大的城市——茂名，从小郑名礼便表现优秀。2014年中考，他以全市前列的成绩被广东实验中学实验班录取。进入该校后，他并没有满足于已有成绩，相反，国家给予的资助以及这里提供的优秀的教学条件更加促进了他积极奋发的精神，充分利用已有资源去汲取知识的财富。尽管这里各地精英云集，但他并不甘落后于人，奋力追赶，在实验班取得了第一的好成绩。另外，出于对数学浓厚的兴趣，他参加了数学竞赛班，刻苦钻研，在奇妙深奥的数学海洋中，他仿佛打开了通向另一个世界的大门。从每周一下午的数学竞赛班，到周三校本选修的数学思维拓展，他抓住一切课外的机会全身心投入到数学中去。在2015年的AMC美国数学竞赛中，他以全球前5%的成绩取得二等奖并获得了复赛资格。接下来，他期待着的是即将到来的全国高中数学联赛，那必定又会是另外一番历练。

在与同学的相处中，他总能对有困难的同学尽力伸出援手，成为同学们眼中的"大好人"，高一大半学年下来，他和各位同学仿佛成为了多年的老相识。

培养兴趣，提升自我

另外，与很多一味学习的人的观念不同，他觉得锻炼也是很重要的。在学校留宿的周末，学习之余，在篮球场痛痛快快地打一场篮球便是他和同学们最大的放松，更促进了与同学的合作与默契。

除了文化课成绩优秀，他还是学校辩论社的一员。一次次的学术培训，一个个意味深长的辩题，一场场唇枪舌剑，从《论语》里的一句话到新出台的一个政策，不同观点的交锋，世界观、价值观的交融，于此他领略到语言的魅力以及思想的深度。在辩论社里的经历教会了他用批判性思维看待事情，全面剖析事物的本质。在这里，他见识了课堂上看不到的另一个世界，在这里，他也结识了更多和他志同道合的人。

在他的生活中，还有另外一样东西使之更多彩——钢琴。那宽广的音域、清脆的声音，汇成一曲曲动人的乐章，对钢琴的喜爱很久之前就深埋在他的心中。但是由于没有条件，没有钢琴，这个梦想一直遥不可及，直到来到了省实——这里有琴房让他实现梦想。尽管可能开始得有点晚，尽管在很多专业的人看来自学是那么不入流，但是又怎么样呢？他不在乎，他会努力，因为这是他向梦想踏出的一大步。

在如此优美舒适的一个校园里，且有着如此优越的条件，他决心不辜负父母、老师，也不辜负自己的青春，不让自己最好的年华留下遗憾。尽管与别人还是有着差距，但他计划在高一阶段通过勤奋赶上别人，正所谓"勤能补拙是良训"，大半个学年过去后，这个目标终于基本达成。在接下来的高二学年里，他将更加努力，不仅赶上，而且赶超别人。"在我前面的人，不是我的目标，而是我的下一个背影。"这句雄心激昂的话，不是傲慢者的狂言，而是他用汗水刻下的座右铭。

回顾高一的这大半学年，繁忙而充实，他用自己的勤奋和汗水，为高中生涯打下了一层坚实的基础，展望未来，他充满着希望与勇气，同时他也深知，已经取得的这些成绩，与国家的帮助密不可分。这便是他，郑名礼。

事迹简介

郑名礼同学在校期间勤奋刻苦，学习成绩优异。2014年中考，他以全市前列的成绩被广东实验中学实验班录取，尽管实验班精英云集，他也不甘落后，奋力追赶，在实验班取得了第一的好成绩。在2015年的AMC美国数学竞赛中，他以全球前5%的成绩取得二等奖并获得了复赛资格。

国家资助,让梦想飞翔

"书山有路勤为径,学海无涯苦作舟",我把这句诗作为自己的座右铭,勉励自己要不断努力。

——蔡 诚

蔡诚,在2岁的时候失去了父亲,家中文化不高的母亲成为了唯一的经济来源。在别的小孩都过着宽裕的生活时,他却不得不跟着母亲省吃俭用。国家的资助政策令他犹如看到了一缕明媚的阳光,看到了生活的希望。他坚定自己的信念,希望通过不断的努力,实现自己的梦想。

名列前茅

早在小学的时候,蔡诚就表现出不一般的学习精神。刻苦、勤奋,这些词用在他身上再适合不过,他的成绩也因此经常名列第一。小升初的时候,由于经济原因,他没有选择区外更优秀的重点初中,而是留在了区内的重点初中。在初中三年里,他继续保持着刻苦勤奋的学习精神和不骄不躁的学习态度,在学校的各类考试中名列前茅。此外,他还积极参加初中时的各类竞赛,屡获佳绩,一等奖、二等奖总有他的一份。在2014年的中考中,他考出了646分的高分。这一次,他不再选择留在区内,而是选择了国家示范性高中——佛山市第一中学。刚开始的时候,因为不适应高中学习,他第一次段考只排在年级第70名。不过他并没有气馁,而是不断调整学习方法,寻找自己的薄弱环节,经过一段时间的努力之后,他在期中考试中取得了年级的第46名。但他并没有骄傲,而是继续保持着沉稳的学习状态,通过先预习再听课后复习的有效学习方法,不断汲取着新的知识。同时他虚心向老师、同学请教,及时将学到的新知识归纳整理,形成了一种良性循环。在第二次段考中,他一跃夺得年级第9名;在期末的全市统考之中,他更是以969分取得了全市第9名。经过一个学期的沉淀,他找到了属于自己的学习方法,在学习上稳步前进,第二学期的前两次大考,他继续维持着班级前十的地位。

多才多艺，全面发展

　　蔡诚不仅在学习上有着骄人的成绩，在学习以外的方面，他也能做得很好。从小学到初中，他一直担任着班长、学习委员等核心班干，是老师的好帮手。到了高中，他担任宿舍长的职务，他在宿舍积极协调同学们的关系，努力营造宿舍里的良好氛围，让同学们做到学习娱乐两不误。在学校的几次考试中，与他同一宿舍的所有同学都屡次进入年级的前100名，这也得益于宿舍里浓郁的学习氛围和融洽的人际关系。在佛山一中里，他还积极参加学校的各类活动，语文节、英语节、科技节、暑假实践活动等都可以看到他的身影。他与同学们合作参与的英语模仿节目获得了一等奖，他与同学们合作制作的《历史文化报》也获得了一等奖。另外，他积极参加学校的社团，在《千里》编辑部，他负责排版工作，每次看到排好的报纸印出来时，总有一种油然而生的自豪感。同时，他还参加了学校组织的奥林匹克英语和奥林匹克信息技术课程，在学习课本之余不断增加自己的课外知识。别看他很忙，他总能找到空闲时间去踢踢足球、打打羽毛球，以丰富自己的课余生活，达到体育锻炼的效果，可谓一石二鸟。在初中升高中的那个暑假，他还以实习的名义在区内的卫生监督所感受了一番，在那里他学习了档案的整理，体会到了工作的不容易，也更让他坚定了好好学习科学文化知识的念头。

　　"书山有路勤为径，学海无涯苦作舟"，他把这句诗作为自己的座右铭，勉励自己要不断努力。他未来的梦想是成为一名计算机专业技术人员，为国家的科技进步贡献自己的一份力量。相信他会在通往明天的道路上越走越好。

事迹简介

　　蔡诚同学在2岁的时候失去了父亲，家中文化不高的母亲成为了唯一的经济来源，但他没有被命运吓倒，生活的艰难反而更让他意识到读书学习的重要性。他从小成绩优秀，进入佛山一中后，经过自己的努力，在期末的全市统考之中，他更是以969分取得了全市第9名；他还积极参加各类竞赛和活动，也都取得了不错的成绩，与同学们合作参与的英语模仿节、出版《历史文化报》均获得一等奖；他未来的梦想是成为一名计算机专业技术人员，为国家的科技进步贡献自己的一份力量。相信他会在通往明天的道路上越走越好。

人生在勤,不索何获

"一分耕耘,一分收获",不论是学习还是生活,天上永远不可能白掉馅饼,所有的一切只能靠辛勤的双手去获得。

——李嘉欣

内敛而坚韧,勤奋而刻苦

常言道:"一方水土养一方人。"李嘉欣一家世世代代居住在三江汇流之处——三水,身为一个土生土长的三水人,她具有内敛而坚韧的性格。同时,生活的不易使李嘉欣很早就懂得勤奋学习对于未来的重要性。因此,她刻苦拼搏,不受外界喧嚣嘈杂的影响耐得住寂寞,专注于学习。

"一分耕耘,一分收获",不论是学习还是生活,天上永远不可能白掉馅饼,所有的一切只能靠辛勤的双手去获得,这一点对于身为农家孩子的李嘉欣来说显得尤为重要。由于家里世代务农,加上父亲患有癌症,家里一贫如洗。因此在教育上的投入便先天不足。李嘉欣的每一笔学费与各种学杂费对家里来说都是不小的经济负担,更别说有多余的钱财去参加补习班与课外兴趣班了。因此,她明白,只有勤奋学习取得好成绩才能对得起父母的辛苦付出,才能在愈来愈激烈的竞争中拼搏出一个美好的未来。

"人生在勤,不索何获?"对李嘉欣来说,勤奋求学永远是取得好成绩的必备神器。也正是如此,李嘉欣自高中以来才能屡次在各种考试中位于年级前列,并获得了"三水中学三好学生"的称号以及2014年广东省中学生生物学联赛省三等奖、2014年度广东省宋庆龄奖学金等。

一步一个脚印,与同窗共进步

作为三水中学实验班里的一员,李嘉欣的学习成绩一直名列前茅。虽然成绩优秀，但她却从来不奢求自己能一步登天，或者在短时间里取得巨大进步。相反，她更喜欢脚踏实地地、一步一个脚印地在每一个阶段认真地做着该阶段应做的事，紧跟着老师的节奏，并充分享受经过这一阶段努力后取得的点滴进步。

李嘉欣十分重视课堂上的40分钟的讲授和对基础知识的掌握。每次下课后，她总爱拖住科任老师的脚步，虚心地向老师们请教，请他们为自己解答学科疑问。而课后当有同学问她学习问题时，她也很乐意放下手头的学习任务耐心地为他们解答。"独学乐，不如众学乐"，作为班级学习委员的她还很喜欢与同学研究问题，共同探讨知识的内在联系，深入挖掘知识的根源，力求知道"是什么"后还要知道"为什么"。在她的带动下，整个班级形成了虚心、包容的求知氛围，班级成绩每次均位于年级首位。

劳逸结合，乐于助人

读书固然是要倾尽全力，专心致志，心无旁骛地学。但李嘉欣认为新时代的学生绝不该只是死读书，她也有自己的课余爱好。

她认为好的学习成绩是以健康的身体为基础的，如果不好好锻炼身体，即使比别人多花几倍的时间学习也是徒劳的。"身体是革命的本钱"，这是李嘉欣已病逝的父亲教导她的，父亲的经历使她深刻认识到身体倒下了就真的什么都没有了，所以，她很积极地参加体育锻炼活动。每天下午放学时学校跑操音乐响起的一刻是最令她解压的瞬间，体育课上她也积极参与体育活动并力劝其他不乐意活动的同学参与体育锻炼。她踊跃参加体育锻炼，打篮球、排球、慢跑等都是她喜欢的。即使不精通她也很开心，当汗水从脸颊划过的瞬间更是使她觉得自己充满能量。

李嘉欣不但热爱学习，而且还喜欢做好事。从小到大，她都乐意去参加各种志愿活动，并在高中阶段加入了三水中学青年志愿者协会。借助志愿者协会这一平台，她主动积极地参加了许多志愿活动，如维持放学秩序、探望孤寡老人、绿化植树、慰问公交车司机等。通过志愿服务活动，她增长了知识，锻炼了能力，收获了快乐并形成了习惯。有一次，她在回家路上看见一个外来务工人员提着大小包裹在细雨中艰难前行，虽然自己身上已背着一个沉沉的书包，但她习惯性地向那务工人员提供帮助，帮她拿一个装满生活物品的桶子。一路上夹杂着小雨，两人一边交谈一边前行直至将东西送至她家。即使一路上狼狈不堪，即使重物在她手上留下了深深的红印，她也毫无怨言。在节假日期间，李嘉欣经常到乐平镇上的老人院，为孤独老人打扫卫生，认真倾听他们的故事，为他们解闷。这不仅使老人开心，她自己也从中学习到了不少在课本里学不到的东西，受益匪浅。

扛着目标前行

李嘉欣是一个天生的乐观派，在生活中遇到难以承受的打击或在学习分数和排名中迷茫时，她也曾经怀疑自己，但这并不会影响她对生活的热情。李嘉欣对生活充满热情，热衷于在生活中不断提升自己的她立志要在大学里参加更多的社团活动，增加自己与外界接触的机会，认识更多的人以提高自己的沟通技巧和丰富自己的生活阅历。她的理想是当一名临床医生，虽然这是一份十分困难并且需要长时间吃苦的工作，但她仍会以初恋般的热情和钢铁般的意志去为自己的目标奋斗。她期待自己能在自己的工作岗位上发光发亮，为社会为国家贡献出自己的一份力量。

无论在到达目的地前要经历多少失败的磨练，她都会永不回头地勇往直前，坚持到底。在挫折面前，她不会轻易气馁，相反，她会投入更多的精力更努力地去克服挫折。幸运之神终会眷顾她，因为她相信：越努力，越幸运！

事迹简介

李嘉欣同学家里世代务农，父亲因患癌症去世，家中贫寒。但她自强不息，自小就勤奋刻苦地学习，坚信"人生在勤，不索何获"，自高中以来屡次在各种考试中位于年级前列，并获得了"三水中学三好学生"的称号以及2014年广东省中学生生物学联赛省三等奖、2014年度广东省宋庆龄奖学金等。

笑对贫寒，励志笃学

我始终认为，只要自己努力学习，就可以考上大学，找到工作，经济独立，就可以改变命运，为自己创造美好的明天，就可以帮助父母摆脱贫穷，改善生活，就可以服务人民，为社会贡献自己的聪明才智。

——谢咏雪

谢咏雪是江门一中2015届的优秀学生，她家境贫寒，只靠母亲一个劳动力维持一家4口的生计，他在2013—2015学年度曾接受国家助学金的资助以减轻家庭的负担。该同学乐观向上，才德俱佳，学习态度认真，方法高效，成绩优异，处事沉着冷静，严谨细心，具有卓越的工作能力，言行举止大方，待人热情真诚，深受老师肯定，深得同学喜爱。

追求学问

高中三年，她对待知识有热切的渴望，对待学习有执着的追求，特别有韧性，能钻研，学习态度端正，坚持努力，不懈奋斗，学习成绩一直名列前茅，不仅在我校接受国家资助的同学里数一数二，而且在全年级1000多人里位列前20名，成绩最好的一次是勇夺年级第二名。

她上课专心聆听，独立思考，下课勤于反思，敢于提问。她自主学习能力很强，能够形成完整的知识体系，同时具有很强的自觉性和计划性，高效地分配时间，不仅自己制定学习计划，分秒必争，严格执行，而且抽出时间热心帮助学习有困难的同学，经常为他们答疑解惑。在江门一中导学案课堂改革中，谢咏雪充分调动了本学习小组组员们的积极性，使组员各自发挥学习优势，彼此学习，互相比拼，取长补短，共同进步。

在日常学习遇到挫折时，她从不轻言放弃，而是咬牙坚持，请教老师，查漏补缺，强化薄弱科目，争取各科均衡。整个高三阶段的复习训练非常紧张，但她顶着高强度的备考压力，直面大容量的复习内容，有条不紊地推进计划，循序渐进地优化训练，每一次模拟考试都稳稳地守住了年级尖子的位置。

拓宽知识面

课堂之外,她热爱读书,自然科学、文学艺术、天文地理无所不读,广泛涉猎,拓宽自己的知识面,加深自己对自然、社会、生活的独立思考能力。她勇于挑战自己,积极参加各类学科竞赛,取得优异成绩,2013年获得"希望杯"全国数学邀请赛高一年级组三等奖、广东省化学联赛二等奖,2014年获广东省化学联赛市一等奖。

思想积极上进

谢咏雪思想纯朴,积极上进,严格遵守学校的规章制度,对待工作认真负责,对于班级甘心奉献,是我校的入党积极分子。作为班上的学习委员,她具有高度的责任感、很强的工作能力和很高的组织管理水平,在工作的过程中十分注重方法,因而与同学们相处十分融洽,在同学中很有威信,深受喜爱,在任课老师中也颇受赞赏。班主任交代的每一件事,她总会想方设法一丝不苟地做好,使老师省心省力,从而成了班主任的得力助手。她善于团结同学,与其他班干部通力合作,营造良好的学习氛围,引导同学们高效学习,带领全班同学取得优异成绩,每个学期都夺得学习优秀班和先进班集体等校级荣誉。因为工作态度勤恳认真,工作能力卓越超群,师生们都高度评价她有魄力、能实干。

全面发展

她兴趣多样,爱好广泛,踊跃参加各类文体活动。她钟情实验研究,喜欢动手操作,曾与学习小组其他成员共同制作"生态缸"参加学校科技节,获得校一等奖。高一时曾在校运会上参加女子800米项目,获得年级第四名。高二时参加校运会团体项目比赛,与队员共同努力,获得团体第二名。她还是学校合唱团的成员,多次参加学校文艺汇演、"红五月"歌唱比赛,主动配合文娱委员积极工作,建言献策,上台演出,均有优良表现。她积极参与学校团委组织的"爱心义卖"活动,帮助班级筹得大笔善款,悉数上交团委，以资助更多和自己一样经济困难的同学。她多次参与学校黑板报的制作，积极参加校外社会实践活动。她为学校的文化建设、社会的环保公益等工作竭尽全力，表现突出，受到好评。

她乐观生活，热心助人。尽管自己家庭经济非常困难，远远谈不上衣食无忧，但她笑着面对，坚信风雨之后有彩虹。她始终认为，只要自己努力学习，就可以考上大学，找到工作，经济独立，就可以改变命运，为自己创造美好的明天，就可以帮助父母摆脱贫穷，改善生活，就可以服务人民，为社会贡献自己的聪明才智。所以她从不怨天尤人，而是乐观面对现实，并且关爱他人，有忙必帮。比如帮忙排个队打个饭、分担一下清洁任务等，她总是爽快答应，尽力帮忙。虽然这些都是平凡而琐碎的小事，却给同学们带来了方便，得到同学们的一致肯定。

谢咏雪德才兼备，全面发展，综合素质出众，她作为我校 2015 届接受国家资助学生中的佼佼者，曾多次获得"校清华北大之星""学科之星""优秀班干部""三好学生""优秀团员"等光荣称号，是我校学生励志成才的楷模。

事迹简介

谢咏雪同学思想积极上进，严格遵守学校的规章制度，对待工作认真负责，对于班级乐于奉献，是学校里的入党积极分子。兴趣多样，爱好广泛，踊跃参加各类文体活动。她德才兼备，全面发展，综合素质出众，作为我校 2015 届接受国家资助学生中的佼佼者，曾多次获得"校清华北大之星""学科之星"等称号。

迎着青春的朝阳

效苏秦之刺股，折桂还需苦战；学陶侃之惜时，付出必有回报。

——黄秉伟

高一以来，他担任班长，热爱祖国，拥护中国共产党，严格遵守国家法律和学校规章制度，从小学至今认真学习与党有关的理论、方针、政策，积极向党组织靠拢。作为一名优秀团员，他认真学习了毛泽东思想、邓小平理论和马克思列宁主义。他，热爱学习，课上积极，课间刻苦，尊师爱友，孝敬父母，为人诚恳、质朴。他在各方面严格要求自己，在领导、老师的辛勤教育指导下，经过自己的不懈努力，逐步建立起了正确的世界观、人生观和价值观。他一直持以认真、严谨、诚恳的学习和生活态度，明确自己人生发展的目标，并迎着青春的朝阳，斗志昂扬、坚持不懈地为之而努力奋斗。

以勤补拙，水滴石穿

对待学习，他力求以勤补拙至水滴石穿，以"效苏秦之刺股，折桂还需苦战；学陶侃之惜时，付出必有回报"为座右铭，刻苦认真，浇灌心中理想，以课前预习、课后复习为基本准则，上课认真听讲，认真完成老师布置的作业为基本要求，遇易则谨，遇难则研为做题方式，秉着"乘风破浪，我欲搏击沧海横流；飞鞭催马，吾将痛饮黄龙美酒"的信念，激流勇进。

他在各次的考试中，始终保持班级第一，年级领先的位置，2013—2014学年度获得国家助学金，2014—2015学年度获得国家助学金。此外，他上课积极活跃，乐于与老师进行互动。在前段时间的生物升本公开课"转基因生物的利与弊"中，获得老师与同学的一致好评。他认真对待每一次考试，积极参加竞赛活动。曾荣获2012年第二十三届全国希望杯邀请赛全国数学竞赛三等奖、2013年第二十三届全国初中应用物理竞赛江门市二等奖、2013年全国初中学生化学素质和实验能力竞赛江门市二等奖、2015年广东省生物竞赛三等奖。此外，他还刚刚参加了2015年全国希望杯邀请赛、

2015年5月广东和广西高中学生化学竞赛，准备参加2015年9月全国物理竞赛。

恪尽职守，一丝不苟

对待工作，他恪尽职守，一丝不苟，对老师所布置的任务，都能认真有效完成。在班级中，他以德待人，井然有序地帮助科任老师处理事务并且与同学们友好和谐融洽相处，乐于帮助他人。在上了高中以后，他加入了学生会，始终抱着服务同学的宗旨，为同学为班级为学校做一些力所能及的事。在高一的时候，作为班长的他积极参加与响应学校学生会的工作。在运动会上，他在同学们进行激烈跳远比赛的时候，左肩绑着红布（学生会工作人员象征），右手紧握一柄铁铲，犹如战士开拓前方的路般铲松沙地，从而维持着赛场的纪律与规则。夏日当空，汗流浃背，不辞劳累，坚持完成工作，曾多次获得"优秀班干部""优秀团员""三好学生"等称号。

在校园开放日那天，作为生物社的主要成员，在炽热的盛夏，他抱着一沓沓的生物知识传单，为前来的家长、初三的学弟学妹们耐心地讲解生物实验、原理等知识，还讲解校园的各种情况，为他们构建一幅憧憬高中生活的蓝图。

不畏辛苦，参与实践

除此之外，他还积极参加社会实践活动，清明节那天曾到梁金山公园做义工，清扫祭拜烈士墓。他一直清扫到梁金山脚下，虽忙碌了一个上午，却倍感烈士的不畏辛苦、勇往直前、无私奉献的精神，更加虔诚，为之折服。他还到长沙镇松龄敬老院打扫卫生，为老爷爷老奶奶唱歌表演节目，与他们聊聊天，乐趣无穷。

"泰山不辞培土，故能成其高；江海不择细流，方能成其大。"对学习，他都作出了具体的时间安排，严格规划自己的时间，分秒必争。记得一位名人曾说过："只有好好利用时间的人，时间才不会抛弃他。"他一直刻苦坚守着，为实现自己的目标不懈奋斗。他力求各方面全面发展，争取做一位德智体美劳全面发展的高材生。

什么是奋斗？在他那里得到彻底的诠释，奋斗就是每天让时间充实地踏踏实实地度过，做好手里的每件小事，不拖拉、不抱怨、不偷懒、不推卸责任。每天一点一滴地努力，汇集起千万勇气，带着他的坚持，引领他到想要到的地方。他始终怀揣"学到无边天作涯，山登绝顶我为峰"。

事迹简介

黄秉伟同学曾荣获2012年第二十三届全国希望杯邀请赛全国数学竞赛三等奖、2013年第二十三届全国初中应用物理竞赛江门市二等奖、2013年全国初中学生化学素质和实验能力竞赛江门市二等奖、2015年广东省生物竞赛三等奖。他一直刻苦坚守着，为实现自己的目标不懈奋斗。他力求各方面全面发展，争取做一位德、智、体、美、劳全面发展的高才生。

比金子更美的是人的心灵

梦想一直激励着我前进，而我也一直为梦想而奔跑。

——叶文婷

叶文婷，江门恩平市恩城中学高二（1）班学生。她勤奋好学，品学兼优，乐观向上，爱好广泛，尊敬师长，团结同学，做事执着，有毅力。是一个德、智、体、美、劳全面发展的好学生。

善良真诚

有人说，金子是最纯美的，但比金子更美的是人的心灵。叶文婷正是拥有一颗洁白无瑕、善良真诚的心灵。在家里，她关注亲人的冷暖，经常帮助爸爸妈妈做一些力所能及的家务活，打扫卫生，让家庭其乐融融；在学校，她有一颗真诚的爱心，尽管家境不宽裕，但对于困难同学，她总是乐于伸出援助之手。她助人为乐，真诚奉献，对于学习上的后进生，她也是及时给予力所能及的帮助，从不计较个人的得失。

她待人诚恳，为人善良，团结同学，尊敬老师，在班级活动中，总能尽心尽力，认真对待，做到问心无愧。她也常常在班集体活动中发挥带头作用，带领同学们积极参加活动，以锻炼工作能力。她能明白个人对集体的作用，以自己微薄的力量帮助集体，维护集体的利益，能够认识到个人形象能代表班级形象的道理，处处为班集体着想。同学们有需要的时候，她总是尽力相助，和同学们相处和谐。

勤学善思

在学习上，叶文婷最大的特点是各科均衡发展，而且各科优秀。她的成绩不是"死读书，读死书"得来的。文婷勤学善思，课堂上勤于动手动脑，她的学习笔记并不是照抄老师在黑板上的板书，更多的是老师在讲解时的一些看似不经意的分析方法和解题思路，文婷有很强的理解能力、分析和推理能力以及综合运用能力，这些能力在她学习物理中表现得淋漓尽致。进入高中后的每次考试中，总有一些题目难度很大，对学生能力要求很高，而往往只有极少数同学（文婷就是其中一个）能以其缜密的思维、清晰的条理得出最佳的答案。叶文婷永不认输，凭着对学习的那种劲，坚持不懈，取得优秀的成绩。高二年度第一学期她获得理科总分第一，英语学科第二。由于成绩优异，她于2014年获得汇丰银行奖学金。收到奖学金后，她更加努力学习，成绩越来越好。对待学习，她一丝不苟，并有一股可贵的钻劲儿和韧劲儿；她遇事好问个为什么，喜欢和老师、同学讨论问题，善于表现自己，展示自我。上课前，她能做到预习并及时把一些难点标出来。上课时，她认真听课，在课堂上总是看到她那双渴望知识的眼睛。下课后，她抓紧时间做功课，刻苦钻研，若有不懂的地方，她总能做到"不耻下问"，虚心地向老师或同学请教。学习勤奋刻苦，相信知识能让她改变命运，创造未来。她懂得学习的方法，懂得科学的安排时间，提高学习效率，"一分耕耘，一分收获"，这是她对待学习的态度。

全面发展

叶文婷积极发挥带头作用，带领同学们参加社会实践活动。在活动中，能够尽心尽力，出谋划策，认真工作，积极对待。活动后，她总是处理好剩余的工作才离开。

叶文婷追求全面发展，兴趣广泛，除认真学习课本知识外，她还特别喜欢看书、绘画和唱歌。闲暇时，她总是挤出时间来看书，她喜欢看的书有《水浒传》《呐喊》《彷徨》《窦娥冤》《牡丹亭》《左手翻史书》《说岳全传》《行者无疆》《中国古代文化常识图典》……"开卷有益""读书破万卷，下笔如有神"，正是由于她养成了良好的看书习惯，促进了她写作水平的提高，她的作文多次作为范文在班级交流，在2014年9月全市"文明安全出行，从每一步做起"交通安全征文比赛中荣获二等奖。

在叶文婷身上，充分展示了一个当代中学生的蓬勃生机与热烈色彩。今天的她，自信、稳重、拥有梦想、朝气蓬勃、积极向上、微笑面对生活。梦想一直激励着她前进，而她也一直为梦想而奔跑。在成长的路途中，她大迈脚步，奋力奔跑，追逐梦想，即使在此过程中有无数次的跌倒，有数不尽的苦难，但她都不放弃，而是变得更加坚强、自信。因为，她知道国家助学金是她扬帆起航的护航舰！

事迹简介

叶文婷同学勤奋好学，品学兼优，不仅各科均衡发展，而且各科成绩都很优秀。高二年度第一学期她获得理科总分第一，英语学科第二。由于成绩优异，她于2014年获得汇丰银行奖学金。

国家资助,助她展翅飞翔

> 国家的资助,帮助我展翅飞翔,而我希望自己在将来的一天,可以帮助更多的贫困学子飞向蓝天。
>
> ——钟小凤

钟小凤,女,现就读于广东梅县东山中学。她出生在广东省梅州市五华县转水镇矮水村一个贫困家庭,父母都是朴实的农民,年纪都已60多岁,劳动收入有限。家里兄弟姐妹众多,父母负担很重,全家一直过着非常拮据的生活。在小凤的记忆中,从小到大,每逢交学费的时候,便是全家最痛苦的时候,家里微薄的收入无法同时满足兄弟姐妹们所有的学杂费。所以小凤从小就特别懂事,家里的脏活、累活抢着干,从不给家里添麻烦。虽然生活艰苦,但人穷志不穷,艰难和压力没有压垮她稚嫩的肩膀,反而磨练了她的意志,让她养成了沉稳平和的心性和踏实认真的作风,也让她更加珍惜学习的机会,更有信心和斗志去迎接生活的挑战。

努力学习知识

2013年考入广东梅县东山中学后,她幸运地成为国家助学金的资助对象,这笔资助极大地缓解了家庭经济压力,让她可以更安心地求学。她说:"国家助学金不仅给了我经济上的支持,更是对我的一种鼓舞。这种鼓舞在我心头如同珍珠一样闪亮,指引着我不断地克服学习、生活中的困难,攀登知识的高峰。"

小凤努力学习,积极进取,成绩优异。高一、高二期间,成绩排名一直在年级前20名,在学校组织的各学科竞赛中均获得一、二等奖。她勤奋好学,勇于挑战自我,英语是她的软肋,她不但没有因难而退,反而迎难而上,选择主动出击,主动担当科代表一职,常与老师沟通,每天早上大声朗读英语,英语成绩不断提高,还被评为年级"早读之星";上课主动回答问题,虚心向别人请教……所有这些让她的英语成绩突飞猛进,给身边的同学留下了深刻印象。她的努力和汗水、坚持与执着，让她在求学的道路上踏实稳健地走好每一步。她对学习的激情不仅体现在自己的学习上，更体现在对同学的帮助上。作为科代表，她极度认真负责，常与老师商量如何提高同学的学习热情，提醒同学按时完成作业，帮助老师监督背诵情况，把班级学习现状及时反馈给老师，带动全班形成了学习英语的狂热氛围。

投身社会实践

小凤积极投身于社会实践，不断完善自我，提高自身的综合素质。她为人正直诚恳，有主见，有魄力，组织和管理能力强，善于团结每一个同学，听取各方建议，是一个智慧与魄力并存的人。作为东山中学首届志愿者协会会长，也是协会会员最多、工作最辛苦的会长，她常带领协会成员为学校的各项活动提供志愿服务，还经常参加梅州团市委组织的各项志愿者服务活动。每次活动中都能看见她那忙碌的身影，她出色的管理才能与踏实肯干的作风赢得了老师与同学的一致好评。她常常说，自己获得了那么多的帮助和关爱，希望通过志愿服务活动努力地回报同学与老师、回报学校、回报社会。

在生活上，她从不与同学攀比吃穿，生在农村的她深知一粥一饭来之不易，所以她特别勤俭节约，珍惜生活。她热情大方，乐观坚强，从不因自己生活贫困而自卑，脸上总是洋溢着微笑，总是用自己积极阳光的情绪驱散他人心中的阴霾，用自己的正能量感染他人。

树立远大目标

在钟小凤的成长成才过程中，她不断挑战自己、完善自己。她树立了远大目标，并为这个远大的目标踏实奋斗；她努力提升自己，同时也为他人的成长助力。她的成长得到了父母、老师、同学的呵护，得到社会、国家的关爱。她怀揣一颗感恩的心，努力学习，积极工作，用一份份优异成绩回报这一份份关爱和呵护。

由于在各方面的突出表现，她在高一、高二期间多次被学校评为"三好学生标兵""三好学生"和"优秀学生干部"，2015年获得"梅州市三好学生"的荣誉称号。她的志向是考上清华大学这座令万千学子心驰神往的学术殿堂，她深知要实现这个梦想很不容易，但她坚信"苦战能过关"，她将为这个远大的理想拼命努力，奋斗不息。

国家的资助，帮助钟小凤展翅飞翔，而她希望自己的飞翔，在将来的一天，可以帮助更多的贫困学子飞向蓝天。她说："感谢国家助学金对我的帮助，受惠之后当不忘国家，知恩还需懂得回报，将来我也将尽自己最大的能力去帮助更多需要帮助的人，助力于中国梦的早日实现，以实际行动肩负起当代中国青年学子的社会责任。"

事迹简介

钟小凤同学在校担任学生会志愿者协会会长，虽然家境贫穷，但艰苦的生活没有压垮她稚嫩的肩膀，反而磨练了她的意志，让她养成了沉稳平和的心性和踏实认真的作风。由于在各方面的突出表现，在高一、高二期间多次被学校评为"三好学生标兵""三好学生"和"优秀学生干部"，2015年获得"梅州市三好学生"的荣誉称号。

严于律己，宽以待人

> 党和政府的资助，从此铺就了我的成才之路。我在感恩的同时也时刻反省自己，用不断努力来提高、充实和完善自己，以处处帮助人、时时做榜样的标准严格要求自己。
>
> ——吴小龙

吴小龙，男，1996年出生于粤北贫困山区——河源市和平县的一个农民家庭。2013年考入和平县福和高级中学，曾任校学生会干部。吴小龙自入校以来，一直严于律己、宽以待人、勤俭朴素，曾多次获得国家助学金、校一等奖学金以及校"优秀学生会干部"的称号。

拮据生活造就自立自强，生死经历更添感恩之心

吴小龙幼年丧父，3岁时，母亲外出务工，所以其常年只能跟随爷爷奶奶一起生活，生活拮据。

他爷爷奶奶的身体并不好。奶奶因长年劳作积劳成疾，患上了肺气肿、气管炎等多种疾病，常年只能卧病在床而且一直需要依靠药物维持生命；爷爷曾患脑血栓，不能从事繁重的体力劳动，至今也要依靠药物维持治疗……这让本就举步维艰的家庭更加雪上加霜。

家庭的困难，亲人不幸的离世，让他学会了独立，让他比别人更懂得感恩。为了照顾生病的爷爷奶奶，他5岁就开始学习喂鸡、煮饭、洗衣服等基本家务，10岁时便独立挑起了家庭所有家务活的重任。为了更好地照顾生病的爷爷奶奶，他一边悉心照料他们的生活起居，还一边学习一些基本的医药护理知识。

然而，尽管他对自己的祖母照顾得无微不至，但是其祖母仍于2013年夏不幸去世。祖母去世之时，正是他参加中考之际，尽管他伤心难过，但凭着一份执着，他将自己对祖母的爱化为了考场上奋进的力量，最终以优异的成绩考入了当地的重点高中，并进入该校中最好的班级。因为曾受政府资

助，为此，他立下了"为自身脱贫，为家乡脱贫而读书"的远大志向。

国家助学铺就成才之路，热心助人树立良好榜样

2013年7月，他以优异的成绩正式被福和高级中学录取，相对处于九年义务教育中的初中，"高昂"的高中学费对于生活拮据的他来说，又是一道不可逾越的鸿沟。面对困难的时候，他多次获得了国家助学金的资助，这对于生活拮据而又坚定求学的他来说，无疑是雨中送伞，雪中送炭。党和政府的资助，从此铺就了他的成才之路。他在感恩的同时也时刻反省自己，用不断努力来提高、充实和完善自己，以处处帮助人、时时做榜样的标准严格要求自己。

为了不辜负国家的资助，他一直以自己的方式将爱心延续。作为班委，他热心帮助同学。在学习上，因为成绩比较优秀，他经常帮助成绩较差的同学，耐心为他们讲解各种难题；在生活上，他经常在宿舍帮同学提水、打饭、打扫等；作为邻里，他热心帮助邻居。他不仅经常帮助街坊邻居修理一些简单的电子元件，而且耐心教他们使用一些高科技产品。

热爱生活敢于挑战自我，勤俭节约避免良心受责

为了自身的全面发展，为了体会课堂之外的生活，他主动加入了学生会，大胆竞选班干部，并在之后大胆地开展各项工作，多次帮助老师解决了管理上的一些难题，同时也让他体会到了校园生活的丰富多彩。

他热爱运动，但却在11岁时，被诊断患了心脏病，这突如其来的打击，并未让他消极悲观地去对待生活，而是凭着自己对生活的热爱，每天都保持着积极向上的心态，敢于挑战医学的禁区，每天坚持体育锻炼，以致3年后复查时，医生也惊讶地表示其心脏病已康复。

在生活上，他从不与同学攀比吃穿，而是朴素节俭，严于律己，宽以待人。注重与老师、同学们的交流沟通，气氛融洽和睦。本就生活拮据的他，在接受了国家资助之后，更懂得了一点一滴皆来之不易，浪费只会遭受良心的谴责，更对不起出门在外辛苦务工的母亲。

事迹简介

　　吴小龙同学自入校以来,一直严于律己、宽以待人、勤俭朴素,曾多次获得国家助学金、校一等奖学金以及校"优秀学生会干部"的称号。思想正直,学习刻苦认真,学习成绩优秀,生活勤俭节约,勇于挑战自我,平时乐于助人,与同学相处融洽,是老师的好帮手,同学的好伙伴。

梅香溢自寒傲枝

> 有时遇到了瓶颈，会有思想的煎熬，会有心理的困惑，怕辜负家人的期望。但另外一个声音也在提醒自己：选择了就无所谓后悔，成才才是对爷爷奶奶最好的回报。
>
> ——罗林琳

罗林琳出身寒门，在平凡中演绎不平凡的成长之路。

心存感恩

在封闭的山村，女孩子容易被嫌弃的。罗林琳生而被遗弃，是一对善良而贫穷的老人收养了她，成了她的爷爷和奶奶。因为家庭清贫，罗林琳从小就跟爷爷奶奶去田地劳作，养成热爱劳动的习惯。农村生活虽然辛苦，但爷爷奶奶从小到大给予了她无限的关怀，有爷爷奶奶陪伴成长的点点滴滴：一起在晒谷场乘凉，帮爷爷拔胡须，给奶奶捶背，听奶奶讲故事……成了她心中最美好的回忆，也给她以后的人生产生了积极的影响。

罗林琳一直心存感恩，爷爷奶奶不但让一个本来不幸的女孩拥有了家的温暖，更重要的是他们竭尽自己所能让这个女孩读书求学，从而有了通过自己的努力去改变命运的机会。

品学兼优

求学之路非一帆风顺，罗林琳非常珍惜来之不易的读书机会，一直品学兼优。

第一天上学，林琳心中充满兴奋和不舍：兴奋的是对学校的向往就要变成现实，不舍的是和爷爷奶奶一起劳作的时光。去学校的路途遥远并且没有同伴，她只能孤军奋战，战胜黑暗和恐惧，一遍遍小跑过那又长又陡的40

分钟的路程。她总是摔倒，没有时间哭，没有人听自己痛诉，拍拍尘土，继续赶路。纵使这样，林琳心中的愧疚依然如千斤重石：因为自己爱生病，吃药打针成了家常便饭。爷爷一趟趟带自己看医生，奶奶常常三更半夜起床熬药……林琳觉得自己是个累赘。但又能做什么呢？扶不起爷爷手中的犁耙，挑不起奶奶肩上的担子！于是，她暗下决心好好读书。为了补回因为生病不得不请假而落下的功课，完成积累下来的一大堆作业，读小学时她也有时会学习到深夜。

当小学毕业，罗林琳以全镇第五名的成绩考上了重点中学时，爷爷奶奶毫不犹豫地让她继续上学——奶奶亲生的3个女儿，没有一个读完小学。那么艰难却供一个捡来的孩子继续读书：村里很多人觉得爷爷奶奶很蠢，万一养了一个白眼狼呢？听到这些议论，林琳没有怨恨他们，只恨自己连累了爷爷奶奶。于是，她更努力地学习：当别的同学还在梦乡时，她已经到教室了；当别的同学三五成群去逛街时，她还留在教室学习。努力的拼搏撑起了优异的成绩——一直保持班的前三名，后来更是稳居全班第一。初中毕业，她以优异的成绩考上了信宜中学，进入了重点班。

成才才是最好的回报

为了减轻爷爷奶奶的负担，从初中开始的每一个寒暑假，林琳都去打假期工。初中不用交学费，开销较少，家里还能应付过来。但高中的第一笔学费就让林琳犯难了。从小到大，林琳经常被寄养到不同的亲戚家，她一直希望自己快快长大来报答他们。但岁月无情，亲人们陆续离开这世界。生命的无常让林琳不禁想到年迈的靠药物来维持生命的爷爷奶奶，她第一次有了放弃上学的念头。8月29日，她还没有辞工。那晚，爷爷奶奶语重心长地说，希望她成为家里的第一个大学生。爷爷奶奶的劝勉使得对知识的渴望冲破了她的内心的防线：辞工，上学！

到了高中，竞争很激烈；身处重点班，高手如云，一不小心就会被远远地甩在后面。不仅要有拼搏的劲头，还要有活跃的思维。罗林琳依然在求学的路上迈出一个个见证汗水与成长的脚印。虽然有时遇到了瓶颈，会有思想的煎熬，会有心理的困惑，怕辜负家人的期望。但另外一个声音也在提醒自己：选择了就无所谓后悔，成才才是对爷爷奶奶最好的回报。更让林琳心里安慰的是：国家为像她这样的学子提供了助学金，社会的热心团体和人士也给予她很大的支持。

有人说寒门难出贵子，但现在国家的助学和社会各界对教育的支持，让寒门子弟也能接受更好的教育。他们没有优裕的物质条件，但从小的磨练让他们有更坚韧的心和不言苦的拼搏精神。罗林琳心怀感恩，心存信念，不断努力拼搏，让自己越来越优秀，不断成长，让自己成为栋梁之才。

事迹简介
　　罗林琳同学虽然出身寒门，但她一直非常珍惜来之不易的读书机会，刻苦学习，成绩一直名列前茅。初中毕业更是以优异的成绩考入信宜中学重点班。

志愿服务篇

树立远大理想

> 我积极要求进步，提高自己的思想文化素质，树立远大理想，努力提高个人的修养。
>
> ——郭春花

郭春花，女，1995年出生于潮州市潮安区庵埠镇，团员。她于2008—2014年就读于潮安区庵埠中学，2014年参加高考获得区高考理科第一名的优异成绩。她现就读于中山大学岭南学院2014级（2）班，任院学生会项目部干事、魔协秘书部干事、潮州同乡会负责人。进入大学以来，郭春花严格遵守学院的各项规章制度，妥善处理学习与社团工作之间的关系，在思想、学习、工作等方面取得了较大的进展。

思想上积极进步

在思想上，郭春花积极要求进步，提高自己的思想文化素质，树立远大理想，努力提高个人的修养。此外，还能注意坚持看报纸，听新闻，了解时事。

学习上谦虚勤奋

在学习方面，她一直谦虚勤奋。课堂上，认真听讲，做好笔记；课下，认真思考，使之消化吸收；自习期间，积极和同学讨论解决问题的方法。只要有时间，就去图书馆看书，扩展知识面。她深知自己的英语基础较差，为此，她制定了严密的学习计划，每天坚持晨读，通过近两年的努力，她的英语水平得到了很大的提高。

热心公益

在学习之余,她还热心公益,希望以自身努力回报社会。去年暑假,她利用高考后的假期参加了很多公益活动。进入大学以后,她加入了公益组织"心葵",并在 2015 年 2 月份回到潮州做公益,以实际行动回报家乡。她到金石中学开展交流会,将总结出的备考经验告诉他们。之后,她又去古巷镇福庆小学进行为期 6 天的支教活动,做自己力所能及的事情回报社会。

事迹简介

郭春花同学热心公益,希望以自身努力回报社会。2014 年暑假,她利用高考后的假期参加了很多公益活动。进入大学以后,她加入了公益组织"心葵",并在 2015 年 2 月份回到潮州做公益,以实际行动回报家乡。她到金石中学开展交流会,将自己总结整理出的备考经验分享给师弟师妹。之后,她又去古巷镇福庆小学进行为期 6 天的支教活动,尽己所能回报社会。

执着追梦，勇攀高峰

　　我用汗水与执着换来了今天的成长与收获，在人生路上迈出了坚实的第一步，为自己的明天创造了充满挑战与机遇的无限空间。

——罗永锋

　　罗永锋，男，布依族，共青团员，1992年出生于贵州省黔西南州安龙县，现就读于广州体育学院运动与健康系2012级特殊教育专业（1）班，曾任运动与健康系共青团宣传员、广州体育学院图书馆志愿者协会会长，现任广体运康系恤孤助学服务队队长。在校期间曾获校寒假实践优秀个人奖、2012—2013年度国家励志奖学金以及"优秀团员""图书馆优秀志愿者""图书馆二星级志愿者""2013—2014年度优秀三好学生标兵"的称号，曾先后两次获得广东公益恤孤助学促进会领队贡献奖，入选广东省第四届"感动南粤校园人物"决赛。

　　他来自贵州落后贫困的少数民族山区，而他始终保持着积极向上的心态，正确处理好学习和工作两者之间的关系，努力做到全面发展。作为祖国未来的接班人，他坚持各方面严格要求自己，努力提高个人素质，面对即将走出社会的人生之路，积极地勇往直前。他的座右铭是"坚持做好每一件小事，坚持就是胜利"。通过自己努力，学习和接受高等教育，改变自己和家庭的命运。

思想之花：党是他前进的动力

　　态度未必能决定一切，但端正的态度能带领人走上正确的道路！从小开始，他就在勤劳淳朴的父母的熏陶下，懂得爱家、爱国的道理。初中时积极加入共青团，成为一名光荣的共青团员；高中时，他以优秀的表现被老师推荐上党课，对党有了深刻的认识，产生了对中国共产党的信仰。进入大学，除了关注时事政治及国际动态新闻，还积极参与校内各类关于人文知识的研讨活动。通过民主生活会、党员活动、老师的引导教育，获得了一些以前不曾了解、不曾关注的信息，并学会了用一种理性的态度去思考一个民族的前途命运，去考虑自己的前途，去从另一个角度思索自己的价值所在，思索自我价值实现的过程。

虚心、坚持、学会适应，他一直以此为标准严格要求自己。无论是学习、工作还是交际，他都尽量做好自己的本分。在班内经常帮助同学解决疑难问题，并把各方面所学到的经验跟同学们分享，也带动了同学们之间的良性沟通交流，做好优秀团员的模范作用。他经过一年的努力，以实际行动向党组织表明自己的决心，于2014年10月通过表决成为发展对象。这与同学们对他的支持，老师对他的肯定是分不开的。在思想上积极要求进步，保持着较高的思想觉悟，严格要求自己，树立了良好的人生观和道德观；永远保持与时俱进，坚持四项基本原则，正确贯彻党的方针政策，时刻关注着党和国家的发展形势以及国内外的局势变化。

学习之涯：知识是他前进的船桨

有句话说，"学生以学为生"。确实，作为学生，首要任务就是学习。要不断学习，不断进步，用知识武装自己，而从长远的眼光来看，则是为国家贡献力量。从踏入大学校门，在新的学习环境下，他继续发扬认真学习、刻苦耐劳的精神，认真学习课本上的知识，但又不局限于书本，在学好课本知识的基础上，积极参加专业实践，到特殊学校进行志愿者服务和学习，带特殊儿童个案。截至目前，他带过15名特殊儿童个案，认真、负责和有爱心的专业态度，得到了社会和家长的一致好评。另外，为丰富见识，同时增强自己多方面的理论水平，特别是学生工作的相关知识，经常通过图书馆或网络查阅相关的资料。专业成绩连续两年排名年级前列，他的努力也得到了回报，他被学校推荐代表学院特殊教育专业参加广东省首届专业行业就业分享大赛，作品获得了专家评审的好评，并得到了优秀奖，获得2012—2013学年国家励志奖学金以及"2013—2014学年优秀三好学生标兵"的称号。

爱的奉献：志愿者服务是他前进的事业

利用所学的特殊教育专业知识，结合实践，为特殊儿童及学生志愿服务。这3年来，他帮助和服务过无数个自闭症儿童、唐氏综合征儿童等特殊儿童，在特殊教育领域里，深受社会各界人士的好评。他积极参加学生组织，自入大学以来一直努力争取更多的锻炼机会。一年多的学生工作，他深深地感受到，与优秀学生共事，在竞争中获益；向实际困难挑战，在挫折中成长。他一向对学生会工作认真负责，具有较高的热情与恒心，从系部学生会干事到校图书馆志愿者协会会长，一路走来，都是认真负责地工作，每次都尽力完成工作，努力提高活动的影响力，使活动收到良好的效果；同时，参加学生会工作、班集体工作，锻炼了他的组织、策划、交际等各方面的能力，也培养了他不断向困难挑战的精神。2014年4月，在学院领导和系部领导、广东公益恤孤助学促进会领导的支持和指导下，他发起并促成了运动与健康系成立"广体运康系恤孤助学服务队"，并担任队长，和广东公益恤孤助学促进会合作，帮助和资助贫困山区的学生。通过这些实践，他学会请教老师、同事，渐渐适应了繁多的工作与学会处理更多的问题，懂得如何跟同事、上司交流、沟通，与领导者互相支持，彼此勉励！更为重要的是让他明白怎样在一个团队中通过协作获得成功。

　　此外，他还是广东公益恤孤助学促进会的志愿者，从2012年10月至今，他在恤孤助学会的志愿者服务时间达1300多小时，在校图书馆的志愿者服务200多小时。学会感恩，帮助他人，从帮助身边的同学开始，力所能及地去帮助有需要帮助的人，在恤孤助学会志愿者服务期间，从普通志愿者到多次担任活动项目副统筹、领队等，走遍广东省湛江、信宜、河源等贫困地区，走访上百名学生家庭。在此期间，学习到在学校学不到的社会经验，同时也得到了多方的高度认可，曾获得广东公益恤孤助学促进会2013—2014年度领队贡献奖、广东公益恤孤助学促进会2014—2015年度领队贡献奖，入选广东省第四届"感动南粤校园人物"（全省76所院校，共12名志愿者人物入选）。

生活之路：爱是前进的航标

　　在生活中，他朴素节俭、性格开朗，严以律己，宽以待人。他平时很善于和同学沟通，也乐于帮助同学，所以，很多同学不管生活上还是思想方面有了困难也愿意来寻求他的帮助和劝导。他在生活中建立了很好的人际关系，获得了大家的尊重和支持。

　　虽然来自贫困的山区和家庭，但是他从未自卑过，而是学会自强和奋斗。除了保证优秀的成绩和参加志愿者活动，他还通过自己努力做兼职，解决自己的学费和生活费，同时补贴家用，从进入大学至今，兼职做过酒店和麦当劳服务员，派过传单，到工地里做建筑工，到英语培训中心做招生顾问，自己开培训班带家教等。这些经历，不仅是让他获得短暂的经济收入，更提早地步入社会，认识社会，体验生活，积累经验，也懂得维持经营一个家的不易，懂得父母把他从贵州那个贫困的农村培养成一名大学生的艰难，懂得感恩父母。这些社会实践也为他形成优良的思想品德和行为习惯创造了必要的环境和条件，并强化学习生活中自我教育、自我管理、自我磨练、自我约束的主体地位；在精神需求和身心发展需求方面，也产生了良好的教育效果。

风雨兼程的两年多，学院领导、系领导的关爱、支持和老师、同学的鼓舞疼爱，更是让他感受到广州体育学院的温情，学院党委书记黄紫华更是对他进行了一对一的资助、帮扶，多次到系里看望他，并通过电话、信息了解、关心他的学习和生活，这一切都让他备受感动。所以，他加倍地努力，回报所有关心他的人。

他用汗水与执着换来了今天的成长与收获，在人生路上迈出了坚实的第一步，为自己的明天创造了充满挑战与机遇的无限空间。

过去并不代表未来，勤奋才是真实的内涵。在取得各方面成绩的同时，他也谨记"没有最好，只有更好"。进入广州体育学院，是他人生中一个极为重要的阶段。在这两年中，在各个方面都获得了巨大的进步，综合素质得到了很大的提高。今后更加严格地要求自己，以求有更好的表现。"路漫漫其修远兮，吾将上下而求索。"在未来的生活中，他必将以百倍的信心和万分的努力去迎接更大的挑战，用辛勤的汗水和默默的耕耘谱写更加美好的明天。

事迹简介

罗永锋同学是来自贵州贫困山区的少数民族学生，他非常珍惜来之不易的学习机会，努力学习，成绩优异，曾获得2012—2013年度国家励志奖学金以及2013—2014年度校优秀三好学生标兵"的称号；同时热心公益，积极参加志愿服务活动，以回报社会，2012年至今志愿服务时数达1500多小时，曾获得"2012—2013学年度图书馆优秀志愿者""2013—2014学年度图书馆二星级志愿者"的称号以及广东公益恤孤助学促进会2013—2014年度领队贡献奖、广东公益恤孤助学促进会2014—2015年度领队贡献奖，入选广东省第四届"感动南粤校园人物"志愿者人物终选等荣誉。

一次美丽西藏行，终生雪域高原情

> 从鬼门关走过一趟的我想起一句可以跟大家共勉的话：有一种生活，你没有经历就不知道其中的艰辛；有一种艰辛，你没有体会过就不知道其中的快乐；有一种快乐，你没有拥有过就不知道其中的纯粹。很庆幸自己，在这短暂的两年时间在西藏高原林芝经历了其中所有的艰辛、快乐、纯粹。
>
> ——邓顺兰

邓顺兰，1989年出生在韶关山村的女孩，经常被别人误认为是土生土长的湖南山区土著。2013年本科毕业于广东技术师范学院财务会计教育专业，机缘巧合之下，同年8月正式成为团中央西部计划服务西藏专项志愿者，被分配到林芝地区广东省第七批援藏工作队服务。

暂别羊城，踏上高原

参加西部计划，跟大多数人一样，她的第一志愿便是来西藏支教，一来长见识，二来看风景，三来体验生活。但因名额有限被调剂到了广西东兰。念念不忘，必有回响，就在她准备出发前往广西的前两天，广东省团委突发短信：西藏将扩招10名志愿者。喜出望外的她再次报名，随后与数十位毕业生面试广东省第七批援藏工作队的志愿者岗位。经过淘汰筛选，她如愿以偿，踏上了飞往西藏的航班。从7月26日确定去广西到28日再确定成为援藏队志愿者，仅仅两天，峰回路转。

学会面对，服务岗位

广东省第七批援藏工作队，这个并不为人所熟知的政府临时派出机构，是全国数十个对口支援西藏自治区的机构之一，每3年一批，从第一批到第七批，已经过去20年。广东援藏队对口支援西藏林芝地区的林芝县、波密县、察隅县、墨脱县、易贡茶场、察隅农场共4个县、2个场。她在援藏队主要担任财务文员一职，工作性质既专业又比较综合，事无巨细，主要是做好工作队资金组的账务处理和协调处理一些援藏事宜及援藏内部事务。因为职位的特殊性，在生活和工作中，援藏领导干部们都给予了她很多的关心和指导，让她很快熟悉援藏队的工作流程和内容，并不断改进完善。

　　工作中最让人期待的莫过于每一次跟着干部深入其他县场出差，既能一窥林芝神秘的风光，也能体验当地淳朴的风土人情。而当身临基层，又都能深深地被西藏各族干部的生活态度感染。"特别能吃苦、特别能战斗、特别能忍耐、特别能团结、特别能奉献"的老西藏精神在他们身上体现得淋漓尽致。两年里，她多次走过被称为"通麦坟场"的通麦天险，这一川藏线上最险的一段路，一边是高山，一边是悬崖，路最窄时只容一辆车经过，稍有不慎，悬崖之下便是滔滔的帕隆藏布江。也到过最后一个通公路的神奇墨脱，尤为记得去年8月份带着审计工作组到墨脱检查工作，扎墨公路的沿途，8月份依然可见到白雪皑皑，道路高低起伏，蜿蜒逶迤，100多公里的路程足足花费8个小时，一路上有大大小小的十几处塌方，在快接近墨脱县城时，泥石流就在我们车旁突发，几秒钟的时间，差点被埋没在泥石流里。这些经历，让她感到生命的可贵，也惊叹于大自然的残酷无情、生命的无常。

友爱互助，志愿同行

　　两年时间，作为其中的一个高原蓝精灵，她与众多的西部计划志愿者一道，参加了许多大大小小的志愿服务活动：2014林芝第十二届桃花文化旅游招商节、"藏汉桥"志愿服务活动西藏大学农牧学院宣讲会、地区一小"亲子游园会"、易贡茶场的送教下乡、巴松措"城乡少年手拉手 共祝美丽中国梦"的夏令营活动、联系广东青联委员及相关爱心企业捐资助学等。她认为能够在这儿与全国的志愿者们相遇、相识、相知，是一种莫大的幸福，作为一名志愿者，我们是平凡而有价值的，并不一定是在艰苦环境中才能体现，就算只是为福利院小朋友讲讲故事也是一件非常幸福、有意义的事。她以"奉献、有爱、互助、进步"的志愿者精神告诉大家，只要有爱，人人都是志愿者，帮助别人其实是件很容易的事情。

西藏高原，青春无悔

她回忆道："在高原最怕的就是感冒，非常记得2014年12月初，天气已近苦寒，忙完工作后发觉自己身患感冒，服药两天后感觉即将痊愈，遂去洗热水澡，可突发头晕，整个人就倒在了冲凉房，后脑撞断冲凉房的水龙头，她几乎失去意识，冰冷的自来水把自己全身浸透，努力挣扎爬起来，几次又摔下去，等到意识逐渐恢复后，才有力气拨通人民医院援藏干部的电话求救，几名援藏干部急忙把我送到医院救治，清理好头部伤口并缝好针在病床上吸着氧气打着点滴，回到宿舍已经凌晨，无人倾诉，心里默默地忍受着伤痛，不敢告知家人，毕竟报喜不报忧，身在千里之外的高原更不能让他们担心。"从鬼门关走过一趟的她想起一句可以跟大家共勉的话：有一种生活，你没有经历就不知道其中的艰辛；有一种艰辛，你没有体会过就不知道其中的快乐；有一种快乐，你没有拥有过就不知道其中的纯粹。很庆幸自己，在这短暂的两年的时间在高原西藏林芝经历了其中所有的艰辛、快乐、纯粹。

"一次美丽西藏行，终生雪域高原情。"这是她毕业到现在，选择来西藏的最初理由。美丽的林芝号称"西藏小江南""太阳的宝座"，让自己收获的确实是太多了她很肯定地跟自己说："西藏，我不后悔来过。"

事迹简介

邓顺兰同学在校期间，被评为广东技术师范学院"三好学生""优秀学生干部""文体积极分子""优秀毕业生"。在西部计划服务西藏专项的志愿者期间，她踏实肯干，兢兢业业，积极参与，奉献自我。

懂得感恩，热爱公益

> 出生于贫困家庭的我并没有被困难吓倒，而是直面人生。面对高额的学费，我通过自己的努力来完成自己的学业，同时获得社会以及学校资助的我，并没有忘记感恩回馈社会，具有强烈的社会责任感。
>
> ——李明霞

李明霞，女，汉族，共青团员，北京理工大学珠海学院市场营销2012级本科生。

李明霞在校期间，坚持全面发展的原则，努力学习、自立自强、懂得感恩、热爱公益、积极参加社会实践活动。出生于贫困家庭的她并没有被困难吓倒，而是直面人生。面对高额的学费，她通过自己的努力来完成自己的学业，同时获得社会以及学校资助的她，并没有忘记感恩回馈社会，具有强烈的社会责任感。

专注学业

在学习方面，李明霞认真听讲，与同学们团结友爱，履行一个学生的义务。在校期间获得2013—2014学年国家奖学金，2012—2013学年国家励志奖学金，北京理工大学珠海学院优秀学生奖学金特等奖1次、一等奖5次；现担任校自强社社长、生活委员，在学生干部方面，获得"优秀社长""优秀干部""优秀班干部""优秀团员"等荣誉称号。

热爱公益

李明霞于2012年参与组织创立我校具有公益性质的学生社团——自强社，该社于2014年4月成功加入中国扶贫基金会。她担任校自强社社长一职，在任期间积极组织公益活动，如访老活动、特殊学校义教活动、普陀寺志愿活动、关爱聋哑儿童活动等社会公益活动，获得了社会人士的高度认可；结合德育教育政策，已组织我校学生 30000 多人次参加到公益活动中去，获得我校师生的高度赞赏，获得我校 2014 年"热心公益榜"十佳人物。

2013 年 7 月，该同学参与了由广东省教育厅发起的诚信贷款下乡活动——东源行，该活动获得了当地政府的高度赞扬。2014 年 7 月，他带领团队到河源市东源县进行国家助学贷款政策宣传，通过实地走访以及到校宣传的形式，走访了 200 个家庭，同时也对东源中学的在校中学生进行了宣传，给渴望上大学却又因家庭困难却步的学子带去了大大的希望，受到了当地民众的热烈欢迎。

2014 年 4 月，该同学还组织开展了"2014 善行 100·快乐月捐季"活动，共有 700 多人次参与，募集善款 25 万多元，帮助 2500 多名贫困地区的孩子，这成绩排名全国第五、广东省第一；同时个人也获得了由中国扶贫基金会颁发的"优秀组织者""优秀服务者"荣誉证书。

2014 年 5 月，李明霞带领社团成员创立了朗山公益项目，并通过项目的电子平台为我校患病的杜同学募集善款，这新颖的形式引起了全校师生的赞许；同时获得全国大学生创业大赛"创青春·挑战杯"广东省金奖、北京理工大学珠海学院大学生"创青春·挑战杯"公益类第二名，并且进了 2014 "南海大沥杯"中国青年创新创业大赛省决赛，获得了创意奖。

投身志愿

李明霞还参加了 2012 年的珠海市航展志愿活动，为来参观航展的世界人民做指引；2013 年参与珠海唐家湾城轨志愿者，为城市文明建设贡献自己的力量；课余时间也会积极参加助教活动。获得 2014 年珠海市"十大校园慈善之星"的称号。2015 年 4 月利用腾讯公益的"益起帮"平台，发动社会爱心人士 5970 人为我校学子曾同学患癌父母募捐善款 15 余万元，缓解了一个家庭的经济负担，带去了温暖和希望。

事迹简介

李明霞同学在珠海市组织开展"2014 年善行 100"公益活动，成绩排名全国第五、广东省第一，获得由中国扶贫基金会颁发的"优秀组织者""优秀服务者"证书；在校创立公益社团，每年组织学生 3 万多人次参加公益活动，以自己良好的人格品质影响他人，被评为2014年珠海市"十大校园慈善之星"、2014年北京理工大学珠海学院"热心公益榜"十佳人物；2014年7月，她带领团队到河源市东源县进行国家助学贷款政策宣传，通过实地走访以及到校宣传的形式，走访了200个家庭，同时也对东源中学在校中学生进行了宣传；参加全国大学生创业大赛"创青春·挑战杯"获得广东省金奖。

奔跑吧
——致没有伞的孩子

> 鹰击长空，鱼翔浅底，骆走沙漠，虎啸山林，每一个人都有自己的路要走。每个人的命运掌握在自己手中，凭着自己顽强的毅力、拼搏的精神，一定能实现自己的理想和追求。
>
> ——傅梓渊

傅梓渊，男，汉族，中共预备党员，1994年出生于汕尾市陆丰市陂洋镇，现就读于电子科技大学中山学院2012级网络工程专业，曾任该校青年志愿者协会准理事、共青团电子科技大学中山学院委员会干事、青年志愿者服务中心组织部部长。现任该校"青年马克思主义者培养工程"大学生骨干培训班（1）班班长，以及该校青年志愿者服务中心主任一职。

鹰击长空，鱼翔浅底，骆走沙漠，虎啸山林，每一个人都有自己的路要走。每个人的命运掌握在自己手中，凭着自己顽强的毅力、拼搏的精神，一定能实现自己的理想和追求。

他的生活

10年前，他的父亲因车祸去世，留下多笔巨额的债务，由母亲一人担起了这个5个孩子的家庭。在他得到很多人帮助的时候，他就对自己说："我要把这份给予传递给更多的人。"生活使他懂得人应学会感恩，这么多年，生活中的点点滴滴使他深刻体会到无数的爱心给予我的力量，使他能坦然面对现实生活给他和他的家庭的压力，激励着他走出困境，心怀希望，充满信心，还能尽他自己的力量去帮助别人。同时他生活节俭，从不铺张浪费。为了减轻家人的负担，他做过很多兼职工作：发过传单，当过酒店餐馆的服务员，销售过软件产品，在车展擦过车，也做过中山市供电局客服，并且坚持在该校大学生活动中心里勤工俭学。虽然工作很繁忙，但他依然觉得很充实、快乐。这些工作也丝毫没有影响他的学习。他认为学习和工作不是相互冲突的，而是相互促进的。只要处理好二者的关系，就能让二者都有很好的表现。他相信，学习是基础，工作是动力。

他的双肩

右肩是学习，左肩是工作，他这样认为。

他的努力最终也得到了回报，并在2012—2013学年荣获一等奖学金及国家励志奖学金，在2014学年获得了CCNA——"思科认证网络工程师"认证。虽然在莘莘学子中，他并非是最好的，但他拥有不懈奋斗的意念、越战越强的精神和忠实肯干的作风，这才是最重要的。

在大学期间，为了更好地锻炼自己，他积极参加社团。并多次参加校内、校外的志愿者活动，如校内一日义工、探望养老院、中山慈善万人行、善行100爱心包裹等公益活动。

曾在校青年志愿者服务中心组织部担任部长一职的他，负责过中山市招商引资洽谈会志愿者协助工作，并组织开展过该校首届大学生志愿者文化节、中澳志愿者交流会、该校第五届"挑战杯"大学生课外学术科技作品竞赛复赛答辩大会等活动。如今担任校青年志愿者服务中心主任一职的他，依旧以十分的干劲做好学生工作。于2014年参加了该校的"青年马克思主义者培养工程"大学生骨干培训班，并担任（1）班班长一职。在该学年，他被评为电子科技大学中山学院"优秀团员""优秀团干部"及"优秀志愿者""十大自强人物"，并于2014年被评选为"广东省优秀共青团员"。

从挫折中站起

在大学两年多的时间里，他并没有办法让自己天天都以坚强、积极、乐观的状态走着。他也曾堕落过，曾颓废过。在他最痛苦的时候，面临着情感、学业和工作等各方的压力，这甚至让他想放弃一切。他觉得，也许可以找人抱怨找人诉说，可是真正能够释放自己，为自我解答的，也只有自己。曾有一个有轻生倾向的表弟问过他说，人活着的意义在哪？当时的他很震惊，并不只是惊讶于一个初中的孩子为什么会思考这样的问题，而是，不知道如何去回答这个孩子，回答这个也许我们每天都在思考的问题，都在反问质疑的问题。可是我们总是不能找到那个最好、最正确的答案。但是，他还是回答了他的表弟，也许他并不确定这个答案是否正确，能不能让这个孩子理解，但是这是他自己唯一明确的答案。那就是感恩。感恩就是他的信仰，他觉得感恩给予了他太多，让他懂得了太多。感恩就是他坚持下去的理由。

憧　　憬

即使人生的道路上处处艰辛，但是，我们依然要用自己的双肩扛起我们该扛起的重量。我们要在苦难中寻求自信，在贫穷中战胜自己。把心和更多的精力放在学习和工作上，努力用自己的力量去改变自己的命运，努力学习，积极工作。他深深地明白，只有比别人付出更多，才能收获更多。他自强的性格告诉自己：无论困难有多大，一切都得扛住，未来是一片美好的。

事迹简介

傅梓渊同学在志愿活动中积极进取，获得了共青团电子科技大学中山学院委员会"每月之星"的称号以及中国扶贫基金会爱心包裹活动"二星级善行100志愿者"的称号；在学习上刻苦努力，荣获2012—2013学年一等奖学金、国家励志奖学金；作为一名团员，以身作则、积极向上，荣获"广东省优秀共青团员"以及校级"优秀团员""优秀团干部""优秀志愿者"的称号，并在我校暑期社会实践中荣获"优秀个人"的称号。

自尊、自信、自爱、自立、自强

用自己的爱心服务，诠释了一名优秀的志愿者无偿服务具备的标准，我的责任感，我的热情，使我一路前行，我以自己的言行谱写着自己的青春。

——陈晓志

陈晓志，男，1995年生，广东省揭阳市揭东县人，团员，现就读于广东工贸职业技术学院电气自动化系机电一体化专业，担任2014机体（4）班团支书一职；另外，任广州五羊志愿者服务总队总队长和广州越秀区东山口志愿驿站站长。该生的主要事迹分述如下。

思想积极上进，不断增强政治素养，做一名合格的团员

自入学以来，他积极竞选并担任班级团支书，在政治思想上积极进步。作为一名共青团员，自递交入党申请书以来，他的行动表达了要求加入中国共产党的强烈愿望，被评为"优秀团干"和"优秀团员"。

在大一第一学期，他参加了广东工贸职业技术学院第二十三期党校培训，在被党组织吸收列为入党积极分子后，他更加努力学习来增强自己的政治理论，提高自己的思想觉悟，坚定自己的政治立场，与中国共产党在政治上保持一致。及时向党组织汇报自己的思想和学习情况，定期写思想汇报，认真参与党支部组织的学习与讨论。

他不断提高和增强自己的政治鉴别力和政治敏锐性，不断提高自身的政治修养，学习用马克思主义的立场、观点以及方法来观察形势、分析问题、明辨是非。他思想健康、积极，时刻谨记按照习近平主席所要求的"实现中国梦必须走中国特色社会主义道路"，与时俱进，不断创新，做到与时代同步伐，与祖国共命运，与人民齐奋斗。

勤奋学习知识，做人做事不骄不馁，做一名合格的大学生

　　作为一名学生，他在学习上秉承着"寻真求是，格物致知"的学习态度，做到认真踏实，勤学奋进，专心学习掌握好专业知识，严格要求自己学好各项课程，大一的两个学期在班级里学习成绩名列前茅。他先后考取"全国计算机中级证""电工上岗证""钳工中级证""广州志愿者服务岗位能力（骨干级）证书"。

　　他乐于实践，积极参与各项活动，作为舞蹈爱好者的他主动负责并教练舞蹈《千佛扇舞》参加院"新生文艺汇演"，荣获院二等奖；主动负责电气自动化系"品国学　颂师德"活动中的《弟子规》舞蹈，在参加各项活动工作中他依旧保持优异的成绩，做到学习、活动两不误。

　　在专业课程学习中，他积极主动动手实际操作，在不了解的方面主动请教老师把问题弄懂，不断增强自己的实践动手能力。

　　功夫不负有心人，他在学习上获得了优秀的成绩，在广州建立并担任五羊志愿者服务总队总队长，被评为越秀区"优秀志愿者""优秀领袖者"，担任广州东山口志愿驿站站长，获得广州青年志愿者协会第三届飞扬奖"年度优秀扬扬"奖。

　　在班级中担任班级团支书，他总是积极起到模范带头作用，是一名模范学生干部，为班级联谊活动和百歌颂中华合唱大赛营造欢乐和愉快的氛围，与同学们共同进退，始终组织搞好每一次活动，使自己成为一名合格的班委。

　　他性格开朗活泼，与同学之间关系友好融洽，爱干净，主动清理宿舍卫生，总是义无反顾地解决同学在学习和生活上的困难。谦虚请教其他的同学，同学们也总是十分乐意地与他分享学习以及生活上的收获与体会。

尽职尽责做事，适应能力和组织能力强

　　自担任学生干部以来，他的宗旨始终是坚持全心全意为广大学生服务，他的原则始终是敢于承担、不推卸责任，尽职尽责地去做好每一次的活动，做事要求"想同学之所想，解同学之所难"，自觉主动地成为学生们的校园活动的积极推动者。不断强化自我意识，不断增强自我能力和组织的凝聚

力、战斗力。

在中专实习期间，他工作认真，不怕苦，不怕累，服从安排；在平日里的活动中，任务要求都是严格的，工作也是十分紧迫，他依旧保持着他独有的阳光开朗、积极向上的精神，主动承担，踏实完成。因此，他在工作上不仅增强了自己的责任意识、创新意识和服务意识，而且还增强了自己的组织协调能力，处处以身作则，事事做出表率，做到积极主动，认真负责，开拓创新。他的努力得到了许许多多同学的支持和帮助，也加深了他与同学们之间的友谊。

在广州担任五羊志愿者服务总队总队长与越秀区东山口志愿者驿站站长期间，细心策划各项志愿者活动，分工合作，一如既往地坚持做志愿者，以我志愿我快乐、我志愿，我成长的志愿心态，秉着帮助他人不计报酬服务社会的志愿精神来做事，多次受到各级领导的表扬，并荣获"优秀学生干部""优秀志愿者""优秀领袖者"的称号以及广州青年志愿者协会第三届飞扬奖"年度优秀扬扬"奖。

以顽强的性格，战胜了困难；
以坚定的毅力，迈过所有难关

2013年，对于他来说是不幸的，这一年里，由于身体不舒服，在经过多次检查后，他被确诊患上了现今医学尚无法治愈的疾病，同一年由于病情的恶化以及引发的并发症，开始做多次不同程度的手术，他在这种身患重病的情况下坚持完成学业并以优异的成绩考上了大学；在面对疾病所需的巨额费用，为了不让家里担心，他想尽办法默默承担着大部分费用，面对着越来越差的身体，为了不让大家担心，默默承受着痛苦，如今在积极配合治疗的情况下，身体有所好转。他，以顽强的意志一直与病魔作斗争；他，以开朗活泼的性格面对生活；他，以平常心笑着面对自己。面对大家，诉说着没有过不去的难关，没有迈不过的坎，只要有信心，铁杵磨成针。

陈晓志身上拥有"自尊、自信、自爱、自立、自强"的优良信念。在生活上，他用自己的人格魅力结识小伙伴们，铺实人生的小路；在学习上走出一条属于自己的理想大道；在工作中挥洒自己的汗水，奉献自己的智慧与力量，留下自己炽热无悔的足迹。以及用自己的勤奋学习，诠释了一名优秀大学生的标准；也用自己的实际行动，诠释了一名优秀团员和一名优秀学生干部的标准；也用自己的爱心服务，诠释了一名优秀的志愿者无偿服务具备的标准。他的责任感、他的热情，使他一路前行。他以自己的言行谱写着自己的青春，热情服务着全校同学，用自己无私的精神为建设美好的社会贡献力量，承担了当代大学生应该承担的责任。越来越多的学生干部正积极投身于其中，为广州志愿者的进步贡献着自己的一份无偿的爱心，为广东工贸职业技术学院的发展贡献着自己的一份诚挚力量，记录下自己的一份青春足迹！

事迹简介

陈晓志同学在认真完成学习任务的同时积极投身于志愿服务事业，作为广州五羊志愿者服务总队总队长，积极策划安排各类志愿者活动；担任广州越秀区东山口志愿驿站站长，配合上级安排的各项志愿活动，维护越秀区东山口一带的各项志愿活动与社区活动。于2012年度获得广州青年志愿者协会第三届飞扬奖"年度优秀扬扬"奖；2013年取得广州志愿者服务岗位能力（骨干级）证书。

励志成长成才

从入学初，我就为自己定下了较高的奋斗目标，并且时时刻刻从严要求自己，把生活和学习中的每一个困难都看成是对人生的挑战与成长的机会，为将来成为社会有用的人才、回报社会，打下良好基础。

——周　槟

周槟，男，广东省汕头市人，现就读于广东省华侨职业技术学校2014级平面（2）班，在校期间，该生向学校提交了国家助学金资助的申请。

从入学初，该生就为自己定下了较高的奋斗目标，并且时时刻刻从严要求自己，把生活和学习中的每一个困难都看成是对人生的挑战与成长机会，为将来成为社会有用的人才、回报社会，打下良好基础。

心怀感恩，自强不息

该学生在思想品德上，具有一名共青团员、一名学生干部应有的道德素养，实现了梦寐以求的人生愿望。他心怀感恩，感恩国家、社会给予他的资助与帮助，让他能顺利地完成学业，更善于反哺，时常积极主动帮助其他有困难的同学。社会在发展，对于一个家庭贫困的家庭来说，培养一个孩子拥有一门专业技能也是不容易的，特别对于他这样一位来自农村的学生来说，更有说不完的艰辛，当体察到父母心里的那份担忧挂怀，他更不禁暗自神伤。因此，他更感谢国家和学校对他伸出援助之手，并决心在今后的日子里更加努力，争取取得更优异的成绩。

认真勤奋，积极上进

在学习上，他认真勤奋，力求上进，制定相应的学习计划并采取灵活的学习方法，自觉性强，做到不懂就问，有针对性地选择学习内容，课前预习，课后温习，上课时认真听讲，做好笔记，积极思考并回答老师提出的问题，课后及时完成作业。对学习，他有着一股不服输的劲头，学习成绩也在班上名列前茅。他对自己的中专生活，有着明确的目标，就是好好学习专业技能，学到知识，用行动回报母校，回报国家。因为他一直铭记着，今天的他能好好地生活，安逸地学习，是国家的助学金，使他的家庭能减少经济负担，也是国家和学校对他的帮助才能让他心无牵挂地学习。

投身实践，奉献青春

该学生在校学习期间曾在2015年3—5月先后6次在广东省考试院（涉密工作）进行实践，受到了考试院领导一致好评。2015年3—6月，他还在校招生办协助老师开展招生工作，主要负责接待家长。2014年12月，该学生自愿成为"学校建校35周年庆典"志愿者，自始至终坚持在自己的工作岗位，配合学校做好各项组织筹备工作，受到了各级领导和来宾的好评。2015年6月，他还参加了学校的顶岗实习推介会，率领团委学生会的全体成员协助整个推介会的各项工作。在这些实践中，他学会了与人沟通，保质保量地完成好领导、老师交代的工作。

在班级里，2014年9月该生担任班上的学习委员，帮助老师和同学们做好学习上的事情。一个月后，该生又通过了团委、学生会层层的面试和选拔，成为学校团委学生会的文娱部干事。参加团委学生会工作以来，该生先后担任学生会文娱部部长、团委学生会副主席。该学生自从2015年加入共青团以来，做到了努力学习团章，遵守团章规定，贯彻团章的要求，积极主动参加学校共青团的各项活动。立志要学习好各门专业技能，在以后的人生道路上，无论是在学习中还是在工作中，他过去的努力都是为了准备今天的冲刺。无私地为群众服务，将自己的青春献给所热爱的共产主义事业，努力使自己成为新一代有理想、有道德、有文化、有纪律的接班人，为建设中国特色社会主义奉献出自己的一份力量！

事迹简介

周槟同学在校期间曾在2015年3—5月先后6次在广东省考试院（涉密工作）进行实践，受到了考试院领导一致好评；2015年3—6月，他还在校招生办协助老师开展招生工作，主要负责接待家长；2014年12月，他作为"学校建校35周年庆典"志愿者，自始至终坚守在自己的工作岗位，配合学校做好各项组织筹备工作，受到了各级领导和来宾的好评。2015年6月，他还参加了学校的顶岗实习推介会协助工作，率领团委学生会的全体成员协助好整个推介会的各项工作。

沐浴阳光，励志成长
——争做合格的时代好少年

在林荫路上散步不值得称赞，攀登险峰才有真正的乐趣。

——彭海明

彭海明，男，汉族，1989年出生，陆河县职业技术学校2007级计算机专业学生。他连续两学年综合专业成绩排名第一，2007—2009学年国家奖学金获得者，担任学校学生会主席、班级团支书。

责任，成长

人生中无法抗拒的是成长，成长中无法推卸的是责任。责任是不断前行的动力，是百折不挠的信念，引领我们走向成熟。

在班级中，他自入学以来就一直担任班长，同时担任学生会主席。身为班级主要干部之一，他以身作则，在保证自己学习成绩的同时，经常组织班级的学习互助活动。在完成自己本职任务的基础上，也积极配合老师组织、完善班内的各项活动。这份责任，不但加强了他为同学服务的意识，也锻炼了他在工作中的协调能力及同学之间保持良好沟通的能力。

在宿舍内，他身为寝室长，在寝室的卫生保持、关系处理、文明建设方面也尽了自己的一份力量，营造了和谐的寝室环境及良好的学习氛围。值得一提的是，在他们的共同努力下，其寝室在第一学年获得了"优秀示范寝室"的荣誉称号，第二学年获得"优秀文明寝室"的荣誉称号。

努力，收获

"既然选择了远方，便只顾风雨兼程。"既然选择了这个校园，就努力地收获其中。

中职三年的生活，他孜孜不倦，在专业知识、社会实践及思想修养上都有不小的收获。

在学习上，他一直保持着优秀的成绩，并在过去的两年中多次获得学校奖学金和校级等荣誉称号。

在思想方面，他积极向党组织靠拢，第一个递交入党申请书，按时提交思想汇报，参加党课学习，顺利完成学校党课的学习，在团委推选优秀学生向党组织靠拢时，凭借学习、班级事务和生活三方面的优秀表现，他已经被党组织吸纳成为一名预备党员。

公益，奉献

在做好本职工作的基础上，他还积极参加各项社会活动，2008年，参加学校迎接新生志愿服务活动，帮助老师做好接待新生的各项工作任务。2009年3月，他创立了启航关爱协会，先后组织协会成员向社会募捐善款人民币18356元，自筹资金印刷"崇尚文明'关爱陆河'从我做起"传单3000份，在陆河县城街头和校园派发，倡导民众崇尚文明，关爱陆河。组织协会成员慰问敬老院23次并送上慰问品一批。他的无私奉献，体现了当代中职生的责任感与主人翁意识。

"在林荫路上散步不值得称赞，攀登险峰才有真正的乐趣。"今后的学习、生活道路还很长，他也深知自己的理想与责任，将秉持"乐学善思、勤学苦练、求真务实"的思想，沐浴党恩、沐浴阳光，在学习中不畏艰险，勇攀高峰，立志让自己快乐学习，健康成长，争做时代合格的少年。

事迹简介

彭海明同学积极地参加各项社会活动。2009年3月，他创立了启航关爱协会，先后组织协会成员向社会募捐善款人民币18356元。自筹资金印刷"崇尚文明'关爱陆河'从我做起"传单3000份，在陆河县城街头和校园派发，倡导民众崇尚文明，关爱陆河。组织协会成员慰问敬老院23次并送上慰问品一批。他的无私奉献，体现了当代中职生的责任感与主人翁意识。同时，彭海明同学一直保持着优秀的成绩，也一直担任班长，同时兼任学校学生会主席。

成长成才篇

南方以南，以梦为马

> 背负着沉重的学业和生活压力，我马不停蹄地奔走在追梦和勤工俭学的道路上。我从未退缩，从未抱怨，从未放弃。于我而言，梦想就是动力，自强才会有力量。
>
> ——胡钱江

胡钱江，男，汉族，中共党员，华南农业大学兽医学院动物医学专业2015届毕业生。

世世代代生长于山村的孩子，都期待着通过高考走出山村，去看看外面的世界，胡钱江也不例外。但是当大学录取通知书打破山村的宁静，胡钱江一家却怎么也高兴不起来。高昂的学费对于本不富裕的家庭来说无疑是雪上加霜。幸运的是，正当他一筹莫展的时候，来自国家助学贷款的帮助，让他对大学生活重新燃起了希望。

在国家和社会各界的关爱下，他顺利地进入了大学，但他深知自己不是一个可以随意挥霍青春的人，他必须奋斗，为了自己，也为了那个贫困的家。背负着沉重的学业和生活压力，他马不停蹄地奔走在追梦和勤工俭学的道路上。他从未退缩，从未抱怨，从未放弃。于他而言，梦想就是动力，自强才会有力量。

博观约取，笃学思辨

因为热爱，所以专注。

胡钱江对学习投入了无限的热情。他坚信"学好知识，是提升自我，回馈社会的基础"。在课堂内外，他的付出和努力都要比其他同学多很多。他喜欢读书，一旦遇到一本好书，便不分昼夜，恨不得一口气读完。时常，当他意犹未尽地合上书的时候，才猛然发现已经深夜。正所谓开卷有益，凭着这样孜孜不倦、滴水穿石的学习恒心以及兼收并蓄、融汇百家的学习态度，胡钱江形成了自己独特的学习风格和思考方式。

当然，他也不完全是个书呆子。为了补贴生活所需，也为了增加实践经验，他也做着各种各样的兼职，挤公交、搭地铁、骑自行车，有时候连饭都顾不上吃。他的日程总是安排得如此紧凑，似乎连去洗手间的时间都是提前计算好的。

正是因为永不停歇的拼搏和奋斗，他的成绩一直名列前茅，多次获得国家奖学金、国家励志奖学金、学校一等奖学金、丁颖奖学金等重大奖项以及"三好学生标兵""华农之星"等荣誉称号，并在"第十届中国大学生年度人物评选"中获得入围奖。

执着追梦，扎根科研

修德博学，求实创新。胡钱江对新事物、新知识充满好奇，立志从事科研事业。

从大一起，他就有意识向科研靠近，进入国家兽药残留基准实验室成为一名实验助手。从一开始只是帮助研究生打杂，到后来独自开展实验，再到后来以项目课题主持人的身份参加科技创新，他的成长有目共睹。作为项目负责人，他带领项目组成员一起查阅国内外文献，整理资料，构思创新课题，设计试验方案，整理、分析、总结试验结果。在此过程中，他严丝合缝、事事论证的科研态度以及团队协作的精神得到了导师和同学的认可。在学习和科研的同时，他积极参与学院的学术讲座，了解学科前沿知识，接受学术大师的熏陶。硕大的报告厅里，身为本科生的他显得格外显眼，他的提问也总能赢得全场的喝彩。

当然，不经历风雨，怎能见彩虹，做科研更是这样。他的大学生活中很少有周末和节假日。为了赶实验进度，他可以连续几天不出实验室，熬夜是常有的事，有时索性就睡在了实验室，几张椅子拼在一起，就成了他补充体力的"席梦思"。前段时间，他有幸前往厦门大学实验室交流学习，为了能在有限的时间内学到更多的实验技术，他每天工作到深夜才离开实验室。凭借执着和努力，胡钱江带领团队顺利完成了这个科研项目，在国内外核心期刊发表学术论文4篇，并被保送到上海科技大学攻读硕士学位。

躬行践履，感恩社会

"得益于国家和社会的资助，我才得以进入大学校园，所以我要尽我所能回报社会。"

胡钱江的心中一直描绘着一个美好的愿景：梦想着有一天，人类和动物能够和睦地相处，人类可以尽情地享受环境和大自然带来的恩赐。知行合一，言出必行。他是这样想的，也是这样做的。他尽可能抓住一切可能的机会，向大家宣扬保护环境、善待动物、和谐生活的理念。运用自己所学的知识，向大家推广环保常识。他认为："社会造就了我们，我们应该更多的回馈社会。"

同时，他积极投身于各种公益活动和社会实践，先后参加了广州国际马拉松志愿服务活动、中国进出口贸易博览会志愿服务活动、广州妇幼医院医导志愿服务活动、探访孤儿志愿服务活动、"喘息"照顾——关爱智障儿童志愿服务活动、探访老教职工志愿服务活动，等等。他用爱心和关怀为那些需要帮助的人带来了快乐，积极地增添社会正能量，多次荣获"优秀志愿者""优秀学生干部"等荣誉称号。

追梦宣言

"一个不死心的人，一个心中有梦想的人，不管现在多么卑微，只要坚持，就一定能走出很远的距离！"这是他的追梦宣言。我们有理由相信，在他的爱心、感恩心、责任心的映衬下，在他无限渴望、近乎固执的追逐下，他的梦想定会更加精彩！

事迹简介

胡钱江同学家境贫寒，在国家和社会各界的关爱下顺利进入大学，他刻苦学习，荣获两次国家奖学金、两次学校一等奖学金、两次丁颖奖学金、一次国家励志奖学金等，并荣获"第十届中国大学生年度人物"入围奖；他心怀梦想，热爱科研，带领团队完成3项科研项目，并以第一作者或合作的方式在国内外核心期刊发表学术论文4篇；他热心公益，感恩社会，身体力行，争当楷模，多次获得"优秀志愿者""优秀学生干部""三好学生标兵""华农之星"等称号。纵然同时背负着学业和生活的双重压力，但他始终坚强乐观地奔走在追梦的道路上。于他而言，梦想就是希望，扎根大地就要生长，驰骋天空就要飞翔。

锋锐不失温润，昂扬不乏谦恭

人生路上，虽几多风雨，我依旧几多昂扬。我是一位满怀激情的创业者，是一位勇于开拓的实践者，我用蓬勃的朝气和灵动的智慧，战胜了自己，也改变了别人，每一次山重水复，我总能峰回路转，荡气回肠！

——曾锐祥

广州中医药大学第二临床医学院 2008 级中医学（中西医结合七年制）学生曾锐祥锋锐不失温润，昂扬不乏谦恭！他是广州中医药大学 2013 校园年度人物，年度人物颁奖词中这样描述道："在校内，他埋首书案，多次荣获校奖学金与国家励志奖学金；他是学生会主席，兢兢业业，为学生会工作做出巨大贡献；他积极钻研科研，主持省级科研课题，发表多篇 SCI 论文，SCI 影响因子共计 20.292 分；他是团队体验式培训协会创始人兼会长，更担任培训讲师，首创'公益组织免费、非公益组织收费'的独特盈利模式，在培训领域独领风骚；在校外，他能言善辩，曾两次获得国内大型会议青年辩论赛最佳辩手。"他更谱写耀眼的创业人生，作为顺德苹果摄影公司创始人之一，年营业额 300 多万元，创业初期，遭遇多少无情打击，他却从不气馁，经历多少荆棘坎坷，他仍笑着面对。饮水不忘思源，他再忙也关注社会公益，乐于奉献自我，2010 年他作为支教队队长，带领 10 人团队远赴贵州边远山区乃扒小学支教。

思想端正，积极进取

2008 年 6 月，曾锐祥光荣地成为了一名中国共产党党员，他时刻牢记保持自身党员的先进性，各方面都严于律己，树立了良好的模范先锋作用。作为院学生会主席的他，兢兢业业，开创性地将新闻媒体引进学生活动中，曾组织多次学生活动获得省、市级电视台及报纸传媒的广泛报道，扩大了社会对大学生群体的关注力度，为学生会工作做出了巨大贡献。他用实际行动去诠释着如何保持党员的先进性。

学习成绩优异

出生于贫困家庭的他从来没有抱怨与气馁，他靠着国家的资助及各种兼职，自立自强地谱写了不一样的大学。他工作、学习两不误，学习成绩始终名列前茅，多次荣获校奖学金与国家励志奖学金。工作上，荣获校内外奖项20多项以及"广州中医药大学2013校园年度人物"的称号。大学期间，同时身兼数份兼职，刻苦的他从未伸手向家里要钱。

2014年5月，综合素质优异的他获得研究生导师张敏州教授及实习科室的一致认可，被选派到国内顶尖的心血管病医院——中国医学科学院阜外心血管病医院进修学习1年，发表SCI论文4篇（第一作者2篇），总影响因子总积分20.292分（第一作者10.146分），完稿的3篇（第一作者2篇）论文在投SCI源期刊。学成归来后，多次在校内及医院发表大型演讲，他期望能把自己所学到的分享给更多的人。

乐于助人，甘于奉献

他曾说，"再忙也不能忘记自己是社会人，再忙也要关注社会公益"。他曾是广州亚运会的一名志愿者，也曾经多次参加社区义诊。2010年，他作为支教队队长，带领10人团队远赴贵州边远山区乃扒小学支教，他们背着社会捐赠的书籍、手套及袜子，坐近30个小时的车，走近5小时的山路，给山区孩子带去了温暖与知识。山区缺水、缺食物的生活并没有把他吓退，他笑言："最苦的是10多天不能洗澡，但是能给孩子们带去快乐与知识，一切都值得！我一定还会再去！"

谱写耀眼的创业人生

曾锐祥，校内声名鹊起的创业达人。它是公益营利性社团团队体验式培训协会创始人兼会长，担任培训讲师，至今培训人次达3000人，团协开创了"公益组织免费、非公益收费"等独特的营销模式，至今营销额近4万元，他经常自豪地说："协会能自给自足的同时，还能做公益，这是我做的最骄傲的事情。"至今，培训的学校有广中医、广外、中大、广商、广金和南医大等，风靡广东各大高校，也参与了南方航空、省检疫局、南方医院和省中医院等知名企业的培训工作。

他同样作为顺德苹果摄影公司创始人之一，担任营销总监，年营业额达300多万元。创业初期，遭遇多少无情打击，他却从不气馁，经历多少荆棘坎坷，他仍笑着面对，谱写传奇的创业人生。创业再苦，也不忘公益，作为公司营销总监，曾联合媒体策划"金银银婚婚纱照免费拍"的大型公益活动，号召年轻人关注父母。

立志成医，梦想成真

曾锐祥从小有一个梦想，那就是当一名救死扶伤的医生。寒窗十几载，他从未言过放弃。如今即将毕业的他，已经顺利签约广东省中医院，即将成为一名重症心血管的医生。未来漫漫的从医路，有足够的理由相信他会是一名优秀的医生！

他是一位满怀激情的创业者，是一位勇于开拓的实践者，他用蓬勃的朝气和灵动的智慧，战胜了自己，也改变了别人，每一次山重水复，他总能峰回路转，荡气回肠！

事迹简介

曾锐祥同学获得"广州中医药大学2013校园年度人物"的称号，在校内，他埋首书案，多次荣获校奖学金与国家励志奖学金；他是学生会主席，兢兢业业，为学生会工作做出巨大贡献；他积极钻研科研，主持省级科研课题，发表多篇SCI论文，SCI影响因子共计20.292分；他是团队体验式培训协会创始人兼会长，更担任培训讲师，首创"公益组织免费、非公益组织收费"的独特盈利模式，在培训领域独领风骚；在校外，他能言善辩，曾两次获得国内大型会议青年辩论赛最佳辩手；他更谱写耀眼的创业人生，作为顺德苹果摄影公司创始人之一，年营业额300多万元，创业初期，遭遇多少无情打击，他却从不气馁，经历多少荆棘坎坷，他仍笑着面对。饮水不忘思源，他再忙也关注社会公益，乐于奉献自我；2010年他作为支教队队长，带领10人团队远赴贵州边远山区乃扒小学支教。

怀感恩之心，走公益之路

借得大江千斛水，不忘爱心馈他人。

——黄孝陈

黄孝陈，男，华南师范大学经济与管理学院2012级学生，现任新长城华南师范大学自强社大学城校区社长、学生工作处学生助理。自入学以来，他秉承"怀感恩之心，走公益之路，锻自强之才"的理念，以追求卓越为目标，助人为乐、自立自强、积极进取，在志愿服务、社会实践、学习成绩、学生工作等方面取得喜人的成绩。现将其主要事迹汇报如下。

出身寒门，穷且益坚

他自幼父母双亡，一路走来，历尽坎坷。但他并没有被这些苦难击倒，相反幼时艰苦的生活使他养成了吃苦耐劳的生活作风，铸就了他独立自强的性格。他坚信"知识改变命运"，一直以来努力学习，取得了优异的成绩，并于2012年考上华南师范大学，但因家境贫寒而不知所措。村中长辈知道后，纷纷劝说他不要放弃大学梦想，一位80多岁的长辈在村中发起募捐，并不富裕的村人纷纷慷慨解囊。他的励志事迹也先后被《羊城晚报》《湛江日报》等知名媒体报道。除此之外，一些素不相识的社会热心人士竟然从各地开车前来鼓励他，让他有了直面挫折的勇气，亲身感受了只有在电视上才会出现的一幕。所以，他在内心深处一直提醒自己铭记与感恩，绝不辜负大家的支持。

心怀感恩，回报社会

怀着对社会的感恩和对未来的憧憬，他幸运地来到华南师范大学。在这里，他加入学校公益组织自强社，参加各种公益活动，用自己微薄的力量奉献爱心，以实际行动回报社会。

2012年11月至12月期间，他参加由中国扶贫基金会发起的爱心包裹公益活动，每周末他都作为队长带领十几名志愿者前往广州各大邮局进行募捐。到目前为止，他已连续参加4期劝募活动，成功募集善款2000元，每期均被评为"一星级善行100优秀志愿者"。在校内，他也积极投身于各种志愿服务活动，参加了无偿献血、80周年校庆、迎新等志愿活动，尽微薄之力去服务同学。

2014年暑假，他担任队长带领23名队员重回清远市连山壮族瑶族自治县加田中学开展三下乡活动。他们在这个少数民族聚居地建立暑期实践基地，关注当地教育，实现长期交流合作。同时，他们在这里进行高校助学贷款的宣传，使村民、学生了解到当地学生考上大学后每年可获10000元资助，极大地鼓舞当地学生的求学热情。由于表现出色，队伍先后被评为学校"重点资助团队""优秀团队"等。

在学业繁忙的大三，他选择竞选自强社校区社长，将公益进行到底。2014年10月9日，他作为华南师范大学爱心包裹劝募活动总负责人受邀前往北京参加中国扶贫基金会举办的"温暖行动高校培训会"。会议期间，他随团队进入北京大学开展劝募活动，宣传人人可公益的理念。培训回校后，他带领团队组织了900多名志愿者开展劝募活动，募得善款79200元，一对一帮助601名贫困山区学子。在整个活动中，共有31名同学被中国扶贫基金会授予"一星级善行100优秀志愿者"的称号。在校内，他倡导开展爱心宿舍、爱心储钱罐、绿色回收活动，招募到400多间爱心宿舍，最终募集善款2800多元，这些都将用于帮助校内遇到重大困难的学生。

他这种"借得大江千斛水，不忘爱心馈他人"的感恩、公益态度，出色的工作，得到老师、同学的高度肯定。在2014年华南师范大学勋章志愿者评选中，他获评"木棉勋章志愿者"。但更让他欣慰的是在奉献爱心的过程中，他不仅完成了从受助者到助人者的转变，也让团队里的成员得到成长，让许多贫困学子得到帮助，很好地回报社会。

追求优秀，成效卓著

在公益道路上挥洒汗水的同时，他也在其他方面努力地追求优秀。在学业上，他努力学习，成绩优秀，连续两年获得国家励志奖学金、学年评优奖学金、新东方自强奖学金等。在社团工作中，他积极组织策划社团活动，工作得到同学们的认可，深得社团成员拥护，先后获评"优秀学生社团干部""学生社团活动积极分子"。在学生工作上，他担任学生工作处助理，负责协助老师处理大学城校区的各项奖助学金、国家贷款材料的审核、学生学籍档案的交接等工作，认真负责的工作态度获得老师的赞赏。在生活上，他更是自立自强，通过勤工俭学等各种兼职收入为自己和妹妹提供生活费。因在学生、社团工作中表现突出、成效卓著，学习成绩优异，他在2015年被校团委推荐为"广东省优秀学生干部"。

风雨兼程，砥砺前行

在共青团中央、全国学联发起的2014年中国大学生自强之星评选活动中，他从全国各大高校1万多名参选者中脱颖而出，荣获"中国大学生自强之星提名奖"。这或许是他这两年感恩、公益、自强生活的真实写照。

从进入大学前的满腹担忧至今天的自给自足、自信自强；从一个受助生转变为公益践行者，通过自身的努力帮助他人；他这3年的大学生活就是这样充实而有意义地度过的。这条虽艰辛但又充实的感恩、公益、自强之路，他将一如既往地走下去。

事迹简介

黄孝陈同学自幼父母双亡，一路走来，历尽坎坷。但他并没有被苦难击倒，而是自立自强，刻苦学习，成绩优秀，连续两年获得国家励志奖学金、学年评优奖学金、新东方自强奖学金等；在社团工作中，他认真负责，深得社团成员拥护，先后获评"优秀学生社团干部""学生社团活动积极分子"；热心公益，积极参与志愿活动，多次发起募捐活动帮助他人，并获得"中国大学生自强之星提名奖"以及"木棉勋章志愿者"的称号。

天行健，君子以自强不息

"踏踏实实做好手边的事，努力让梦想照进现实。"这是我在新老生交流会上给师弟师妹们的寄语，我是这样说的，也是这样做的。

——张恒亮

张恒亮，男，中共党员，广东清远人，华南师范大学体育科学学院2013级体育教育专业学生。

他是一个普通的体育生，但却有着不一样的人生故事。

寒门学子，穷且益坚

2008年，对张恒亮来说是极其不幸的一年。4月份，叔公患脑癌去世；10月份，父亲因酗酒过度突然离世；12月，在父亲去世未满百日之时，爷爷又郁郁而终。短短几个月内，他先后遭受了3次常人难以承受的打击，之前为家人治疗所欠下的6万多元医疗费更是使原本就不富裕的家庭几乎陷进了贫困的绝境。可是，家庭的变故并没让他选择逃避，那年的春节，他当着妈妈的面给每一个曾经在他最困难的时候借钱给他家渡过难关的亲朋好友打电话送上春节祝福，并说："谢谢您在我们家最困难的时候给予我们帮助，我一定会好好读书，好好工作，争取尽快把债务还清，并好好报答您的恩情！"据了解，张恒亮早在小学四年级的时候就接下了他人生里的第一份兼职——派传单。父亲去世后，他开始更频繁地利用课余时间外出兼职，从高中到现在，他曾做过游泳教练、商业活动主持人、足球联赛工作人员、网络广告演员、省田径锦标赛裁判等兼职。

在校内，他也积极参加勤工助学活动，先后从事院学工办助理和校党委组织部助理等岗位的工作。经过几年的辛勤努力，他不仅解决了自己的学费和生活费问题，而且还帮助家庭偿还了近万元的债务，兑现了自己当初对亲友们许下的承诺。自强不息，让这位寒门学子走出了生活的泥潭。

诚心向党，热心公益

成为一名中国共产党党员，是张恒亮从小就有的梦想。他说："我小时候家里特别穷，有时连米饭都吃不上，还好后来国家的一系列资助政策帮助我们家解决了温饱问题，让我有了上大学的机会。是党和国家帮助我渡过了最困难的时期，我希望等我有了能力之后也可以去帮助更多在生活上比我还要困难的人。"他是这么想的，也是这么做的。

还在读高二，他就向党组织递交了入党申请书，坚定了一辈子跟党走的信念，高考前夕光荣地成为了中国共产党预备党员。来到大学里，给了他一片可以实现青春梦想的天空。他一进校，就开始参加各种的学生组织，担任各类学生组织的负责人和组织者。在同学们的眼中，他是一个永远不知疲倦的人，他总是充满精力地活跃在各种社会公益实践中。入校以来，先后担任年级团总支书记、学院团委委员、学院学工办助理、校党委组织部助理、校青年马克思主义者培训学校副班长、华南师范大学学生党员第六期卓越班党总支书记、广州市泰安中学团委副书记（挂职），等等。他把每一次的工作机会都当作人生的重大锻炼，在工作上总是勤恳热情、细致耐心。正因为如此，在老师和同学们眼中，这是一个靠得住、能做事的人。

对于长期参加兼职工作所得的工资，张恒亮一方面用来缴纳学费和生活费以及偿还家庭债务，另一方面他还把工资和奖助学金用在了参加公益活动上面。早在2008年汶川大地震发生时，刚上初二的他就把自己周末派传单所赚的100多元全数捐给了灾区民众。另外，在上大学前，他曾组织学生会的同学不定期地到城区养老院探望孤寡老人；上大学后，在家乡的时间少了，但他仍坚持每年暑假跟随香港的义工团队到清远的贫困山区探访农村五保户，去年6月，她还通过台湾慈济慈善事业基金会为非洲受饥荒困扰的灾民捐了善款。这是一个贫寒家庭的学子，却有着一颗金子般的心。

刻苦训练，努力学习，一路向前

即使平日要奔走在勤工俭学和社会公益工作的路上，但张恒亮却从未把学业落下。

在学习上，他时刻恪守"诚信做人，诚心学习，诚实考试"的个人准则。他来自清远,以优异的体育高考成绩考入华南师范大学体育科学学院,成为了村里的第一个大学生。进入大学后,他也没有放慢学习与训练的脚步,总是抓紧一切时间学习,并坚持专业体育项目训练,累却很充实。2014年,他获得了全班第一、年级第二的好成绩;在跑道上,作为一名运动员,诚信参赛,在竞技精英众多的体科院运动会上,获得了男子跳远第四名的好佳绩;作为在省锦标赛、大运会、体育中考等裁判组织工作人员,他诚信仲裁,公正公平。

由于工作认真,学习刻苦,张恒亮先后获得国家励志奖学金、勤工助学之星奖金和学校二等奖学金,还在去年考取学校创业基金赴新加坡南洋理工大学进行公费交流学习,并率队(队内还有华中师范大学、宁波工程学院的学生)夺得了由南洋理工大学颁发的"最佳商业计划奖",为学校赢得了荣誉。2014年,张恒亮被评为"广东省向上向善好青年"。学校党委书记胡社军特别邀请他担任本科生思政课的嘉宾。2015年5月,他负责组织的"青网计划"工作坊还受到了省委书记胡春华和省教育厅厅长罗伟其等省领导的关注。

天行健,君子以自强不息。张恒亮用自己的实际行动诠释了这句古语。尽管人生的路上充满荆棘,我们希望他风雨兼程,不忘初心。

事迹简介

张恒亮同学家庭贫困,自小就开始做兼职以减轻家中经济负担。他在校先后担任学院办公室和学校党委组织部学生助理,在外参加过商业活动主持人、网络广告演员、游泳教练等兼职工作,而且还积极参加到社会公益活动中,每年暑假跟随香港义工到乡镇探访农村五保户,并在去年6月通过台湾慈济慈善事业基金会给非洲受饥荒灾害的民众捐了善款。他学习刻苦,考得了年级第二、班级第一的好成绩,获得国家励志奖学金、学校二等奖学金以及"广东省向上向善好青年""优秀团员标兵""勤工助学之星""优秀团支书"等称号。他还受学校党委书记胡社军邀请担任本科生思政课嘉宾,先后考取新加坡南洋理工大学和台湾师范大学的交换交流项目,率队在新加坡获得"最佳商业计划奖"。在今年省领导赴华师调研活动中,他负责的"青网计划"工作坊还受到了省委书记胡春华和省教育厅厅长罗伟其等省领导的慰问指导。

感恩，存鹰之心于高远

> 大学培养两种人，一种是推进社会进步的牛人，一种是拖累社会进步的废人。如果你觉得自己处于中间，那么你已经在向废人靠拢了。
>
> ——邱雯霞

邱雯霞，女，汉族，中共党员，广东外语外贸大学商学院工商管理专业 2011 级学生。她虽出身低保家庭，但志存高远，积极参加社会活动。曾任广东外语外贸大学云山学生勤工助学党支部书记、常务董事、2011 级工管党支部书记。2011 年 10 月加入广外云山学生勤工助学，先后参与 20 个经济实体统筹管理，并前后参与组织新生探访、企业参观、"善行 100" 爱心包裹劝募活动、暑期"三下乡"社会实践活动等，志愿时累计接近 200 个小时。曾连续多年荣获国家奖学金、国家励志奖学金、院级综合三等奖学金，获得"三好学生标兵""三好学生""优秀党员""社会工作积极分子""勤工年度创业实践优秀干部"等荣誉称号；2015 年 6 月荣获广东外语外贸大学优秀大学生奖章。

存鹰之心于高远

据说翱翔蓝天的雄鹰是无法平地起飞的，当一只鹰不得已而落地时，它甚至要以爬行的姿态去为自己寻得一个制高点，而不断地向那颗高远的心前进……刚上大学的时候，雯霞的父亲长期患病，早已经让这个本不富裕的家庭负债累累。出于对大学梦的憧憬，雯霞和她的哥哥弟弟仍一起咬牙坚持到阴暗的小工厂里打暑期工去赚取那宝贵的学费。然而，天有不测风云，奶奶的突然离世让他们本已宝贵的学费化为乌有。没有交学杂费，没有父亲康复的舒心，每天不足 10 元的伙食费……雯霞就这样开始了自己既期待又有压力的大学。父母不想给孩子留下遗憾，只能用更多的艰辛来支撑一个低保家庭 3 个孩子的生活费，然而学费的限期已经让学院勤俭部注意到雯霞辍学的可能。但在这种艰苦的条件下,雯霞更是不断地努力,因为她知道只有坚持下来才会有希望。这时国家助学金的好消息犹如冬日里的一缕暖阳,给她们带来了很大的希望和动力,她衷心感谢国家的恩泽,使她有了可以继续专心追寻梦想的可能,让她更加地明确自己身上肩负了祖国的深切期望。为了将这份感恩传递下去,雯霞于2011年10月加入广东外语外贸大学云山学生勤工助学和学院党建研究会,期待通过学校勤工志愿服务平台和党建平台,用实际行动回报学校和一直给予她帮助的人们,服务师生,奉献自我。她知道自己就要做到最好。

如果没有那份国家助学金,雯霞可能早已辍学,也就不会有今天绚烂多彩的她。特别是后来,父亲的骤然离世,培养3个大学生的重担都落在有着心脏病的老母亲身上,但她们仍不放弃,省吃俭用,互相鼓励,坚持着自己的理想以及对父母的承诺,因为她坚信在祖国的关怀下有梦想就有希望,有心就能够飞翔于高远的蓝天。虽然是一名贫困生,却不以"贫困生"作为阻碍自己的标签,反而迎难而上,勤工俭学,正确面对来自各方的困难和压力,不仅努力学习各方面的知识,学习成绩名列前茅,而且不断提高自己的综合素质,力争上游,成为了勤工助学团队职务最高的常务董事。

取鹰之志而凌云

"党员就是别人需要自己的时候能够站得出来、别人不需要自己的时候能够看得出来的人"——邱雯霞对党员的定义,而她也出色地做到了。2013年5月,邱雯霞以两年丰富的社团经历成功竞选为广东外语外贸大学云山学生勤工助学常务董事。同年10月,雯霞经民主选举,当选为广东外语外贸大学云山学生勤工助学党支部书记,并兼任学院2011级工管党支部书记。在职期间,她不仅在两个支部和社团中厉行改革,创新制度,激活成员活力,而且还积极对外牵线社会公益组织——广州穗星社会工作服务中心,联合五大高校党支部一起将公益事业进行到底,感染他人,奉献你我。大学以来,她先后参加了两次暑期"三下乡"社会时间活动、校级新生探访活动、2013级新生班导计划、JA广外大学生志愿者、广交会志愿者、黄船社区公益、"善行100"爱心劝募活动、勤工十周年等大型社会服务活动,累计接近200个志愿时。

2014年,邱雯霞被评为2014年度"广东外语外贸大学优秀党员",其支部更是以第一名的成绩获得"优秀姐妹党支部""优秀基层党组织"等先进称号。在邱雯霞在任期间，党支部承办了学院"第二课堂"的活动，组织社会企业参观，活动参与人数超过 200 人次。在社会实践工作方面，邱雯霞连续 3 年投入云山学生勤工助学工作中，热心于服务师生的事业，并多次获得年度"创业实践优秀干部"等荣誉称号。她就犹如一只终于站在自己想要的制高点上的雄鹰，只要借一阵清风，她便成为我们所熟悉的那个天之骄子，一往无前。

习鹰之性以涉险

"大学培养两种人，一种是推进社会进步的牛人，一种是拖累社会进步的废人。如果你觉得自己处于中间，那么你已经在向废人靠拢了。"邱雯霞这样坦言。归于平庸并不是她回报祖国的生活方式，趁着年轻，就应该尝试挑战各种不同的东西，热爱自己所热爱的生活。

大学的邱雯霞喜欢沉醉于专业知识学习，4 年没有落下 1 堂课；她似乎更喜欢于尝试和体验实践的魅力，常常颇有心思地把上课的心得挑战性地应用到身边的勤工工作和党支部组织上，虽有风险但她却不怕挑战。2013 年 9 月，课题"高校学生社团党建模式研究——以广外云山勤工党支部为例"获得省级大学生创新创业计划训练项目优秀结项。课题"广州市大学生消费者对 B2C 网购商城的忠诚度探究——以天猫商城为例"获得大学生创新计划训练项目省级立项、校级"经管之星"调研大赛季军；2014 年 11 月，核心期刊《科技创业月刊》以"B2C 网购环境下的顾客满意度与顾客忠诚度"为题刊登了她们的研究成果。

或许想成功取得一个尽可能高的制高点，需要历经太多的坎坷和"不敢"，但对于一只真正的鹰来说，磨练是通向成功的必经途径。对于出身低保的她来说，除了自强，没有任何东西可以成为她停止成长和飞翔的借口。她果敢地组队参加佛山南海区"调研南海"暑期大学生实践计划，并取得了区级三等奖；组织支部成员苦练英语，以学校代表队的身份参加第二届国际青年创新大赛以及毕马威第十一届企业文化案例分析大赛，并获得"全国十强""华南区季军"和"全国优胜奖"等优异成绩。即使到了大四，她仍保持着一颗不断汲取新鲜知识的好奇心，面对毕业课题，她果断放弃她娴熟的专业课题，反而果断地选择她并不熟悉的金融课题。经过 3 个月的研究，最后她以独特的分析角度、认真的科研态度写出了一篇属于她自己的3万多字的金融毕业论文，并获得师生一致认可的"优秀毕业论文"的优异成绩。

或许对于很多人来说，邱雯霞的做法很奇葩，但雯霞明白，在祖国的关怀下，每个人有机会来实现自己的价值，感恩祖国，努力成就自我，青春一定会闪光。就犹如雄鹰，飞得更高不是为了躲避危险，只是为了看得更远，因为只有敢于涉险，才能拥抱蓝天。

融鹰之精神在山巅

大学4年，邱雯霞从来没有停止她不断前进的脚步，不仅学生和党务工作优秀，并且在学习上连续4年以优异的成绩获得国家奖学金、国家励志奖学金、校级综合奖学金三等奖、社会工作优秀奖学金以及"三好学生标兵""社会工作积极分子"的称号。同时，邱雯霞非常热爱生活，大一时就参加辩论队、铱闪天文社等兴趣社团，并在文体上，连续两年获得院运会女子标枪第三名和第一名等优秀成绩，多次代表院队参加校运会，获得院级党建首届红色摄影大赛三等奖、广东省首届"国家资助 助我成长"主题征文二等奖兼院级优秀奖等优秀成绩。她全面发展，努力树立先锋模范作用。

从一个普通的低保生一步一步地走向山巅，只是为了让更多的人从她身上看到飞翔的可能。因为她觉得祖国的关怀应该辐射到身边的每一个人身上，只有这样才能对得起自己的使命感，对得住自己用心走过的青春。正如雄鹰的精神不在于傲，而在于进取。其实生活中的压力到处都有，关键在于个人怎么看待自身的价值和作用。很多人都会觉得"受助"是个难以启齿的标签，但是它却是不断鞭策雯霞奋进，起跑线落后了可以追上，心态平等了，其实大家都一样！

她认为："在祖国的关怀下，除了感恩，更应该是专注于自己如何的努力和无悔，拼命让自己去配上自己所得到的；过程或许会有遗憾，但绝不令人后悔；感谢祖国的温暖怀抱，感谢心中的那份真诚与热爱。"

事迹简介

邱雯霞同学常怀感恩之心，立足平凡，追求卓越，很好地体现了优秀学生党员的骨干、模范和桥梁作用，作为主要学生骨干，带领同学在思想修养、钻研学业和专业实践探索、勤工助学和志愿服务等社会实践方面都取得了令人瞩目的成绩；实践方面：获得了广外云山勤工年度"创业实践优秀干部"、院级三下乡"优秀个人"、"自强之星"等荣誉称号以及省级首届"国家资助 助我成长"主题征文二等奖兼院级优秀奖；文体方面：曾获商学院运动会女子标枪冠军。

追梦,永不止步

我不能被击垮,我要坚强,我要勇敢面对生活中的不幸,我要努力,用我的汗水改变生活的不公。

——陈文芳

陈文芳,汕头大学医学院2011级本硕连读专业学生,高中时期就光荣地加入中国共产党,目前担任汕头大学医学院2011级第一党支部副书记。文芳出生于广东揭阳市普宁占陇镇占陈村的一户普通家庭,民风古朴的潮汕大地赋予了她踏实淳朴的性格,也培养了她自信自强的优秀品质。

千磨万击还坚劲,任尔东西南北风

文芳原本有一个温馨的家,父亲和母亲一起用勤劳的双手操持全家。虽然家庭经济条件并不宽裕,但父母从不妄自菲薄,他们秉承着自尊自立的信念教导、鞭策着家里的几个小孩,让他们昂首挺胸,自信自强地向着未来前进!然而,生活总不可能一帆风顺,母亲的一次体检结果,如晴天霹雳般打破了家中的宁静,残酷的病魔一点点吞噬着母亲的身体,也摧残着全家人的心,每次看到母亲痛得满头大汗的时候,她心里特别害怕,她怕看到母亲那强忍着病痛却又日益委顿的憔悴……但是,现实告诉文芳,她要坚强,要照顾好母亲,要做一个让母亲放心的好孩子!她永远都不会忘记那一晚晚守护在母亲身边的情形;由于病痛,母亲痛得翻来覆去紧紧咬住牙根,豆大的汗滴在母亲额头上渗出,可母亲依然坚强地不吭一声,弟弟默默地依偎在母亲身边,眼中噙着泪花。父亲还要为母亲的医疗费,为了这个家在外打拼,那一个瞬间,她是多么希望能将母亲的病痛全部转移到自己的身上,哪怕只为母亲减轻些许的痛苦,她愿意付出她的所有……可她却只能强忍内心的伤悲,还要坚强地露出笑容,为母亲擦去额头上的汗水,陪母亲说说话,给母亲带来希望,带来慰藉。每天晚上,守着病床上的母亲,看着被疾病折磨得憔悴不堪的母亲,泪水总是不经意间夺眶而出,为了不让母亲发现,她常常跑到厕所角落里痛哭，哭过之后，她暗暗告诉自己："我不能被击垮，我要坚强，我要勇敢面对生活中的不幸，我要努力，用我的汗水改变生活的不公。"

高考前夕，文芳一边帮母亲擦身洗脚按摩，拿着棉枝蘸水放到母亲唇边，照顾母亲，一边紧张地复习，多少次，趴在母亲的病床边睡着了⋯⋯最后，凭着自己的一番努力和家人的支持，文芳顺利地考上了自己理想中的大学！

大学以后，文芳不能每天陪在母亲身边，母亲总告诉文芳，不要总是挂念家里，要安心读书。大二的时候，母亲最终还是离世了，一下子把文芳的生活拉到低谷。她曾经悲伤，曾经流泪，但母亲生前的谆谆教诲总是浮现在她眼前，叫她振作。后来，在家人的关抚下，在绝望中，她依旧选择了坚强，要好好地活下去，不能让家人再受打击，很快，她平复好了自己的心情，调整好了自己的心态。越是在这个时候，越是不能在困难面前低头，"自立自强"这四个字，时时鼓励着文芳，让她向着未知的前方进发。为了减轻家里的负担，她假期到深圳打工挣钱，在校参加"勤工俭学"并且努力学习获得奖学金⋯⋯身边的同学都问她为什么这么拼，然而她自己知道，只有努力让自己更加独立坚强，才能不让年迈的父亲为其担忧。

乘着青春的浪花，绽放自己的光亮

做一个好医生一直是文芳心中的梦想。在医院陪着母亲的时候，她看到了好多和母亲一样被病魔缠身的叔叔阿姨，她那幼小的心灵一直沉淀着，好想为他们做点什么，哪怕是陪陪他们，聊聊天，让他们过得开心一点！就像那个明明已经下班仍不忘过来慰问一下她母亲的医生，那个时候，文芳从内心热爱和钦佩医生这个职业，她渴望做一个医德医术兼优的好医生，永远践行"to cure sometimes, to relieve often, to comfort always"的誓言。

因母亲的辞世，生命的脆弱时刻敲击着她，她暗暗发誓，她要尽自己最大的努力，扩展生命的宽度！于是，她积极参加各种义工活动——她加入汕头大学萤火虫义工队，积极参加义工队所举办乌桥和安居工程孤寡老人的探访活动，总共探访6个对象，短短一年内，利用周末的时间出去探访，服务时数累计约70小时，每当她们在小小的厨房里帮麦伯洗碗整理剩饭剩菜时，麦伯总会在一旁拉琴⋯⋯她们陪着吴阿姨一起吃饭，让吴阿姨重新找回家的温暖⋯⋯她也因此获得了"优秀义工"的称号；她喜欢手语，喜欢为小朋友传播手语知识,第一次受邀出去义教的时候,小朋友争先恐后地举手回答问题,那个时候,文芳对自己说,以后做了医生,她一定要经常去聋哑学校或者贫困地区义教帮忙;她还参加了由汕头大学医学院肿瘤医院与香港新声会共同举办的"助潮汕无喉者发声"的大型志愿服务活动,加上香港过来的无喉志愿者约百人,他们说不了话,只能用纸用笔写,当一个老伯用喉器发出一个音的时候,他流泪了,好久好久,用笔颤抖地在纸上写上了"谢谢"两个字,老伯,其实她也很感谢您,有句话说"奇迹是在奋斗中存在",此刻,她能够如此坦然面对自己生病,是你们,让她坚信了"梅花香自苦寒来"!

秉着做一名尽心的公益人的信念,她毅然加入"李嘉诚基金会汕头大学医学院第一附属医院宁养院"的宁养义工队,上门探访服务贫困晚期癌症患者和丧亲子女,带去社会以及当代大学生的关爱和温暖。目前正在服务的有2个贫困晚期癌症患者,她每周末坚持上门进行探访,陪伴患者进行心理疏导,缓解患病压力,协助回顾生命意义,建立积极的自我认知,在人生的最后一程能够努力活到最好,活到最后;并对丧亲子女进行学习辅导,以榜样去带动他们,帮助他们走出丧亲的哀伤,重展生活笑颜;2013—2014年寒假,她积极参加由广东11所高校医学生自发举办的"情系普宁"的大型兰曦义诊服务活动,那些日子,他们住在低矮的教室里,朝出暮归,而每天最让他们开心地莫过于自己帮助了多少人,为多少人测量了血压,为多少人拔罐针灸,为多少人宣传了健康知识……由于表现突出,文芳还荣获了"广东省优秀大学生志愿者"的称号!

此外,大一到大三她积极参加院内的招新志愿工作,出色完成工作,被评为"优秀招生志愿者",在大家对她的责任感和认真工作态度的认可下,文芳连续两年被聘为汕头大学医学院大学生医德医风宣传队队员;今年,在学习繁重的情况下,她和她的小伙伴仍不顾烈日炎炎以志愿者的身份加入了汕头市的"创卫"活动中,戴上口罩,手拿毛刷,一点一点地清除牛皮癣,阳光下,她们的笑容是灿烂的……文芳的梦,因她的坚持不懈而如此美丽!

大学生活,因她"特别"

从慎重地在高考志愿表上写下临床医学专业的那刻开始,文芳就告诉自己:即使前路漫漫,布满荆棘,她也要勇往直前。在大学里,她在学习上总是奋发图强,不断向前,为了学习常常废寝忘食,早早起床到天台练口语,睡前记单词，忙完社团活动就去图书馆学习……她深知，"驾驭命运的舵是奋斗"，只有打好专业基础，才能向做一名医术精湛的好医生的梦想迈进，才能挽留更多的生命，奉献自己的热。终于，皇天不负有心人，她在大一、大二年度分别获得了 2011—2012 年度学院二等奖学金、2013—2014 年度学院三等奖学金，并且连续两年获得国家励志奖学金，这些荣誉，在给予她肯定的同时，也时时激励着她那颗向梦想进发的心。

她非常热衷于科研——当她了解到潮汕地区农村儿童自行车伤害发生率在逐年增长时，她投入到 2012 年广东省大学生创新训练项目中，和队友一起研究讨论，最后她们的课题"基于 Haddon 模型研究农村儿童自行车伤害发生的影响因素"取得优异成绩，在《伤害医学》2012 年第 4 期成功发表文章《青少年自行车伤害流行病学研究进展》，并于 2013 年 12 月顺利结题。2014 年 7 月，有幸代表课题小组参加第八届广东大中专学生科技学术节之第一届广东大中专学生预防医学实验技能大赛创新实验竞赛，荣获二等奖。目前，她正积极投入另一国家级大学生创新创业训练计划项目"致命室性快速心律失常能量代谢相关研究"中，希望能够取得满意的结果，为法医学鉴定工作贡献一份力量。

在大学，她积极参加学院、学校的各项活动，表现积极，努力向"德、智、体、美、劳"全面发展。作为班干部，她热心班集体凝聚力建设，与同学们在生活、学习上互帮互助，共同进步；积极于班集体的荣誉建设，与同学们共同努力，出谋划策，多次助班级在大型文娱比赛中取得优秀成绩，如羽毛球班赛冠军、班级歌唱比赛冠军、"青春班级"冠军……在大二这一年中，她可亲、可敬、可信、可学的形象得到了大家的一致肯定，最终被评为"优秀班干部"。除此之外，她还担任学院社团的负责人——2012—2013 年度担任医学院学生会秘书部副部长，2013—2014 年度担任手语协会副会长。慢慢地，她也亲身体会到了，即使是贫困生，也可以拥有自己精彩的大学生活。

3 年的大学生活，她在不断地成长，争做有骨有志有为之青年！她坚信：天行健，君子当自强不息。前路漫漫，她要将自立自强的种子，随时播种在自己的人生道路上，让它随时开花，随地结果，定要将这漫漫的一径长途点缀得香花弥漫，让自己的人生闪烁璀璨的光芒，让更多的人也加入自强的队伍中来。

事迹简介

陈文芳虽然家境贫寒，但是一直自立自强，刻苦学习，成绩优秀，在大

一、大二年度分别获得了 2011—2012 年度学院二等奖学金、2013—2014 年度学院三等奖学金，并且连续两年获得国家励志奖学金；热衷于科研，她的广东省大学生创新训练项目课题"基于 Haddon 模型研究农村儿童自行车伤害发生的影响因素"取得优异成绩，在《伤害医学》2012 年第 4 期成功发表文章《青少年自行车伤害流行病学研究进展》，也在第一届广东大中专学生预防医学实验技能大赛创新实验竞赛荣获二等奖，目前她正积极投入另一个国家级广东省大学生创新创业训练计划项目"致命室性快速心律失常能量代谢相关研究"中；同时热心公益，积极参与各项志愿服务，获得"优秀义工""广东省优秀大学生志愿者""优秀招生志愿者"等荣誉称号；工作认真负责，目前担任汕头大学医学院 2011 级第一党支部副书记，曾获得"优秀班干部"的称号。

蒲公英人生,他的医学梦

  蒲公英象征着自由、清纯、坚强。不管前面的路有多坎坷,它总能借助风挺过来;不管落在哪种环境,它都能凭借顽强的生命力生根发芽;一旦选定了方向,它便始终不渝地沿着那个方向奋斗。

——邱世锋

  "蒲公英象征着自由、清纯、坚强。不管前面的路有多坎坷,它总能借助风挺过来;不管落在哪种环境,它都能凭借顽强的生命力生根发芽;一旦选定了方向,它便始终不渝地沿着那个方向奋斗。"

  这很好地诠释了邱世锋的医学圆梦之路。就犹如蒲公英一样,不管飘落到哪个地方,环境如何恶劣,他都会继续追寻他的医学梦!

自强不息,笑对人生

  "宝剑锋从磨砺出,梅花香自苦寒来。一个人面对着周围的重重困难,只有自强不息,永不放弃,才能实现自己的理想",这是他的信念。他像蒲公英那样,在恶劣的环境下顽强生长。

  他来自一个6口人的农民工家庭,家境贫寒,父亲是家里唯一的经济支柱。家里有年迈多病的爷爷奶奶,不能干重活的母亲,长期的医药费、姐弟俩高昂的学费使原本拮据的家庭经济更举步维艰。

  但"吃得苦中苦,方为人上人"。为了实现医学梦、减轻家庭负担,他想方设法筹集学费、赚取生活费。他连续做了3年家教,在人事处勤工俭学了3年,在学校饭堂勤工俭学了2年。每次他在饭堂干完活都是大汗淋漓,基本都是大家快要午休时才吃饭。他还做过很多兼职,如派传单、卖图谱、抄水表。

  他生活勤俭朴实,吃饭光盘,购物自带环保袋,连续洗了4年的冷水澡。正因为这种自强不息、勤俭朴实的精神,他被评为"十大自强之星"。

惜时如金，自我增值

倘若说"书中自有黄金屋"，那么他可谓是拥有无限的财富。他求知欲强，学习能力强。就像雨后的春笋那样，哪里有知识，就往哪里争分夺秒拼命地汲取自己需要的养分。

大一暑假，他没有回家，不仅参加本校三下乡，也受邀参加岭南师范学院扬帆启航关爱农民工子女实践队，39名队员在湛江吴川兰石镇庄艮小学进行12天的三下乡活动。由于表现出色，受到镇团委书记林辉霞、庄艮小学校长吴健雄的认同和赞扬，并在中国青年网上发表报道，被评为"优秀个人"。后在人事处勤工俭学1个月，向叶冠群老师学习人事资源管理。还学习英语，复习专业知识。

大二暑假，他仅回家2周，便回校整整做了一个半月的家教，同时自学会声会影、Photoshop，还挤时间阅读《孙子兵法》《看见》《论语心得》等。

大三暑期，他参加学院"科研创新医学拔尖人才培养平台"项目，整整两个月，都跟着刘刚教授在附属医院临床医学研究中心进行关于"microRNA对肺癌的影响"课题的实验。此外，他独立撰写的论文《成骨分化大鼠骨髓间充质干细胞治疗继发性骨质疏松性骨折的实验研究》正在等待课题基金号下发。

他先后选修了英语口语、文献检索、实验动物学等课程，以进一步提升自己。

他生活作息规律，不睡懒觉，午休就半小时，每天早晚都会按时锻炼（慢跑、俯卧撑、仰卧起坐），每天晚上都会听电台（新闻、英语、励志等节目）。这种吃苦耐劳、按时作息的良好品质习惯，不仅使他成长得飞快，也给身边的人传递了正能量。

精益求精，英语突出

他勤奋好学、刻苦钻研，专业知识扎实。大一综合排名第四、大三综合排名第三，连续3年获得一等奖学金以及"三好学生"的称号；创新思维和动手能力强，获得医学实物模型设计大赛三等奖；灵活应用，将理论与实践相结合，获得临床技能操作大赛团体一等奖。

他英语成绩突出，每天坚持晨读英语，阅读英语新闻，收听英语电台。顺利通过英语四、六级考试，获得2012—2013年全国大学生英语竞赛二等奖、2013—2014年全国大学生英语竞赛三等奖。

感恩行动，回馈社会

滴水之恩当涌泉相报。大二寒假，为了帮助调查学校公共选修课的发展情况，他开展400份调查问卷，后被评为"优秀调查报告"。大三寒假，参加学校助学政策下乡行活动，走访了10个大学生家庭，将助学政策向寒门学子宣读。还参加了无偿献血，当过湛江市志愿者、青年志愿者、感恩使者、附院义工等。

一专多能，奇思妙想

他不仅专业技能良好，在其他方面也具备很强的能力。

在工作上，他创新能力强。借5月8日世界微笑日的契机举办"给世界一个微笑，圆生活一份梦想"主题团日活动，通过现场采访、人物访谈，以新闻联播的形式将活动成果进行播报，并举办了首届手印涂鸦活动，最终被评为"先进团支部"。

在生活上，他将心比心，乐于助人。考虑到助学金名额有限，但班上还有家庭经济困难的学生，于是他成立了（5）班筑梦基金，以"资助贫困生、应急紧急事故"的宗旨，至今帮助了12位贫困生，资助金额累计超过6000元。

在策划上，他逻辑清晰，文字编辑能力强。获得校运会表演方案征集比赛一等奖，"我是医学生，我为自己代言医学生文化节"策划书获二等奖，"最美白大褂创意设计大赛"获三等奖。

在自我定位上，他整整花了一年时间重新定位自己，规划了大学5年计划和毕业后5年计划，并制作出精彩的PPT和情景模拟医疗短剧，其中规划书多达30页，最终获十佳规划书三等奖。

回顾与展望

在4年的大学生涯里，邱世锋有很多的艰辛和苦楚，但更多的是汗水和欢笑。他像蒲公英那样不断挖掘自己的潜能，他在不断充实、完善自己，他在用青春描绘梦想，用努力和拼搏续写人生篇章。

生命不息，奋斗不止！邱世锋会再接再厉，凭借蒲公英精神在学医的路上顽强拼搏！

事迹简介

邱世锋同学积极乐观、自强不息、勤奋好学，经过几年的大学学习生活，他凭借蒲公英精神已经逐步发展成为一名德智体美劳全面发展的优秀大学生。他自强不息，笑对人生。虽然家境贫寒，但他并没有放弃，反而迎难而上，做过多种兼职，被评为"十大自强之星"；他惜时如金，自我增值。他积极上进，求知欲强，学习能力强。充分利用暑假的时间自我增值，不仅三下乡，搞科研，选修英语口语、文献检索、实验动物学等课程，还自学会声会影、Photoshop；他精益求精，英语突出。不仅专业知识扎实，创新思维和动手能力也强。连续3年获得一等奖学金，获得英语竞赛二等奖；他感恩行动，回馈社会。寒暑假期间开展了400份调查问卷活动，参加"助学政策下乡行"活动，还当过各种志愿者等；他一专多能，奇思妙想，在工作、生活、策划、自我定位等方面也具备很强的能力。

奔跑吧，青春

> 国家的资助不仅解决了我的经济困难，更让我的大学学习生活还有我的跑步生涯没有后顾之忧。这满满的正能量激励着我不断地在向前奔跑。
>
> ——刘平娟

"女大学生每天都在锻炼和刷新自己的'刷圈'记录，20 圈、30 圈、40 圈，坚持跑够 16 公里；跑步一年所获万元奖金已经可以'抵'学费。"这则新闻被 CCTV-2《新闻早间秀》节目、《羊城晚报》、人民网、《环球时报》微博、网易新闻中心、《广东医学院院报》、新闻网等媒体连续转载报道。这个女大学生就是广东医学院 2012 级医学检验专业的刘平娟，广东医学院 2014 年"生命的青春魅力"之"五四年度文体人物"。她的"正能量"事迹在全校老师及同学中广为传播，更是成为广东医学院对外宣传的一道靓丽的名片。

自立自强，传播"正能量"

来自河源龙川一个偏远山区的刘平娟很自立自强，她的家境并不宽裕，庆幸的是，在过去的两年，她都享受到了国家资助。她说："国家的资助不仅解决了我的经济困难，更让我的大学学习生活还有我的跑步生涯没有后顾之忧。这满满的正能量激励着我不断地在向前奔跑。"她说她大学这 3 年时间很少向家里伸手拿钱，靠假期的兼职、每学年的奖助学金以及平时出去比赛获得的奖金已经基本解决了她大学 3 年的学费以及日常生活开支。有时候还寄钱回家里帮助父母分担一些经济上的困难。

她在充实自己的同时更不忘感恩社会。大一的时候担任班长一职，带领班上的同学一起开始大学生活，所在的班集体连续 3 年获得"优良学风班"的称号，学习成绩连续 5 个学期年级第一；在过去两年的暑假，她带领队伍回到家乡参加暑假"三下乡"活动，并被评为广东医学院 2013 年暑期三下乡"优秀个人"。受此启发，2014 年年底，她在家乡组建了"龙川县贝岭大学生联合会",并担任了第一届的会长,同"贝岭人深圳同乡会"的爱心人士一起带领家乡大学生队伍回到家乡做一些公益事业:慰问家乡 90 岁以上老人,协助环卫工人清理街道卫生死角等。这一举措不仅得到了家乡政府领导的大力支持,也获得了父老乡亲的一致好评。

红色跑道上顽强拼搏

2012 年 9 月,刘平娟考上了广东医学院的医学检验专业。大学课余时间比较充足,因此她对跑步的热爱几乎疯狂。几乎每天傍晚,她总会提着小水瓶来到体育馆开始一天的跑步,一直绕着跑道"刷圈",一跑就是一个多小时。她的跑步"传奇"开始在同学们身边渐渐传开,学校里很多同学都会慕名地和这位跑步狂人相约一起跑步。

在连续 3 年的校运会上,她所参加的跑步项目全部获奖。2013 年的校运会上,打破了女子 1500 米尘封了 20 年的校纪录;2014 年,进入学校田径队之后的她,跑步成绩更是取得了惊人的突破,在校运会上一举拿下女子 800 米和 1500 米两项冠军,同时打破这两项学校纪录;2014 年 12 月,在代表广东医学院出战在华南理工大学举行的 2014 年广东省大学生田径锦标赛中,刘平娟一举夺得女子 800 米、女子 1500 米和女子 4×400 米接力 3 个项目的冠军,帮助广东医学院以 4 枚金牌、2 枚银牌、1 枚铜牌的成绩摘得团体总分第四名的好成绩。

她说自己平时也经常上网搜索一些"民间"的长跑比赛,在积累比赛经验的同时也能赚取一些"零花钱"。2013 年 12 月,在离期末考试还有几天的时间里,刘平娟顶着考试的压力,冒着大雨一人来到珠海,参加年度珠海国际半程马拉松比赛,并在近万人参与的 10 公里女子组的比赛里获得第十六名的好成绩。她说她当时没想那么多,只是觉得从来没跑过马拉松,感觉要去试一试。2014 年 5 月,在东莞举行的一个公益长跑的比赛中,她获得了女子组的亚军,而冠军则是 2013 广州马拉松女子半程赛的冠军。

2015 年 6 月 10 日,在广东省第九届大学生运动会的女子 800 米决赛中,她以顽强的意志战胜了多路高手,摘取了首枚省大运会金牌并打破省大运会纪录!

求学路上奋发图强

刘平娟不仅仅在跑道上努力地奔跑,学习上也是毫不放松,学习成绩名列全年级前茅,多项专业课成绩位列年级第一。其间获得过学校二等奖学金、学院"学习进步奖"以及"三好学生"的称号。她说:"我的大学学习之路并不是一帆风顺的。刚步入大学时,可能是对大学环境的不熟悉,也未能合理安排时间等原因,我在学习上也遇到过困难,但我并未就此放弃学习道路上的奔跑。经过老师、同学的指点,我也认真分析了自己各方面情况,摸索出了一套适合自己的学习方法,才取得了现在的成绩。"

除了学好专业知识,她也通过各渠道了解到,对于医学检验专业的同学,临床操作技能很重要。从大二开始她就做了老师的科研助手,一年多的时间,在动手能力得到很大提高的同时,科研思维也是逐渐得到完善。现在,她正主持一项校级科研项目,她所在的学生科研团队也已经完成两个科研项目的实验,正在进行后期的论文撰写工作。

这就是在国家资助的光环照耀下不断成长的刘平娟。"滴水之恩必将涌泉相报",刘平娟说道,"感谢国家的资助,学校领导老师的关心,家人朋友的陪伴。身为一名医学生的我,现在能做的就是:通过自己热爱运动的经历和所做的努力去感染身边的朋友、同学,甚至更多的人,让他们都可以热爱运动,拥有健康的生活和体魄。我未来的目标则是好好学好医学知识,从医的同时鼓励更多的人去锻炼身体。"

事迹简介

刘平娟同学热爱学习、热爱生活、热爱运动,在努力学好专业知识的同时,更是痴迷地爱上了跑步,她的"正能量"事迹也被CCTV-2《新闻早间秀》节目、人民网、《羊城晚报》、《环球时报》微博、网易新闻中心、《广东医学院院报》、新闻网等媒体连续转载报道;3年间,共打破广东医学院学校运动会纪录3项,获得5枚校运会金牌;2014年12月,代表广东医学院参加广东省大学生运动会田径锦标赛一举夺得800米、1500米、4×400米三个跑步项目的金牌,被省集训队选中,列入全国大运会集训名单;并获得广东医学院2014年"生命的青春魅力""五四年度文体人物"的称号;2015年6月,获得广东省第九届大学生运动会女子800米金牌,并打破该项目的省大运会纪录！而且，她的学习成绩也名列前茅，多项专业科成绩位列年级第一；同时自立自强，通过兼职和奖助学金解决学费和生活费，甚至开始帮忙分担家庭部分经济支出。

学习优秀，引领同学

我的梦想——争做一个优秀的养鸡场场长。"能安心、能吃苦、能创业"是我大学四年期间接触最多的3个词。

——朱梓京

朱梓京是广东海洋大学农学院动物科学系动物科学专业四年级学生。他的梦想——争做一个优秀的养鸡场场长。"能安心、能吃苦、能创业"是他大学四年期间接触最多的3个词。每当他想要放弃的时候，想想海大培养"三能"应用型人才的目标，他便又动力十足，继而勇往直前。经过大学3年多的洗礼，他在德、智、体、美、劳全面发展。

感恩社会，引领同学

"穷则独善其身，达则兼济天下。"——孟子

经过不断的努力学习和自我提升，朱梓京的专业思想和政治觉悟不断提高，并于2014年1月5日光荣地加入了中国共产党，为自己的生命添上了神圣的一笔。

朱梓京是贫困生，大学4年的学费需要靠助学贷款来缴纳。生活费用大部分是来自接受国家、社会的奖、助学金。虽然他生活费很紧张，但他觉得身边有更多的同学比他更困难。所以，大学期间，他向社会捐助善款达2000余元；尽管这看起来不算很多，但是他个人觉得是非常有意义的。

学习刻苦，成绩优秀

"没有加倍的勤奋，就既没有才能，也没有天才。"——门捷列夫

朱梓京专业思想牢固，用心学习动物科学知识。2011年他考入广东海洋大学"双百工程"创新实验班；在过去的3个学年，他的学习成绩一直

名列前茅，连续三次荣获广东海洋大学优秀学生一等奖学金，其中第一学年荣获"双百工程"一等奖学金，而第三学年学分绩点达 4.25 分；两次获得"三好学生"的称号。荣获 2011—2012 学年国家励志奖学金、2012—2013 学年普通高等学校国家奖学金以及 2013—2014 学年"广东海洋大学三好学生标兵"的称号。

学生工作，表现突出

"人生须知负责任的苦处，才能知道尽责任的乐趣。"——梁启超

朱梓京工作认真负责，具备较强的组织管理、协调决策能力和良好的问题分析及判断能力，注重团队合作精神和集体观念。曾担任动物科学 1112 班班长、篮球队队长、宿舍长，现担任动物科学系辅导员助理和动物科学 1132 班助理班主任两职，协助辅导员管理整个系的学生日常工作，例如寒暑假专业实习的安排、专业专场招聘会的安排；以及协助动科 1132 班班主任完成新生入学、新生班级活动等各项工作。

潜心科研，注重创新

"距离已经消失，要么创新，要么死亡。"——托马斯·彼得斯

朱梓京于 2011 年考入广东海洋大学"双百工程"创新实验班，大学一开始就选择了自己的大学导师——杜炳旺老师，然后便积极参与导师及研究生师兄师姐的实验。

"天道酬勤"，在他认真学习，积极参加科学研究、创新实践的过程中，也结出了甜美的果实：于 2013 年 5 月 12—15 日参加中国畜牧兽医学会家禽学分会第九次代表会议暨第十六次全国家禽学术讨论会（江苏扬州），2014 年 2 月 15—18 日参加第十一届优质鸡的改良生产暨发展研讨会（海南海口），以及 2014 年 11 月 1—3 日参加第八届中国优质禽育种与生产研究会学术研讨会（广西玉林）；接下来，将参加 2015 年 4 月第十七次全国家禽学术讨论会（重庆）等。

到目前为止，个人发表学术论文第一作者 3 篇，非第一作者约 20 篇。

安心吃苦,社会历练

"纸上得来终觉浅,绝知此事要躬行。"——陆游

在学习上,朱梓京认真专注,能脚踏实地做研究、写论文,在专业知识领域中畅快地遨游;在实现梦想的征途中,他目标明确能吃苦,坚持不懈,乐于实践,在磨练中丰满羽翼,整装待发。

因为个人对专业有浓厚的兴趣,且个人动手能力强、能吃苦,所以朱梓京有4次寒暑假专业实习的经历和两次社会调查的经历。因此,他在校期间荣获广东海洋大学寒暑假社会实践校级"优秀论文"二等奖以及"活动积极分子"的称号;院级"优秀论文"一等奖、二等奖、三等奖以及"活动积极分子"的称号。累计校级奖励达3项、院级奖励达7项。

职业定位,创业准备

"如果你知道自己的方向,全世界都会为你让路。"——王付忠

他自身职业规划明确,立志成为养鸡场场长。在职业规划指导老师——秦红明老师的指导和竭力帮助下,他荣获广东海洋大学第七届大学生职业生涯规划大赛季军、最佳职业探索奖以及"十佳职业规划之星"的称号。

他个人创业意向强,在与团队的同伴们不懈努力下,他们荣获湛江市"移动杯"大学生创业大赛三等奖、广东海洋大学"挑战杯"大学生创业大赛优秀奖以及"自强之路"大学生创业实战大赛优秀团体的称号。

坚持锻炼,强健体魄

"身体是革命的本钱。"——毛泽东

他喜欢各类体育运动,参加校运会曾分别荣获广东海洋大学第十二届、第十三届、第十四届、第十五届田径运动会男子组110米跨栏第一名、第二名、第二名、第一名;课余时间经常组织同学们参加体育运动如打篮球、踢足球、打羽毛球、游泳、跑步等;大学体育课选修过太极拳和瑜伽,最大限度地锻炼自己的情商,让自己修身养性。

追求不止，勇往直前

"锲而不舍，金石可镂。"——荀子

大学生活转眼间已步入第七个学期，大学 4 年的日子就像一杯咖啡，尽管喝的时候会有苦涩之味，但是现在细细回味时，却是苦涩之中带有丝丝香甜——累，并快乐着；忙，并充实着。

很感激生命中无私帮助过朱梓京的亲朋好友，以及曾经如此努力的自己，成就了他如此的精彩人生！他一定会将自己的梦想坚持到底！

事迹简介

朱梓京在校表现优异，2011 年考入广东海洋大学"双百工程"创新实验班，并连续 3 次荣获广东海洋大学优秀学生一等奖学金；进行了 4 次寒暑假专业实习和两次社会调查；自身职业规划明确，立志成为养鸡场场长，荣获广东海洋大学第七届大学生职业生涯规划大赛季军、最佳职业探索奖以及"十佳职业规划之星"的称号；曾分别荣获广东海洋大学第十二届、第十三届、第十四届、第十五届田径运动会男子组 110 米跨栏第一名、第二名、第二名、第一名。

信念孕育能量，青春绽放光芒

> 阳光总在风雨后，人生路上难免跌倒和彷徨，但只要勇敢面对，逆风飞翔，必将穿过重重迷雾，欣赏到那灿烂的阳光。
>
> ——邓思颖

不惧困境——穷且益坚，不坠青云之志

家境贫寒的她没有料想到，命运给了她一次又一次沉重的打击。2012年6月，她的母亲被确诊为乳腺癌晚期。她的父亲为了照顾她的母亲，不得不辞去工作。3个多月后，她的父亲因压力过大，引起身体不适，被送进重症加强护理病房（ICU），被确诊为冠心病、高血压等多种心脑血管疾病。

然而，她最终无力扭转命运的安排。2014年4月，她的母亲因病情恶化而不幸离世。为了医治她母亲的病，她的家庭花光了所有的积蓄，而且欠下数十万元的债务。如今，两父女依靠低保金维持基本的生活，十分艰难困苦。

全面发展——慕鸿鹄而高翔，思拼搏以自强

怀揣着梦想，她前行在大学的道路上，书写着自己的奋斗生涯，舒展着人生的美丽画卷。一直以来，她志向高远，始终保持积极向上的心态，时时以高标准要求自己，严于律己，宽以待人，努力做到全面发展。

思想建设篇——提高思想觉悟，树立崇高理想

她于大一第二学期成为一名入党积极分子，积极向党组织靠拢，也立志早日成为中国共产党党员。她严格要求自己，在学生团员中起到了表率作用，先后获得了校"优秀共青团员"（连续两年）、"广东省优秀共青团员"的称号，并于今年4月作为优秀学生代表被学校推荐参加共青团湛江市第十

三次代表大会。

学习发展篇——努力夯实基础，追求学有所成

在学习上，她一直践行着"书山有路勤为径，学海无涯苦作舟"的信念。她学习刻苦，成绩名列前茅，大一时以综合测评2%荣获校一等奖学金和国家励志奖学金，大二时以综合测评1%荣获校一等奖学金和国家奖学金，并获得校三好学生奖和校品行优秀奖，且已顺利通过了全国大学英语四级考试和全国计算机一级、二级考试。此外，她也积极参与学科竞赛。2013年11月，她获得了广东省本科高校大学英语写作大赛湛江师范学院校级选拔赛公共英语组一等奖，并代表学校（全校仅两人参赛，她作为非英语专业组唯一代表）参加广东省本科高校大学英语写作大赛，获得了广东省本科高校大学英语写作大赛三等奖和"外研社杯"全国英语写作大赛（广东赛区）三等奖。与此同时，她还积极参加学术论文比赛。她参与的课题"广东扶贫机制创新研究——以职业教育为视角"已通过省科研立项，被立为重点项目，并荣获法政学院第九届"开拓杯"大学生课外学术创作大赛特等奖。同时，她兼修第二学历会计专业，也打算步入考研大军，争取学有所成。

勤勉工作篇——立足本职岗位，奉献青春年华

担任院团委组织部副部长的她，一直奉行"身在其位，必谋其职"的信念。在工作中，她尽心尽力，具备耐心、细心和责任心，始终坚持以求真务实的态度和严谨踏实的作风完成工作任务。在工作期间，她组织策划了法政学院"湛江创卫换新颜，齐心同迎十八大"精品团活动，法政学院第26—30次推优总结大会，法政学院"优秀团活动"评比，法政学院"先进团支部"评选，法政学院"优秀团支部书记"评比，法政学院共青团系统评优等多项活动，并取得了良好的效果。所在团委也获得了湛江市五四红旗基层团委、湛江师范学院五四红旗团委、湛江师范学院"学生社团工作先进单位"、湛江师范学院思想教育创新奖等多项荣誉。由于工作表现突出，她获得了院"优秀共青团干部"、校"优秀共青团干部"及校"优秀学生干部"的称号。

激情飞扬篇——投身社会实践，积极锻造自我

她平常热衷于参加各种社会实践和志愿者活动，使自己在实践中成才，在服务中成长。2014年暑期，她参加了法政学院团委三下乡社会实践队，奔赴潮州贫困村调研，所撰写的调研论文获得了校暑期"三下乡"社会实践活动调研论文一等奖。她曾参加创卫、无偿献血、"集思公益，幸福广东"——支持妇女计划、全国助残日系列活动、校园公区草坪打扫、校园草坪保养维护、饭堂失物中转站志愿者、回收书籍、校园安全巡查、清理牛

皮癣、打扫校园田径场等多项志愿者活动，同时，她也成为了第十四届省运会的志愿者，在服务与奉献之路上一路前行；假期时，她还积极到多家企业实习，真正做到学有所用。

日常生活篇——诚挚之心待人，坚毅之心处事

在日常生活中，她与人为善，乐于助人，与同学相处融洽。在处事方面，她具有坚持不懈的毅力。由于家庭贫困，她坚持勤工俭学，自立自强，在空闲时间积极做兼职，一是为了锻炼自己，二是为了减轻家人的负担。2014年11月，她的自立自强事迹被学校作为"阳光助学，助我成长"励志成长成才优秀学生典型事迹进行推广。2015年1月，她荣获"中国大学生自强之星"的称号，并于3月接受《湛江晚报》和校新闻中心采访。

展望未来——天行健，君子以自强不息

"真正的强者，不是流泪的人，而是含泪奔跑的人！"成绩属于过去，未来还需要创造。奋斗的道路没有停息的那一刻，在今后的人生旅途中，她将以"生命不息，奋斗不止"为人生信条，以百倍的信心和万分的努力去迎接更大的挑战，不断地挑战自我、超越自我、完善自我，用辛勤的汗水和默默的耕耘谱写美好的明天！

事迹简介

邓思颖同学虽然家境贫寒，但她坚信着一个信念：困难压不倒坚毅，自强可以战胜一切。在思想上，她严格要求自己，在学生团员中起到了表率作用，先后获得了校"优秀共青团员"（连续两年）、"广东省优秀共青团员"的称号，并作为优秀学生代表被学校推荐参加共青团湛江市第十三次代表大会；学习上，她勤奋刻苦，荣获校一等奖学金（连续两年）、国家励志奖学金和国家奖学金，并获得校三好学生奖和校品行优秀奖，且已顺利通过全国大学英语四级考试和全国计算机一级、二级考试，同时还积极参与学科竞赛和学术论文比赛并荣获佳绩，而且兼修第二学历会计专业；工作上，她现任法政学院团委组织部副部长，工作尽心尽力，获得了校"优秀学生干部"的称号；她平常热衷于参加各种社会实践和志愿者活动，也是第十四届省运会的志愿者；她的自立自强事迹被学校作为"阳光助学，助我成长"励志成长成才优秀学生典型事迹进行推广，并在2015年1月荣获"中国大学生自强之星"，接受《湛江晚报》和校新闻中心采访。

单亲女孩勇挑家庭重担,求学路上不忘热心公益

  深夜图书馆的灯光、被吵醒的宿管阿姨、昏暗路灯下被拉长的身影、幽寂冬夜里的阵阵寒风、清晨的第一缕阳光,都见证着我三年大学的时光和成长。

——雷 迪

  雷迪,女,汉族。现就读于广州大学教育学院小教121班。曾获国家励志奖学金、"广州市优秀学生""社会实践积极分子"的称号,印度印多尔"最受欢迎外教奖";曾获学院师范技能大赛一等奖、班主任技能大赛二等奖、多媒体课件大赛一等奖等;所带创业项目入选省级创业训练项目、"联炬杯"第二届广州市青年创业大赛决赛,入驻广州大学创业孵化基地等。

勇挑重担,无怨无悔

  雷迪来自于一个贫困的家庭,父亲因肝癌去世,母亲独自一人抚养5个小孩,家中因给父亲治病和生意失败而负债累累,年迈的老人因为糖尿病和高血压需要持续不断的医药费,还有弟弟妹妹的学费、生活费早已压得母亲喘不过气来。每到年底,家里的火锅店总会挤满要债的"客人",母亲声嘶力竭、近乎哭喊地百般祈求才能让他们再宽限些时间。为此,火锅店常年无休,就算是春节也要开门营业。而她在高中期间,每到放学总会第一个冲出校门赶回店里帮忙。上了大学后,她在经济上完全自立,所有的学费和生活费都由她在课余时间打工赚钱补贴。在国家的资助和自己的努力下,她更加积极进取并取得了较好的学业成绩。然而在2014年12月,上天再次降下灾难,母亲出车祸双腿骨折了。本已看到前方曙光的她,因生活中一次又一次的沉重打击而苦苦挣扎。经过深思熟虑并取得学校谅解,她请假回家接替母亲的担子筹备新店开张。因为资金短缺,她白天奔波于各地融资,早上5点就起床去菜市场采购,毫无经验的她为了节省开支辗转于各大菜市场寻找最实惠的原材料;因为请不起护工,她夜晚又赶回医院照顾不能动弹的母亲。

一天下来,她只能在母亲入眠时轻轻地瞌睡两三小时。为了缓解她的实际困难,学校向她发放临时特殊困难补助,学院的老师更是不断地鼓励她,让她在挫折中重新获得站起来的力量。可祸不单行,回校后她又得到消息,弟弟由于过度沉迷游戏几乎被学校开除!因为家中无人看管弟弟,她与学校沟通,决定带着弟弟在大学上课,课后便辅导他的课业以及做心理辅导,经过一段时间的积极引导,弟弟终于改正了不良习惯,现在已回到学校准备高考。就这样,她用自己的努力,帮助家里渡过了一个又一个难关,而她自己也在这些挫折中快速地成长起来。

经历过重重挫折的她依然活泼开朗,真诚待人,积极为宿舍、班级贡献自己的力量。为了锻炼本来孱弱的身体和磨练意志,她坚持早上晨跑同时参加学院举行的三人篮球赛并获得了三等奖。此外,她与宿舍成员团结合作获得了"公寓文化节 DIY 设计大赛"优秀奖、"雅室大赛"一等奖、"文明宿舍"等。生命起止不息,每个人的生活也是如此。雷迪一直以她的亲身经历告诉我们要学会把每一个困难当作生命的财富,把每一个挫折当作珍贵的宝藏。积极面对生活,生活就会回报阳光。时光转瞬即逝,但曾经的努力会让我们找到前进的方向,越过困难,便能收获成长。

求学之路,且行且歌

学习上,她严于律己,在校期间,不仅认真学习本专业的知识,还报读了英语作为第二专业,努力充实自己。平时,她认真学习各项教师技能,积极与老师、同学讨论教学的各种问题,努力训练标准的普通话并顺利地通过了普通话二级甲等。"从细节抓起,把功夫下在平时。"雷迪善于把理论知识付诸实践,2013 年她参加学院举办的"三下乡"活动,2015 年寒假期间又只身前往印度支教并获得了"最受欢迎外教奖"的称号。一分耕耘,一分收获,雷迪在 2013—2014 年中学业成绩位居班上第一并获得了国家励志奖学金,并在教育期刊《教育家》上发表了自己的学术论文。

同时,她积极参与各项专业技能比赛,获得了广州大学多媒体课件大赛、课堂技能大赛一等奖、"明日之师"课堂技能大赛二等奖、"班主任技能大赛"二等奖、"挑战杯"全国大学生课外学术科技作品竞赛校赛三等奖。在课堂技能大赛赛前一个月,她放弃了平时休息时间,在图书馆查找大量优秀教师讲课案例,观看课堂视频,弥补自己理论知识的不足,往往深夜才离开图书馆。在完成初步的教学设计后,她常常利用课下时间向老师请教，并修改不足。连续一个月，她尽自己最大的努力做足准备。由于准备充分，具备专业理论知识的教学设计和精彩的答辩获得评委老师们的一致认可。相关的专业技能比赛最重要的不是荣誉的获得，而是在此过程中技能的提升和意志的磨练。

纸上得来终觉浅，绝知此事要躬行。课本上的知识只有被成功运用到实践中，才能真正实现知识的价值。雷迪对每项工作全力以赴和认真积极的态度最终为她带来更多实现个人价值、追求更高生活质量的机会。挺起胸膛追逐阳光，过程也许有许多别人看不到的艰辛与心酸，但所有的付出将在收获的那一刻显现价值。不忘初心，方得始终。

投身实践，多姿多彩

在2014—2015学年中，她排除万难毅然自费只身前往印度参加了支教。她的教学任务是教小学生们中文，她享受着传播中国文化的每一节课。在课堂上，一个叫Alin的学生引起了她的注意，因为Alin脾气暴躁，无论是在课堂内外都会打架，她课下了解情况后发现他是因为一些生理缺陷常遭人嘲笑、排斥才跟人打架，也因此会被老师或校长处罚。她了解情况后每天都会去跟他聊天，Alin的情况也一天天有所缓解，她终于用耐心和智慧感化了那颗受伤又带着刺的心。下了课后，她和同伴会去到当地的孤儿院看望孤儿，死气沉沉的孤儿院让她和同伴心情沉重，她意识到对于这群孩子最重要的不是传授知识，而是重塑他们对自己的信心，于是，她和同伴们做了动员大会，很多孩子回信说，这次的演讲是他们这辈子以来最打动他们的演讲。以往在孤儿院，除非生病要被隔离才感到自己是重要的。因为印度雇用童工的情况严重，她和同伴在征求了孤儿院的同意后把那天设置为童工体验日，正好孤儿院内许多建筑工人正在扩建施工，她让孤儿们加入到这个行列。在这个过程中，孤儿们搬砖、混水泥，4个小时下来，他们很明显地体验到这份艰辛。分享完感受以后，他们坚定地说服当地雇主不雇用童工。第三天是分小组进行实践，她带领的小组去了当地的制砖厂进行洽谈，整个过程由大孩子带领小孩子进行列提纲、模拟会谈，等等，最后他们走进办公室进行了真正的会谈。一个小时后，砖厂老板答应不再雇用童工并签署了文书。孩子们兴奋的眼光让她明白他们可以做到。应当说，孤儿作为一个特殊群体，他们的内心更值得我们去关注。最后，她获得了"最受欢迎外教奖"的称号。

除此之外，她周末在星火教育机构做家教老师，寒暑假则在卓越教育做夏令营和冬令营助教，这些实践工作让她积累了大量的实践经验。现在，她利用这些经验，积极地创业。2013—2014学年，她带领自己的团队创办了社区补习社，并出让了30个免费名额给社区中的留守儿童，让他们接受免费的辅导，在周末便带他们参观科技馆，等等，在社区中获得了一致的好评与学校的"社会实践积极分子"等称号。此外，她还在母亲生病期间帮助母亲开了两家火锅连锁店，现在又与自己的科技团队参加了创业大赛，所带创业项目入选省级创业训练项目、"联炬杯"第二届广州市青年创业大赛决赛，入驻广州大学创业孵化基地。

除了积极进行社会实践，她在校内的各项工作中也尽心尽力、尽职尽责，并始终秉承着"自我服务、自我管理、自我教育"的理念，积极发挥桥梁纽带作用，做老师的助手、同学的朋友。她任职学习委员期间，除了积极反映老师和同学的意见，还主动发起了黑板字练笔，晨读时让同学们进行黑板字板书并取得了良好的效果，获得老师和同学们的好评。在2014—2015学年，她担任了2014届的导生和教育学院2012级的级长，尽职尽责地做好分内的工作，做好榜样带头作用。

学习并不是大学生活的全部，生活是一个大课堂，处处都有学问。岁月荏苒，只有坚持不懈，心怀社会才能给自己留下美好而又充实的奋斗历程。雷迪常常挂在嘴边的话是长风破浪会有时，直挂云帆济沧海。她说社会其实是广阔的海洋，要做勇敢的水手，乘风破浪，用有限的生命，不断地进取，为家庭、为个人、为社会发光发热才是人生的真正意义所在。

感恩不止，奋斗不息

她的求学道路上留下了很多的印记，但最深的还是国家资助的"及时雨"，没有这些"及时雨"，求学、成才也只能是"镜中花、水中月"。她带着实现人生理想的心，不断积极进取、奋发努力、奔走四方。过去并不代表着未来，勤奋踏实地走好每一步路。而"滴水之恩，当涌泉相报"，在资助怀抱中成长起来的她深知自己的专业素养还不足以教育好祖国未来的花朵，她立志读研，日后成为一名优秀的教师，为国家的教育事业发展贡献自己的力量。

深夜图书馆的灯光、被吵醒的宿管阿姨、昏暗路灯下被拉长的身影、幽寂冬夜里的阵阵寒风、清晨的第一缕阳光，都见证着她3年大学的时光和成长。心怀赤子之心，悬梁刺股，毅然走过年轻时这段挣扎而充实的岁月。天行健，君子以自强不息，以进取之心成就自我，以感恩之心回馈社会，才不至于辜负了大好年华。

事迹简介

　　雷迪同学出身贫寒，父亲因病去世，母亲独自一人抚养5个小孩，家庭条件十分艰难。来到大学后，在国家的资助和自己的努力下，她更加努力进取，刻苦勤奋，成绩优异并获得国家励志奖学金；生活上，她勇对困境，在母亲出了车祸双腿骨折期间经学校批准后回到家中帮家里渡过难关；在校期间，积极参加各项活动，为宿舍、班级贡献自己的力量；同时她还积极参加了各项支教活动，甚至只身前往印度的学校和孤儿院支教，并获得了好评；她积极地带领自己的团队创办了社区补习社，现在与自己的科技团队参加了创业大赛，积极地开发跑步App。

自强不息，厚德载物

在人生道路上，苦难和失败让我更加学会成长，成功和喜悦让我更加谦虚前行。如红日初升，大道其光；如河出伏流，一泻汪洋。

——郑禹铨

在人生道路上，苦难和失败让他更加学会成长，成功和喜悦让他更加谦虚前行。如红日初升，大道其光；如河出伏流，一泻汪洋。郑禹铨，本科三年级，一位充满斗志的少年，在编织着他的梦想，在诉说着他的一切，请让我们一道倾听。

穷且意坚，不坠青云之志

郑禹铨，1993年出生在广东陆丰一个山区家庭，家中5口人。父亲郑少芳是聋哑人，一级残疾，母亲朱良英，来自重庆山区，小学文化，还有一弟一妹。其家庭是村中的低保户，家庭拮据，父亲平日里在车站帮乘客提行李，以赚取小费为生，后来归家途中发生两次车祸，家人担心父亲安全而打消了这条谋生之路；母亲骨瘦如柴，但勤劳勇敢，为了补贴家用，干农活，给人打工养猪，在烈日底下去建筑工地当搬运工等，艰苦的生活让当长子的郑禹铨比同龄人多了一份成熟和稳重，更加想改变生活现状。所以，郑禹铨从小就很懂事，基本没向父母拿零花钱，周末跟着母亲上山砍柴、割草、种番薯与花生等，日出而作，日落而归；在学校努力学习，当班长，成绩突出，拿过汕尾市奥数竞赛三等奖，小学升中考全镇第一名。然而，童年对他来说是苍白的，许多顽皮的同学称呼他为"哑巴的孩子"，但这种家庭的压力，这种心灵的创伤没有让他辍学打工，更没有让他停止追梦的脚步。在中学阶段，他依然是老师和同学心中的好学生，荣获"汕尾市三好学生""汕尾市优秀学生干部"的称号。在高三时，母亲工作压力过大，在电话那头经常说："阿铨，妈妈没能力，你要好好读书，以后要考上大学，不要让村里瞧不起你爸妈……"然后是很长时间的哽咽和哭泣，每一次的眼泪都更加激起他心中的斗志，强化他自己的梦想，相信青云之志在前方。

勤能补拙，成就优秀自我

在刚经历完祖父的离世之痛后，他带着家人的期盼参加高考，来到了广东金融学院。那年暑假，他为了凑齐大学第一学期生活费，在县城的医院食堂打工，白天工作10小时，在厨房与病房两头跑；夜里给一名高中生当2小时家教，持续整整两个月，虽然很累但很值得。上大学期间，军训10天里，他是全校3000多名新生中唯一一位站在主席台上被表扬的同学。后来他踊跃竞选，成功当了班长，组织班级同学参加院（系）的各项比赛，包括运动会、健身系列活动、辩论赛等，拿到了各项荣誉，当年班级平均分为83.2分，全系第一，也获得系的先进团支部；在大二时，他辞去班长一职，转向同乡会建设。古人云饮水思源，郑禹铨找了两位同乡，用了5个月的时间，建立起服务于200多名同乡的公益型组织——陆丰同乡会，制定章程，设立部门，一改原本混乱的状态。可见，郑禹铨有服务于集体的奉献精神，各方面表现优秀，后来经过党组织的考验，成为了共产党员。然而，学业依旧是他大学的重点，成绩一直名列前茅，综合表现优秀，曾两次获得国家励志奖学金，3次获得海外潮人联谊会奖学金，多次作为学生代表上台演讲，所获校级奖项不下10项，还在500多名学生竞选中成为十大"自强之星"第十一名获奖者，而在公益活动中经常有他的名字，不管献血、募捐还是义教义卖等。虽然他是同学眼中的佼佼者，但始终向上进取和不断突破，百尺竿头更进一步，用勤劳和拼劲改变现状，用实际行动实现优秀自我。

学研合一，扬起人生帆船

古人云：父母在，不远游，游必有方。他知道母亲独立撑起整个家庭很辛苦，每隔三天便和母亲通次电话，倾听母亲的诉苦和家中的变化。由于家庭经济入不敷出，大学生活费一直靠奖学金和社会兼职支撑。为了生活费，他去过麦当劳兼职，去黄沙水产的金沙港酒楼打过工，当过家教，每年过年冒着寒风在街头卖烧烤；为了将课本的知识用于实践检验中，他去顺丰实习当仓管员，去平安银行当个贷经理助理；为了探索国家非物质文化遗产的传承出路，暑假下乡调研，提出"三位一体"发展新模式，获得《南风窗》

举办的"调研中国"全国前百强作品和广东省"挑战杯"本科组作品三等奖；不仅如此，他还组队参加"长风网杯"广东省首届大学生物流设计大赛，历时3个月，通过专业学习和导师指导，获得广东省优秀作品奖，取得本校物流专业成立以来的零突破；他也试水创业，在学校成立校园京东派，负责快递配送，获得学校创业实践项目；此外，他曾多次参加社会论坛，如国际酒店管理论坛暨金马奖晚会、物流与供应链高峰论坛、高校物流发展与创新管理、中大创投云珠沙龙系列论坛，等等，目前获得碧桂园、中国人寿、中国民生银行等实习机会，让自己的发展与社会的发展接轨，学研合一，不局限于学生眼光看问题，完善自身的知识结构，在历练中成长，让梦想的羽翼丰满，扬起人生的帆船。

回首向来萧瑟处，归去，也无风雨也无晴。是的，再辛劳的日子，想想以后能够在夕阳下吹风，便会低头匍匐前进；再难攀登的高山，想想山那边也许有蓝天碧水，便有勇气往上攀岩。郑禹铨，因为家庭带给他更大的压力和更少的欢乐，他是不幸的；但他又是幸运的，因为环境练就了他的稳重和执着。

自强不息是他的真实写照，厚德载物是他追求的人生美德。我想，这才是励志学子毕生实践的目标吧。

事迹简介

郑禹铨同学在校成绩优秀，曾担任班级班长一职，经常组织班级参加院（系）各项的大赛，获得系先进团支部，两次校红旗团支部；担任陆丰同乡会会长，制定章程，成立秘书、组织、财务三大部门，为200多名同乡搭建就业、实习、校园服务等咨询平台。2014年7月获得《南风窗》举办的暑假调研项目"调研中国"全国前百强。

天道酬勤

　　我始终相信困难只是暂时的，人穷志不穷，面对拮据的家境，我利用闲时去做兼职且每个假期我都要去打工，为家、为求学，我不怕流汗水、流泪水。

——刘文威

　　刘文威，男，汉族，中共党员，出生在广东省梅州市兴宁县水口村的一个农民家庭，现为惠州学院电子科学系2011级电气工程及其自动化（3）班的大四学生，曾担任院自律会学风督察部委员、班级副班长和心理委员。

坚定理想信念，积极向党组织靠拢

　　他思想健康，积极进步，学习勤奋，工作认真，生活朴素，积极拥护中国共产党的领导。在刚进入大学就向组织部递交了入党申请，并严格要求自己，努力向党组织靠拢。通过参加团、党校培训，认真地学习马列主义、毛泽东思想、邓小平理论和"三个代表"重要思想，以实际行动践行科学发展观，坚定不移地贯彻落实党的方针政策。认真出色地完成党组织和学院交给的各项工作，成绩突出，在思想上有了质的飞跃，被党组织列为发展对象，并通过党的考验，成为正式党员，赢得了广大师生和同学的好评。在2012—2013年期间被评为校级"优秀共青团员"；2013—2014年期间被评为"优秀共产党员"。

勤奋苦学，学习成绩优异

　　作为一名来自农村的学生，家境也不好，家人一直是他奋斗的动力。他积极进取，相信"天道酬勤"，从未放松过对知识的渴求，通过辅导员、老师和同学们的关心和帮助，再加上他自己的努力取得了良好的成绩。在

2012年6月顺利通过CET4考试；在2013年广东省举办的第七届广东大学生科技学术节之节能减排工业设计大赛，他的作品《中央空调余热回收及智能调温系统》获得了本科组优胜奖。在2013年5月课题为"家庭安防机器人系统"获得了惠州学院创新项目立项。在整个大学期间，综合测评和成绩一直保持全班前十名，在2013—2014年期间，综合测评排名班上第一，成绩第三，荣获国家励志奖学金、"学习优秀生"和少康奖学金等称号。在2014年5月在国家级刊物《测控技术》上发表学术论文《基于RFID的自动计费导航式停车场系统》和成功获得了专利；在2014年3月通过全国计算机二级考试和6月通过全国计算机二级C++考试。

勇对困境，笑对生活挑战

小学六年级时，其母亲不幸患上了白血病，昂贵的医疗费用让他母亲采取了保守治疗。患病6年期间，昂贵的治疗费用使家里负债累累，家里还有80岁的奶奶和两个上大学的孩子，父亲又是农民，一家人靠父亲微薄的收入和亲戚的帮助过着艰苦的生活。家境贫寒的他性格中有着倔强的一面，从其母亲患病期间就开始懂事了。他以其优异的成绩考上县里的重点高中，暑假期间就到工厂去打工来减轻家里负担。考上大学的那个暑假，他在一个小区做保安来赚取大学学费。大一的下学期末，其母亲突然病重，为了尽量减少家庭的负担和筹够母亲的医疗费，在校外利用晚上和周末的时间去做各种各样的兼职，暑假一边照看母亲，一边打着散工。大二时，母亲的去世对他打击很大，但他始终相信困难只是暂时的，人穷志不穷，面对拮据的家境，他利用闲时去做兼职且每个假期他都要去打工，为家、为求学，他不怕流汗水、流泪水，最怕的是虚弱的父亲再也撑不起这个家。面对困境，他始终不怕吃苦，勇挑担子，用真诚和孝心笑对生活。

努力工作，立志为社会做贡献

他在工作上脚踏实地，认真做好自己分内的每一件事，有较强的责任心，有较好的领导能力和组织能力。在2011年12月惠州学院65周年校庆期间，获得了院级"优秀志愿者"的称号；2011—2012年院自律会工作期间，获得了"院自律之星"、登山比赛二等奖和篮球比赛二等奖的称号。大二期间，在班级担任副班长一职，积极配合班干部的工作，与班委一起组织同学积极参加校内外各项活动，并组织了班级捐款捐书活动，与同学一起取得了良好的成绩，树立了良好的班风。经过大家的努力和配合，不仅得到了师兄师姐的好评，而且还得到了老师的一致好评。大三期间，担任心理委员一职，积极解决同学的心理问题，同时协助班长管理和组织班级活动。大四期间在比亚迪股份有限公司实习，担任自动化工程师助理。工作期间，他能很快适应工作岗位，发挥自身专业优势，获得领导的一致认可。

在人生的道路上，没有平坦的大路可过，只有崎岖的小路可走。不管前方荆棘多少，相信他会不懈努力奋斗，不仅仅是为了家人能过上好日子，而且是为了能更好地去回报社会，回报曾经帮助他的人。

事迹简介

刘文威同学来自农村，家境贫寒，但他积极进取，刻苦学习，取得了优秀的成绩，获得国家励志奖学金、"学习优秀生"和少康奖学金等荣誉；他成功申报惠州学院"创新项目"并顺利结题，在广东省举办的第七届广东大学生科技学术节之节能减排工业设计大赛中获得优胜奖，并于2014年5月在国家级刊物《测控技术》上表学术论文《基于RFID的自动计费导航式停车场系统》且成功获得了专利；他平时还热心公益，积极参加志愿活动，荣获校级"优秀志愿者"的称号。

感恩就是做好身边的每一件事情

> 在大学最大的收获就是感恩，而这种感恩，就是将身边的每一件事情做好。
>
> ——陈　焕

陈焕，男，生于1992年，中共党员，就读于华南理工大学广州学院2012级机械工程学院机械工程及自动化专业。2012年10月起至今担任2012级机械工程学院辅导员助理，兼任机械工程学院学生第一党支部副书记；2012年开始参加社会志愿者工作，于2015年2月起至今担任雷州市大学生志愿者联合会主席一职。其学习成绩和专业能力突出，生活勤俭，并以认真的工作态度和忘我的敬业精神为和谐校园、社会贡献自己的力量。他说："感恩，就是做好身边的每一件事情。"

党的先锋者，老师、同学的得力助手

陈焕在高中期间已经正式成为中共党员，在大学期间，担任过支部组织委员、纪检委员、副书记等职务，从而让他明白作为一个共产党员更加要严格要求自己，强化服务意识、奉献意识、创新意识。在支部内形成良好的有高素质修养的优秀党员队伍，在党的组织生活上，与支部其他同志共同组织策划了党支部广州北站志愿服务活动，参观广州地区内的红色革命教育基地，培养青年对祖国大好河山的热爱和爱国情怀，组织策划过各类会议精神的学习。

在担任机械工程学院辅导员助理一职期间，本着分担辅导员工作，服务同学，锻炼自己的心态，无怨无悔地将工作做好。在空闲时间，时常逛宿舍了解各个班级的动态，和各班的班长或团支书交流工作的经验。有时帮忙年级整理文书等工作，负责年级活动的策划和组织，负责各项活动的通知，有时会用飞信平台向各班发送正能量信息，在处理工作上，保持冷静和经验熟道的作风，在同学之间有较好的口碑。

强化专业知识本领,争当科学"排头兵"

陈焕在 2013—2014 学年度综合测评排名第三,专业知识过硬,在传统和新兴机械行业都有一定的项目研究并取得一定的成果,在国内核心期刊《电子制作》杂志公开发表学术论文《基于机械手的物料分选装置设计》(中国知网收录),并拥有两项被受理专利(受理号 201520289993.9、201520289959.1)。主持广东省大学生创新创业训练计划项目"基于 WiFi 接入网的热水器远程控制系统实现""基于 WiFi 协议的人体多生理信息采集与监控系统的设计与实现"两项,主持在研广东大学生科技创新重点项目"基于搬运机器人(AGV)的智能仓储系统""基于 STM32 系统开发的高智能化迎宾机器人"两项,主持校内学生科研 SRP 项目"基于机械手的物料分选装置设计""普通铣床数控车铣一体化改造设计"两项。他具备良好的团队合作意识,参与研发万事达集团"智能家居"、广东省嘉腾机器人自动化有限公司"AGV 搬运机器人"、"基于 PV200 视觉系统的四轴机械手的设计与实现"等多项企业项目,并取得优异的成绩。

他具备良好的团队意识,无论是参与哪一类项目作为队长,都会毫无保留地将自己的知识跟队友分享,指导并帮助同学参与各类项目的研发,给身边的同学带来良好的学习氛围。

志愿服务耀青春,安康家乡齐努力

除了在学校担任职务之外,陈焕同志还担任雷州市大学生志愿者联合会主席一职。他用自己的实际行动,来证明自己当初的选择是对的,他们所策划和组织的活动,在当地引起强烈的反响和共鸣。他带领他的团队,从调研当地社会动态到举办对应活动,从初次探索活动到成熟举办活动,他让他的部门成员学到了如何更加去爱别人,让爱无限距离地传播。

他与成员一起组织策划过国际留学生在当地开展义诊志愿服务活动,帮助当地病患者治疗伤痛,预防病情;他和他的团队一起组织策划过"环保宣讲",在当地的部分小学、中学开展保护环境的知识传播志愿活动,与当地环保部门负责人交流保护环境的意见;他和他的团队一起组织策划过联合全国各高校学生开展"大型高考网络报考咨询会""大型高考学习交流会",

据不完全统计，参与高校多达 50 所，受益人次多达 7000 人次；他和他的团队组织策划过联合社会企业等资助家庭贫困大学生、受灾贫困大学生多达 30 人；关爱孤寡老人送温暖多达 100 人次，他和他的团队联合广东工业大学"红木棉"义修队、"红十字会"协会开展家电维修、医疗知识普及等活动，共计受益人数多达 400 人。

坚强自立，自强不息

陈焕进入大学以来，凭着自己的努力和优异的学习成绩，两次获得学校二等奖学金，两次获得国家奖助学金。他说，他的父母是憨厚的农民，其经济收入仅靠务农为主，加上常年的台风自然灾害，尤其是去年的"亚马逊"导致农作物颗粒无收，而且房屋倒塌。家庭经济环境并不理想，母亲前年做过一次手术，去年又因病住院疗养。父亲身体偏差已经很少干活，重担全部落在母亲身上。也因这样的家庭环境，他更能体会父母的艰辛，让他变得更坚强自立起来。在校期间，陈焕会利用空余时间做兼职工作维持平常的一些生活开销，利用获得的奖学金贴补平时的伙食费和学费。他说，能独立自主一点，家里的负担就少一点。

结　　语

他把他大学 2/3 的时间用在工作上，把一直以来从事的每一件事情都尽量做到最好。在大学期间，他用另外的一种方式来报答国家、学校、老师对他的培育和资助，他总是觉得，在大学最大的收获就是感恩，而这种感恩，就是将身边的每一件事情做好。

事迹简介

陈焕同学在校期间担任学院辅导员助理，兼任学院学生第一党支部副书记，工作认真负责，先后被评为校"优秀学生干部"和学院"优秀共产党员"；学习成绩优异，多次获得奖学金；科研创新能力强，在国内核心期刊公开发表学术论文（中国知网收录）1 篇、被受理专利 2 个（受理号 201520289993.9、201520289959.1），主持完成或在研广东省大学生创新创业训练计划项目 3 项，主持在研广东大学生科技创新重点项目 2 项；热心公益，积极参加志愿活动，多次被评为市"优秀志愿者"及"优秀组织者"。

生命不息，激情不已

生命不息，激情不已，这是一种追求。我坚信，"追求卓越，成功就会在不经意间追上你"。

——钟俊杰

钟俊杰，男，中共党员，2012级国际经济与贸易（全英）（2）班班长。2013年、2014年国家励志奖学金获得者，黑马部落创始人，国际经济与金融学院教学信息员院级组长，曾任校人事处助理、院外联部干事。曾获2013年、2014年"优秀学生干部""三好学生标兵""三好学生"、学习成绩综合排名百强、龙舟赛第一名、舞龙第一名、"优秀运动员"等荣誉称号。

自主创业，提升自我

在大学，学生普遍会集中在期末考前一个月复习备考，而学习成绩靠后的学生往往会找学习成绩靠前的学生帮忙辅导，但他们之间缺少集中化管理，而导致学习效率低下。基于此现状，2014年5月，他与两名同学创立了黑马部落（挑选学科精英在校内为大学生提供考前辅导），开始了他的第一次创业之旅。

创业初期，他们以广外南国商学院为试点开展经济管理专业的高数类课程辅导（包括大班跟一对一辅导），辅导期间学科精英通过自身的学习经验与技巧引导学生在专业课的学习，这在一定程度上解决了经济管理专业学生在专业课学习的困难。同年9月，他们结合实践经验完善的创业策划书通过了"广东省创新创业训练项目"立项并且得到5000元的创业资金支持。此外，黑马部落还得到校领导的支持，顺利通过校继续教育部审批备案，批准在校内开展辅导班。

目前，黑马部落已经在本校顺利开展了两期：第一期共有25名学员报名参加黑马培训班辅导，其中24人顺利通过考试，更有微积分学员创下98

分和95分的高分；到了第二期，学员从第一期的25人增加到58人，其中53人通过，优秀率（80分以上）为53.7%；第三期培训班筹备工作现已顺利进展到招学员的最后阶段。至今黑马部落已经成立一周年了，部落团队规模也从第一期的6人增至第三期的27人。

黑马部落接下来的发展目标是扩大业务和经营范围，在各大目标高校内推广并搭建学习交流平台以形成高校间的资源共享与互补（如利用本校的语言优势与广工的工科优势形成互补）。通过人才储备构建大学生人才资源库，从而打破校内限制为社会提供相关服务。

在谈及黑马部落今天的成就时，他体会说，黑马部落让他收获了团队，懂得了"不会做的事情，不该选择逃避，而是努力学着去做"以及"坚持，坚持到底"的处事态度。他在创业中建议要以团队为核心，带着"一起上"的心态坚持自己的梦想，并坚持到底，但一定要善于总结失败与成功的原因，并从中不断完善自我。

甘于奉献，勇于实践

作为一名中共党员，他时刻以一名优秀的共产党员标准来要求自己，增强自己服务社会的意识。大一暑假，他通过选拔参加了暑期"三下乡"志愿者活动，为期8天的志愿者活动期间，虽然生活条件很艰辛，但他还是与支教团队齐心协力每天充分备课保证教学任务，好让学生学习到更多、了解到更多"大山"外的精彩生活，其间他们还志愿为该校新建立的图书馆编辑排版书目。而此次支教他也获得了个人的"三下乡优秀心得体会奖"。此外，他的身影还活跃在新生接待、毕业典礼、图书馆义工等志愿者活动中。

而作为班长的他也不忘与同学一起学习、一起进步，积极在班里组织团队参加教学实践竞赛。如他曾带领团队获得了第三届经济知识竞赛团队二等奖以及个人优秀奖、商务演示大赛团队二等奖、班级风采大赛一等奖。

此外，他还参与第114届中国进出口商品交易会实习，作为办证组组长，他善于与外商沟通，解决他们在办证方面的疑难点并协调组员快速办理证件。在实习期间，他们组的办证数以及合格率都排在整个区的前列且很受督导好评，而他也以优异的表现荣获"广交会优秀实习生"。

工作、学习两不误

今年是他在大学担任班长职务的第三个年头，而在中学阶段，他从未担任过班长的职务，但在大学他毛遂自荐竞选班长一职以挑战自己。初来大学，他要面对的是大学生活中各种新环境的适应过程以及班上同学之间的生疏，这对于初次担任班长的他想管理好一个班、提高班级的凝聚力无疑是一个挑战。尽管眼前困难重重，但他从未有放弃的念头，而是朝抵抗力最大的方向走，不断努力向前。

担任班长期间，他联合班委，积极组织班上的各种课外活动，让同学们在参与中体会班集体的存在，进一步增强了班级的凝聚力。在他带领下的班级也以整体优异的表现得到校领导的充分肯定，并连续两学年被评为"优良学风班""优秀班集体"以及"优秀团支部"。同时，他也连续两学年被评为"优秀学生干部"。

同时兼任黑马部落负责人、国际经济与金融学院教学信息员院级组长以及班长的他并没有因为工作的繁忙而落下自己专业课的学习。在处理繁忙的工作事务与专业课的学习中，他会先给自己定下各个时期要完成的任务，然后通过合理的规划制定出自己的工作、学习时间表。他坚信，越努力，越幸运，在学习方面本着孜孜不倦精神的他连续两学年综合成绩排名班级第一（第一学年专业第一，第二学年专业第五），并且连续两学年获得了国家励志奖学金，同时获得了"三好学生标兵""三好学生"的称号。

生命不息，激情不已，这是一种追求。他坚信："追求卓越，成功就会在不经意间追上你。"

事迹简介

钟俊杰同学，在校表现优异，是"黑马部落"创立者，并通过广东省创新创业训练项目立项。同时服务社会，甘于奉献，积极参与暑期"三下乡"、新生接待、毕业典礼、图书馆义工等志愿者活动；此外积极参与广交会实习，作为办证组组长以优异的表现荣获"优秀实习生"的称号。在学习方面也本着孜孜不倦的精神连续两学年综合成绩排名班级第一，并连续两学年获得了国家励志奖学金以及学校"三好学生标兵""三好学生"等称号。

成长印记

> 我深知不识字的父母在外打工的艰难,大学三年中,我从未向家里要过一分钱,靠学校和国家的资助完成学业。如果没有国家和学校的帮助,我也不可能顺利地完成学业,所以我一直都很感激学校领导、身边的老师和同学对自己无私的帮助和培育之恩!
>
> ——崔影周

崔影周,男,1989 年出生,安徽阜阳人,中共党员,深圳职业技术学院汽车与交通学院汽车技术服务与营销专业 2010 级(12)班毕业生,2010 级级长。现工作于森那美汽车实业有限公司南山分公司,任售后维修部服务顾问。

他出生在安徽省一个贫困的偏远农村,家中兄弟姐妹 3 人,他是唯一的男孩。由于家庭条件不好,父母很早就出去打工,13 岁时,他就开始承担家务并照顾妹妹。父母外出靠体力赚取微薄的工资,供养他上学,他深知自己父母在外的不容易,所以他上学一直都非常用功。当他拿着大学录取通知书的那一刻,他流下了激动的泪水。

走进大学校园,他觉得校园比他想象得还要美,还要大,他想象着自己以后也会是这众多人群中的一员,他的嘴角挂着微笑。当然,他也深知因为自己家庭经济的困难,在深圳这个大城市求学不易,所以在刚开学,他就着手开始做各种兼职。大学期间,他凭借着兼职和国家奖助学金及创业获得的收入,维持了他在深圳的基本生活。他深知不识字的父母在外打工的艰难,大学三年中,他从未向家里要过一分钱,靠学校和国家的资助完成学业。如果没有国家和学校的帮助,他也不可能顺利地完成学业,所以他一直都很感激学校领导、身边的老师和同学对自己无私的帮助!

大学三年,他从一个普通的共青团员成长为一名中共党员,曾被评为 2012 年广东省优秀共青团员;他热爱专业,成绩一直名列前茅,获得 2011 年度和 2012 年度国家奖学金及汽车营销高级销师;他是出色的学生干部,从副班长到 2010 级级长,他踏实工作,以身作则,严于律己;被学院连续两次评为年度"十大励志人物";获得学校"优秀毕业生"代表;获得

2012年"全国职业院校技能大赛"高职组选拔赛一等奖；荣获2011年度和2012年度国家奖学金，毕业一年，工作认真负责，深得公司领导信赖，是公司公认的储备干部。

提升素质，积极要求入党

刚入校时，他跟大多数同学一样，凭着一腔热情在新生军训时向党组织提交入党申请。随着理论课程的学习，自己对入党的渴望加上身边党员干部的影响点燃了他积极要求入党的激情。作为学校青年学生代表，他参加了团市委组织的"青年座谈会"，学习王荣书记的寄语，听取了深圳建设者们的先进事迹，进一步充实了自己的精神世界。经过党组织的长期考验，2011年他成为发展对象，其间被推选为2012年度"广东省优秀共青团员"。最后他以优异的成绩从业余党校毕业，于2013年3月加入了中国共产党。

刻苦坚持，突破成绩新高峰

2010年，他幸运地考上了自己理想的大学，他坚信自己的选择，开始了他的求学长之路。

他热爱自己的专业。上课时，他总坐在第一排，每天第一个进班级，提前预习，认真听课，认真做笔记，课后第一时间完成作业，并安排时间复习，课余时间喜欢和老师交流。大学三年，他一直保持全勤，并以身作则，严于律己，一直都是老师们公认的好学生，是同学学习的榜样。大学三年里，他一直保持优异的成绩，是公认的佼佼者！

课余时间，他善于抓住身边的机遇，通过各种途径拓展知识面。大学期间开始创业并成为中国劲酒和G2000代理商，参加校物理实验设计大赛荣获二等奖，参加"全国职业院校技能大赛"高职组选拔赛获一等奖。

脚踏实地，成就学生干部典范

他是2010级级长，一名普通的学生干部，除了学习，学生工作几乎是他的全部。不管什么时候，他总是最忙的，以同学们的利益为重，利用自己的课余时间完成好每一项工作。3 年时间，参与学院 3 次国家奖助学金评比、6 次校内奖学金评比、2 次校内困难补助申报审核、2 次助学贷款申请、6 次校级评优工作，总共服务 2010 级学生 718 人次。同时，他还圆满组织年级学生全民健身等活动。正是对工作的那份热忱和执着，他得到同学们的认可，先后被评为学院先进个人和学校优秀学生干部。

志愿服务，无怨无悔奉献青春

他是一名优秀志愿者，从不放弃参与志愿服务的机会。在校期间，他参与了世界海洋日、深圳地铁等志愿服务工作。

2011 年，第二十六届世界大学生夏季运动会在深圳举办。3 月，大运会志愿者相关工作全面启动，作为 2010 级级长，他提前进入了志愿者的角色。他担任自行车场馆综合事务大队队长，从志愿者招募、注册、培训、测试赛到大运会正式比赛；从通宵达旦的注册工作，到繁琐的各类文件拟定和志愿者信息平台的搭建，再到志愿者管理调配和激励信息发送；随着大运会的进程一路走来，他几乎每天都要跟老师和其他一些伙伴一起加班到深夜，基本上没有周末。

自行车场馆大运会测试赛 7 天、正式比赛 12 天，他负责 265 名志愿者证件管理、临时调配、激励信息发送，并要协助完成志愿者的餐饮、交通、医疗、物资发放……连续的工作，每天四五点钟起床，晚上 9 点多钟回到宿舍，酷暑炎热，长时间工作造成的身体不适，他都默默承受，从无怨言，直到大运会结束才有时间去医院处理。

工作一年，深得公司领导器重

2013 年 7 月盛夏，他作为优秀毕业生代表站在毕业典礼发言台上，感怀大学 3 年短暂而美好的时光，感恩学校及老师的莫大帮助，他憧憬未来与全体毕业生共勉"我是汽车人，我骄傲"，毕业后紧紧团结在汽车校友会里。

走向社会，应聘到森那美汽车实业有限公司南山分公司，从事汽车维修接待工作。面对各类问题，他总是善于和客户沟通，他运用在大学中的学习和工作经验，很快熟悉了工作内容和工作流程，经常为部门工作出谋划策。

半年时间,他以勤奋务实的工作风格、百分之百的出勤率,合理高效出色地完成各项工作,做到老客户维系第一名。他多才多艺,实习期间就为公司年会出谋划策,参加公司年会策划,第二年成为公司指定年会主持,深得公司领导与同事的信赖。但是,他一直没有忘记自己的梦想,没有忘记走进公司时给自己的定位,在努力做好目前工作的同时,加紧学习汽车行业相关知识,提升综合能力,努力把自己培养成公司的核心人才,回报母校、回报社会。

事迹简介

崔影周同学出生在贫困的偏远山区,是家中唯一的大学生,他热爱学习,勤奋刻苦,曾获得深圳职业技术学院二等奖学金、国家奖学金、深圳职业技术学院"优秀毕业生"等奖项;作为2010级级长,工作认真负责,曾获得深圳职业技术学院"先进个人"、深圳职业技术学院校学生会"校级优秀干事"、汽车与交通学院"十大励志人物"等荣誉;热心公益,积极参与志愿活动,曾获得广东共青团"创新争优,服务大运"先进个人、深圳职业技术学院"大运会杰出志愿者"等称号;毕业一年,工作认真负责,深得公司领导信赖,公司一直都是把他当成储备干部培养。

用心付出

学生的首要任务是学习，所以我要把主要精力放在学习上。

——徐军军

徐军军，男，深圳职业技术学院2012级建筑工程管理专业学生，院义工分会会长，曾担任深圳东站春运志愿者负责人、深圳百公里志愿者站站长、南山半程马拉松组委会志愿服务总管。2014年春运期间组织了为期22天的深圳东站春运志愿服务活动，受到了《深视新闻》的专题采访及报道，用爱心和行动，为深圳义工代言。多次获国家励志奖学金、国家助学金、校一等奖学金、奇信建设英才企业奖学金，先后获"三星级义工""百优义工""优秀志愿者""先进个人""优秀团员标兵""优秀学生干部标兵"等荣誉称号。在2014年6月份的全国职业技能测量大赛广东选拔赛中获得了由广东省教育厅颁发的两项荣誉证书。在校期间自主创业，在家乡创办了潜山县天美刷业有限公司，半年内就盈利5万多元。

用爱心和行动，为深圳义工代言

2012年年初他来深圳上大学，深圳乘成功举办大运会的东风，在全国首次系统化提出了建设"志愿者之城"的目标，极大地激发青年人的志愿服务热情，全社会形成了"来了就是深圳人，来了就做志愿者"的氛围。他申请加入了学校义工联合会，注册成为了深圳百万"红马甲"中的一员。只要协会举办义工活动，他就积极地参与其中。在参与了一年的志愿服务活动后，他决定留在义工分会并成功竞选成为学院义工分会会长，从一名志愿服务参与者转变为志愿服务策划执行者。

2014年新年第一天深夜两点，晨曦未露，天气寒冷，当寝室同学都还沉浸在睡梦中时，他小心翼翼地起身下床，快速洗漱收拾好赶往离学校很远的大鹏广场，参与第一届大鹏新年马拉松志愿服务活动，此次他是负责赛道饮水站工作，"参赛者高峰通过的时候还是有点紧张的，担心供水不及时会影响参赛者比赛，不过志愿者们大多数是有过赛事服务经验的，所以服务工作进行得很顺利。"徐军军说。

像组织这样的志愿服务活动有很多，如"李宁10km路跑联赛""深圳百公里""为爱同行""为爱奔跑"等深圳大型赛事活动志愿服务。据学院统计，任职学院义工分会会长期间，他带领学生义工开展志愿服务活动85次，总参与人数2275人次，个人义工服务时间达400小时，志愿服务丰富多彩、形式多样，涵盖赛会、科技、文化、助学、环保等众多领域。

2014年春运期间，他组织安排了为期22天的深圳东站春运志愿服务活动，为春运返乡人民提供咨询、指引和帮扶活动，受到了《深视新闻》的专题采访及报道。同年5月，他所在的义工分会被评为"志愿服务校长奖"，7月，盐田区文体局授予义工分会"为爱同行奖"。与此同时，徐军军个人在学校先后被评为"优秀学生干部标兵""百优义工""三星级义工""先进个人""优秀团员标兵"等众多荣誉称号，在校外获得各种活动颁发的志愿服务证书逾20项。

精于学业，拼搏在路上

"他上课从不迟到早退，每次坐在第一排认真听课做笔记的一定就是他"，徐军军的舍友评价道。徐军军说："学生的首要任务是学习，所以他要把主要精力放在学习上"。

课堂之上，他认真学习，先后通过了英语四级考试，并考取了高级绘图员证、国家三级测量工证等双高技能证书。

课堂之外，他被学校推荐参与全国职业技能测量大赛，经过两个月的辛勤操练，在2014年6月份的全国职业技能测量大赛广东选拔赛中获得了由广东省教育厅颁发的两项荣誉证书。平日里，同学们遇到难题，他会主动帮助同学们解决。他先后获国家励志奖学金共两次，获校一等奖学金、二等奖学金共4次，奇信建设英才企业奖学金1次，学习成绩在专业名列前茅，是老师和同学们眼中的好学生。

学以致用，自主创业力争先

徐军军是省外生，老家在安徽，"中国刷业基地"就是他的家乡。制刷业是他老家最具特色的区域板块经济之一，家乡的农民从20世纪70年代开始制刷生产，经历了从手工制作到机械化制造，从单一民用刷到环卫刷、工业刷等多个刷种，从家庭作坊式单干到特色园区产业化生产，从上门推销到网络化购销的转变。目前，家乡已拥有制刷企业300多家，从业人员1.2万人，年创产值5亿元，销售市场遍及全国各地及英、美、加拿大等国家和地区，其中工业用刷占国内市场70%以上份额。从大一下学期开始，徐军军便看准了家乡的毛刷行业，而且他的第二专业是学计算机的，本专业学过招投标课程，他很想把在学校所学的知识学以致用。于是他向朋友筹集了1万元的启动资金，通过网络营销和招投标，半年内就盈利5万多元，收回了成本。

2014年春节，为了扩大业务量，树立行业品牌，他在家乡注册了一家100万元的公司，主要销售供扫路车和扫雪车使用的环卫刷。他说："经常在电视看到环卫工人清扫街道手被割伤或被撞伤，公司销售产品的同时，更想宣传道路环卫作业机械化，让环卫工人退出第一线，减少对环卫工的各种伤害。"

事迹简介

徐军军同学热心公益，积极参与志愿活动，曾担任院义工分会会长、深圳东站春运志愿者负责人、深圳百公里志愿者站站长、南山半程马拉松组委会志愿服务总管等职务，并获得"百优义工""三星级义工"等称号；学习刻苦，成绩优秀，他多次获国家励志奖学金、国家助学金、校一等奖学金、奇信建设英才企业奖学金等奖项；在校期间自主创业并在毕业后回家乡创办了潜山县天美刷业有限公司，公司前景乐观。

严格要求，不断进步

> 我学习态度认真，学习目标明确，态度端正，勤奋刻苦，通过不懈努力，取得了优异的成绩，能够充分合理地利用时间，提高学习效率。
>
> ——黄晓彬

黄晓彬是广州城建职业学院艺术与设计学院工业设计班的一名学生。他现任广州从化平安志愿者高校联合会宣传部部长、广州城建平安志愿者服务队宣传部部长、第十八期艺术学院入党积极分子培训班班长、219宿长。大学期间，他不断成长，现将他的事迹汇报如下。

信念坚定，甘于奉献

他经过第十八期艺术与设计学院入党积极分子的理论学习培训，系统全面地学习了马列主义、毛泽东思想和邓小平理论、习主席中国梦的理论，经考核，在班上取得了第一名优异的成绩；尊敬师长，关心集体，认真参加学校组织的各项政治活动。他时刻督促自己，检查自己，思想行为方面作风优良，待人诚恳；在政治思想方面，具有坚定正确的政治方向，在思想和行动上严格要求自己，在不断加强自身素养的同时，也做好各项工作，时刻以优秀党员为学习目标。

2013年，他加入广州志愿者，开始了他的志愿者历程，不断向社会传递正能量与爱心。

2013年至今，他多次协助广州从化公安局和消防大队、学校保卫处，完成了多项公益设计，得到各组织的好评。参加了消防演练、党的群众路线建平安社区宣传、中小学安全宣讲活动、小学义教、清除校园牛皮癣、交通指挥等多项志愿服务。

2013年放假期间，参加了深圳市青草义工活动和深圳市爱心拓展义工为春运活动公益设计等。

2013年向党组织递交了入党申请书，2014年成为入党积极分子，在此期间，积极参加党的活动，如废弃回收循环利用活动，用色彩描绘党活动，担任过党日活动主持人等。

勤奋刻苦，不懈努力

他学习态度认真，学习目标明确，态度端正，勤奋刻苦，通过不懈努力，取得了优异的成绩，能够充分合理地利用时间，提高学习效率。他对学习和生活上遇到困难的同学，尽他所能地帮助同学。他为人真诚，换来了同学们的信任和支持，也因此他与同学关系很融洽。

2013年至今，他利用周末和晚上时间，参加华南师范大学专升本学习，目前省考已经全部通过。

2014年，他被软件专业老师指定为小老师，专门教一位中途来的新生软件，使他的软件专业水平得到不断巩固。

2015年，学习专业方面，设计的手纹鼠标在广东省"挑战杯"第十三届大学生科技作品竞赛荣获三等奖，同时，在校园科技之"挑战杯"大赛荣获"重点项目"。设计的"兄弟DIY瓶"在校园科技大学生创意设计大赛获团队三等奖。

2013—2014年度获得国家励志奖学金、校一等奖奖学金，同时被评为"优秀学生标兵"。

2014年，利用课余时间自学建筑工程（其他专业）CAD绘图，目前已拿到对应职业专业证书。

积极实践，提升自我

2013年暑假，在揭阳市普宁南径镇育星幼儿园补习班，他担任一年级补习班教师。

2014年暑假，在揭阳市普宁南径镇育星幼儿园，设计该园宣传资料，同时，参与了南径镇罗文池先生别墅项目室内规划图与园林规划图的设计，8月份全部竣工。

2014年大二寒假，他在深圳市福田区彩之龙印刷技术有限公司，担任设计部平面设计师，完成了各项大小项目，一个月为公司完成了7000多元的设计，接到的项目有深圳宗泰房地产宣传册设计、深圳市缪氏川菜店面装修图设计、深圳媒介中的招商银行、中国农业银行海报项目、深圳理光图像技术有限公司、深圳市名通教育等，完成了多项目设计，得到公司老板和设计经理的认可和好评。

2014年，他利用课余时间，在人文学院老师办公室，当了网页设计员，在人文学院标志征集中，荣获一等奖。

2013年至今，他和队友3人在大学期间创办了广州XO设计工作室，完成了多个大小实践设计项目。

事迹简介

黄晓彬同学积极参加消防演练、党的群众路线建平安社区宣传、中小学安全宣讲活动、小学义教、清除校园牛皮癣、交通指挥等志愿服务活动，2015年被从化公安局评为从化高校"十佳平安使者"，曾多次被评为校"优秀志愿者""志愿服务积极分子""文明先进个人""学风建设先进个人""优秀共青团员"等；同时也是院学生会组织部干事，工作认真负责；勤奋好学，学习成绩优异，获得2013—2014年度国家励志奖学金、校一等奖奖学金、"优秀学生标兵"等；他设计的手纹鼠标获得广东省"挑战杯"第十三届大学生科技作品竞赛三等奖、校园科技之"挑战杯"大"重点项目"；他设计的"兄弟DIY瓶"获得校园科技大学生创意设计大赛团队三等奖。

自强、刻苦、坚持、感恩

> 面对困境，未来的路是被困境所影响，混沌地过一辈子，还是走一条自强之路，做自己命运的主人？面对家庭压力，我选择的是后者。
>
> ——苏锐炀

天行健，君子以自强不息。苦难压不倒坚毅，自强可以战胜一切。面对困境，未来的路是被困境所影响，混沌地过一辈子，还是走一条自强之路，做自己命运的主人？面对家庭压力，他选择的是后者，调整好心态，挺直腰杆，坚定地迈出脚步，以积极向上、勇于挑战的态度走向成功。他就是来自顺德职业技术学院经济管理学院2012级市场营销（1）班的苏锐炀。

农村孩子当自强

他出生于广东潮州市凤塘镇沟头村一个贫穷的农村，一个平凡的家庭，家里有爷爷、父母、哥哥、妹妹。他小的时候，家里是养鱼的和种田的，所以每当放学后，当其他小朋友在玩耍时，他都得去田地里帮父亲割草喂鱼。有一年，他那里刮起了超强台风，带来强大的降水量，整个池塘都被淹没了，里面养了一年快要收成的鱼基本都逃走了。那一天晚上，他的家人都彻夜未眠，想拯救却无计可施，看着父母那憔悴又无奈的样子，他就下定决心好好读书改变命运。农村的孩子早当家，意识到家庭的困难，他积极帮家里一些忙，寒暑假都出去打工，帮忙减轻家里的压力。同时在他的努力下，他也作为村里为数不多的大学生来到顺德读书。

学习知识必自立

自从满怀希望和憧憬来到顺大的那一刻起，他就下定决心努力学习，绝不辜负父母的期望与自己的理想。他积极要求上进，从未放松对专业知识的学习，因为他知道作为一名学生，在校的最主要的任务就是学习，而且在这个充满竞争的社会里，只有不断地充实自己，才能使自己融入社会。他努力地学习各门文化知识，学习成绩排在专业前列。他严格要求自己，不仅要多阅读，多动手操作，还要勤于思考，凡事多问几个为什么，自立自强，争取更加优异的成绩。经过努力，他也两次获得了学校二等奖学金及国家励志奖学金。

全心全意为同学

他现在是一名光荣的中共党员，同时还加入了学校的一些组织，曾担任经管团委副书记、校绿之韵茶艺协会分会长、班上素拓小组长。在部门工作中，他认识了很多的新朋友，他们一起做事，一起奋斗，其乐融融，让他在忙碌中倍感幸福。虽然有时会很忙，连吃饭都没时间，但是他没有埋怨，没有放弃，而是不断地努力，把每件事都认真负责地做好。因为他心中有一个信念，既然选择了这条路，就要一直向前走下去，即使前方的路再难、再坎坷，也要自强不息，勇往直前。他认为为同学们服务既是作为学生干部的宗旨，也是作为一名中共党员的使命。

社会活动促发展

他深知家里的条件不是很好，父母在家每天都是很辛苦劳动，早出晚归，省吃俭用。所以当别的同学都在玩、在休息娱乐的时候，他选择积极参加勤工俭学活动，他认为这样不但提高了自己的能力，而且还有一定的收入，节省家里的开支。在工作的时候，有时会很累很苦，但是他没有抱怨什么，而是坚持把工作做好，用汗水换来成长，换来生活。他还参加了暑期"三下乡"活动，实践团去到湛江市一个偏远的农村，他不畏辛苦，早起晚睡，雨天洗冷水，睡地板，吃大锅饭，为的是能给当地小学生带来一个难忘的暑假，能给当地村民带来欢乐。平时，他也积极参与各种各样的志愿者活动，在2014年他被评为了顺德"一星级义工"。

全面发展追目标

在学校工作生活的同时,他也积极参加各种活动比赛,他相信有付出就会有回报,没有付出就不会有收获。同时他认为是金子总会发光的,要想自己足够亮,就要奋发图强,不断地丰富自己的内涵,提高自己的软实力。

他多次被评为校"三好学生""自强之星""优秀团干""优秀学生干部""先进个人""先进工作者""优秀导师""优秀班主任助理""十大风云人物"。

曾获国家励志奖学金、二等奖学金、李佘少鸿奖学金;"彩虹人生——挑战杯"创业计划大赛全国二等奖、广东省一等奖、校银奖;"创青春——挑战杯"创业计划大赛广东省铜奖、校金奖;省教育厅"我的中国梦"博客大赛二等奖;省教育厅"我的中国梦"摄影大赛三等奖;佛山市第七届校园文化节之"非 wo 莫属"大学生创业设计大赛二等奖;顺德区"一星级义工"、三下乡先进个人、先进志愿者;省首届"行业—专业—就业人才需求分析"大赛校内一等奖,进入省赛;校巅峰营销大赛"最佳巅峰营销冠军"和"最佳辩手";多次参加业余党校、业余团校并获"优秀学员"的称号。

永怀感恩之心

他感谢国家对贫困在校大学生的关心和爱护,对他学习的支持和鼓励,让他有和其他同学一样的机会在教室里学习,有同样的机会听老师们传授知识和教育,在学校里安心地追求自己的理想和目标,努力实现自己的人生定航。还要感谢学校的领导和勤工助学工作的老师们,是他们给了他获得助学金的机会;感谢代课老师,是他们教育他学习,从而获得了优秀成绩。感谢所有帮助过他的人。

积极向上做服务

在人生旅途中,他不断地挑战自我、超越自我、完善自我,用自己辛勤的汗水谱写属于他自己的辉煌。认真对待每一件事情，不畏艰险，迎难而上。服务人民，服务社会，帮助需要帮助的人是他的前进方向。

事迹简介

苏锐炀同学家穷志不穷，励志成长，刻苦学习，成绩在班级前列，获得两次学校二等奖学金、国家励志奖学金；作为学生干部，工作认真负责，多次评为校"优秀团干""优秀学生干部""先进个人""先进工作者""优秀导师""优秀班主任助理"等称号；积极参加创业比赛，获得"彩虹人生——挑战杯"创业计划大赛全国二等奖、广东省一等奖、校银奖，"创青春——挑战杯"创业计划大赛广东省铜奖、校金奖等奖项；热心公益，积极参加志愿活动，被评为顺德区"一星级义工"、"三下乡"先进个人、先进志愿者等称号。

莫道人间沧桑苦，小荷依旧笑绽放

　　国家和学校出台的助学政策犹如雪中送炭，为我送来了寒冬里的温暖。这是党和国家、学校和老师对我的巨大支持和帮助，是这些帮助给了我更多希望的光芒，给了我更强的信心和勇气去学习知识，去追求梦想！

——黄　冰

　　黄冰是广州市商贸职业学校2012级会计（3）班的团支部书记，自2012年9月入校以来德智体各方面表现优异。她在入校不久就获得2013年度"广州市优秀学生干部"的称号、2014年11月参加广州市财经类中职学生技能竞赛手工记账获得三等奖。在校期间获得过3次一等奖学金、2次二等奖学金。每年被评为校"三好学生"，多次获得学生会积极分子奖、学校全勤奖。她不但担任班级团支部书记，还积极参加校学生会的各项活动。她的主要事迹如下：

命运多舛，仍然顽强不息

　　黄冰父亲早年离世，她一直和母亲、姐姐相依为命，是广东省廉江市的低保家庭，在学校期间也一直申请着国家助学金。在进入学校半年后，姐姐也因病去世，面对生活接踵而来的打击和逆境，年轻的黄冰力量微弱到让人心疼，但她从未放弃希望，迸发出惊人的意志力，呈现出超越同龄人的成熟，不抱怨，不消沉，仍然能够坚强面对生活，刻苦地完成学业。

学习优异，专注提高技能

　　黄冰一直专注于学习，课堂思维活跃，能够大胆提问，3年来学习成绩一直在班级前两名，在校期间获得过2次一等奖学金、2次二等奖学金，连续5次被评为校"三好学生"，多次获得学校"优秀团干部"和"优秀团员"的称号。她注重提高专业技能和自我提升，在 2013 年 10 月参加并通过成人高考，在广州市工程技术学院进修大专课程。在 2014 年 6 月通过会计从业资格证的考试。她积极参加学校的技能竞赛，多次获得好成绩，获 2012 年学校第五届技能节英语口语比赛三等奖、会计知识比赛二等奖；2013 年学校第六届技能节会计知识抢答比赛三等奖、英语技能比赛三等奖；2014 年学校第七届技能节会计电算化比赛一等奖、会计书写比赛二等奖；2014 年 11 月代表学校参加广州市财经类中职学生技能竞赛，获得手工账项目三等奖。

除了专业技能外，黄冰还注重基本技能的培养。她在学校期间，努力专研，先后获得计算机国家高新证书和 LCCI 英语国际职业证书、PETS 全国英语等级二级证书。在学校的技能节上，她作为非英语专业的同学，敢于和商务英语专业的同学同场竞技，先后获得了英语口语比赛三等奖和英语技能比赛三等奖。

管理突出，组织成绩斐然

黄冰在班级先后担任过文艺委员、副班长和团支部书记的职务，无论在哪个岗位，她都表现出很强的管理和组织能力，能够十分高效地完成本职工作。她热心班级事务，任劳任怨，以身作则，团结合作。在她的组织和协调下，班级活动有声有色。在 2013 年带领班上团员到大夫山进行野餐活动，进一步增进了团员们的感情；在 2014 年校运动会上，她以连续空翻的运动动作出场，帮助班级获得了入场仪式最具特色三等奖；积极组织班级的海报设计，在"我们是一家"班级海报设计活动中获得优秀作品奖。

除了班级事务外，黄冰还参加了校学生会宣传部担任干事职务，负责多项策划和组织活动。2012 年度第一学期、2013 年度第二学期获得学生会宣传部优秀干事；2013 年参加广州市共青团干部岗位考核，获得合格证书；她本人也多次被评为学校"社团活动积极分子"。

兴趣广泛，积极提升素养

除了在课堂上的优异表现外，黄冰兴趣爱好十分广泛，努力提高个人素养。她在入校后不久参加黄埔军校训练，成为第 2996 期训练中的优秀学员；她热爱舞蹈，积极参加学校舞蹈队的课外活动，很快成为学校街舞队的队长，在学校文化节上带领街舞队的队友登上中山纪念堂的舞台；加入学校的广播站并担任站长，负责全校的广播工作安排。在课余时间，她积极参加学校的第二课堂，先后获得手工会计第二课堂优秀成员和会计电算化第二课堂优秀成员。同时，黄冰积极在学校的日语社学习日语，拓宽自己的第二外语。

热心公益，主动奉献爱心

2014年10月，黄冰即将代表学校参加广州市财经类学校的手工记账比赛。此时，学校和广州市新市街道联合举办了参加"爱心结盟，与职业梦想同行"的义卖活动。黄冰不顾准备技能竞赛的辛苦，积极投身于班级的义卖活动，她合理安排时间，主动奉献爱心，积极帮助新市街道的老人。黄冰表示：自己一直在接受国家助学金，才得以继续学业。她非常感动，这使她的学校生活在经济上得到了许多的补充。这些助学政策像一股春风般拂去了她脸上的愁痕，温暖着她的心田；又像一场春雨般滋润了她这块缺水的土壤，安抚着她这棵正在生长的嫩芽。它助她顺利地入学并将完成学业，减轻了家里的经济压力。虽然自己目前是个学生，但始终满怀感恩之心，在自己力所能及的范围内，一定要尽力帮助其他需要帮助的人。

结束语

黄冰在学校期间，能够全面发展，她始终以阳光积极的姿态面对生活和学习，秉承坚强奋斗的理念，学习成绩优异，工作能力突出，具有很强的管理组织和协调能力，沐浴在社会、学校和班级的爱和关怀中，她说过：国家和学校出台的助学政策犹如雪中送炭，为她送来了寒冬里的温暖。这是党和国家、学校和老师对她的巨大支持和帮助，是这些帮助给了她更多希望的光芒，给了她更强的信心和勇气去学习知识，去追求梦想！

事迹简介

黄冰同学自2012年9月入校以来在德智体各方面表现优异，她在入校不久就获得2013年度"广州市优秀学生干部"称号。2014年11月参加广州市财经类中职学生技能竞赛手工记账获得三等奖。在校期间获得过3次一等奖学金、2次二等奖学金。每年被评为校"三好学生",多次获得学生会积极分子奖、学校全勤奖。她不但担任班级团支部书记,还积极参加校学生会的各项活动,是学生们全面发展的好榜样。

自强自立,不向命运低头

> 虽然我的家庭很不幸,但是我在学校从没有流露过一丝一毫的哀怨和自卑,反而时刻保持着积极向上的乐观心态,以良好的心态去迎接生活中的每一次挑战,面对生活的压力与困惑,我时常以感恩的心对待。
>
> ——梁雅丽

梁雅丽,女,汉族,就读于广州市聋人学校职业高中部高二(5)班。她生活在一个非常贫困的家庭,但是深处困境的她并不自卑,因为我们的政府、我们的社会让她生活在一个充满阳光充满爱的大家庭里,这种爱的温暖,促使她常怀感恩,乐观向上,直面困难,自强不息。

勇对困境,笑对生活

梁雅丽刚出生不久,便很不幸地被医生诊断出患有听力残疾。她的母亲有中度智力障碍,没有工作能力,她的两个弟弟也有听力障碍。曾经,一家5口只靠父亲每天起早摸黑地耕作来养活他们。屋漏偏逢连阴雨,10岁时,她的父亲因一场车祸离世,14岁的时候,她的一个弟弟意外溺亡,家里只剩下智障的母亲和他们姐弟两个,靠政府的接济和亲戚的帮助过日子。面对不幸,梁雅丽没有自怨自艾,更没有向命运低头,她以自强自立的精神勇对困境,笑对生活,努力前行,不断地在学习上提高自己,在社会实践中磨炼意志,在生活中陶冶情操。在她的身上充满着浓浓的"正能量",得到广大师生的认可和赞赏。

追求上进,乐于助人

在广州市聋人学校就读期间,梁雅丽一直是依靠政府的资助读书的,她知道自己的学习机会来之不易,因而也更加珍惜和感恩,更加追求上进。她积极向团组织靠拢,认真坚持团课学习,并以一个共青团员的标准要求自己。她为人正直，尊敬师长，团结同学，自觉遵守社会公德，遵守学校的各项规章制度，积极参加劳动，热心为集体服务。

她友善待人，乐于助人，集体荣誉感很强。"勿以善小而不为"是她一直坚持的处世原则。坚持从身边的小事做起，一点一滴为同学服务。帮宿舍同学打水，帮助低年级的小同学洗衣服，陪同生病的同学去医院。还投身于我校的志愿者活动，为有需要的人服务。她的表现有目共睹，受到老师和同学的肯定，她也在2014年1月被评为学校的"美丽女生"。梁雅丽具备了一名聋人职中生应该具备的良好素质。

勤学好问，刻苦用功

梁雅丽时刻牢记学习的重要性，重视科学的学习方法和技巧，虚心向老师、同学请教，成绩一直稳居全班第一名。

各门基础课的学习中，她有着明确的学习目标和端正的学习态度：课堂上她注意力集中，积极主动，课后认真完成作业，对于学习中遇到的困难，她会尽最大努力克服。努力付出总会有喜人的收获，2014年12月，在中学语文科硬笔书法比赛中获得三等奖；她与同学一起合作开展研究性学习，成果《广州名人的研究》在2015年学校"中学生研究性学习成果评比活动"荣获二等奖。梁雅丽知道聋人与正常人沟通不畅，主要原因是语句不通，她就积极写作，写作水平有了很大的提高，她写的作文《她的快与慢》在"快与慢"全国高中生大型征文活动中荣获三等奖。

在专业课的学习中，梁雅丽也有着自己的职业生涯规划，她努力学好计算机专业理论知识和实践操作，不断提高职业技能。她的计算机作品获得2013学年学校科艺节活动之电脑作品比赛二等奖。她还积极发挥专业特长，参加学生社团，向计算机老师学习机器人制作的技巧，力求提高自己的专业素养。为了适应日新月异的社会变化，梁雅丽意识到现代职中生必须"一专多能"，她努力提高自身的素质，积极参加学校社团活动。她是学校厨艺社的成员，她积极参加厨艺实践，还参加学校组织的西式面点师初级班的学习，顺利考取了西式面点师的初级证书。

积极管理，工作认真

梁雅丽先后担任班级学习委员、班长、级组干部等职务。她工作积极主动、认真负责、善于与同学沟通。她多次组织同学参加校内外活动，如环保手抄报活动、学雷锋活动、艺术节表演等，表现出了较强的组织能力与领导能力，同时取得了良好的活动效果。在班级管理中，她大胆管理，能及时发现问题、解决问题，并能向班主任提出合理的建议，是老师的得力助手。在级组管理方面，她协助级组长开展级组活动，与其他级组干部一起，自主管理级组的事务，级组的纪律有了长足的进步。在她的带领下，她所在的高二（5）班班风良好，学风浓郁，多次被学校评为"月文明班"和"学期文明班"。入学至今，梁雅丽的工作责任心及认真耐心的工作态度一直都受到老师和同学的认同，她也连续3次被评为学校的"优秀班干部"。

积极乐观，常怀感恩

虽然梁雅丽家庭很不幸，但是她在学校从没有流露过一丝一毫的哀怨和自卑，反而时刻保持着积极向上的乐观心态，以良好的心态去迎接生活中的每一次挑战，面对生活的压力与困惑，她时常以感恩的心对待。生活上朴素节俭，珍惜现在的幸福生活。面对家庭的不幸，她深知一针一线来之不易，她反对奢侈浪费，时刻践行着"厉行节约"的理念。在宿舍，面对着家庭情况同样不佳的同学，她都力所能及地帮助他们解决困难，以她自身的行动传递"正能量"，去感染其他同学，引导同学做到宽容理解，谦虚忍让，与大家和睦相处，愉快成长。

梁雅丽虽然失聪，家庭又先后出现不幸的事，但是她从没有向命运低头，而是一直坚持对自己严格要求，努力完善自我。她的优异表现，深得同学信赖和老师的好评，更难能可贵的是她在各种荣誉面前不骄不躁，依然坚持以这种积极的态度去生活，去学习，去争取更大的进步，不愧是励志成才的优秀学生。

事迹简介

梁雅丽同学虽然有听力障碍，但是她拥有积极乐观、健康向上的生活和学习态度，不仅努力使自己成长为一个优秀的职业高中学生，还影响和带动了身边的同学共同进步。进入职高两年来，积极在各方面发展自身素质，顺利考取了西式面点师初级证书，先后获得了学校"美丽女生""优秀学生干部""文明宿生"等多项荣誉称号，也在多项比赛中获得佳绩。

感恩回报，技能成才

　　每次一提到我的名字，指导老师都十分感叹道："这孩子，特别能吃苦，人缘好又乖巧，真是一个不可多得的好苗子！"

——方　园

　　方园，共青团员，重庆市巫山县人，2010年9月因符合时任中共广东省委书记张德江同志提出的广东省对口扶贫三峡库区全免费并享受生活补贴的国家资助扶贫生条件，就读于佛山市工业学校会计专业。来自巫山山区的这位纯朴善良、天真活泼的小姑娘，怀着一颗感恩的心，积极主动参与班级建设和学校的社团，很快就适应了新的学习和生活。在校期间，她思想上进，是一位充满青春气息和灵性的阳光学生，学习十分努力，成绩优秀，工作投入负责，特长突出，多次被评为"三好学生"，并在广州地区省部属技工院校多项竞赛中都获得优异成绩，是一名德智体美劳全面发展的优秀学生，其带领的校舞蹈队每天风雨无阻的晨练成为校园的一道亮丽的风景线，深得师生的喜爱。现将其事迹详细介绍如下。

尊师爱友，乐观向上

　　在思想上，她热爱祖国，拥护中国共产党，有正确的世界观、人生观和价值观，尊敬师长，关心班集体，团结同学，乐于助人，积极向上，开拓进取。在校期间，其积极配合班主任工作，利用自己文娱方面的特长和爱好，组建了班级舞蹈队，提高了整个班集体的凝聚力和活力，把一个较沉闷的50多人的全女生班变成了一个充满青春朝气的团结友爱的班集体，并带领本班同学在学校每次文艺汇演中都有出色表演，为班争得荣誉。她的努力和付出得到了同学们的支持和认同，在学年的评优中被多次评为"三好学生"，每学期的操行成绩均达90分以上。在佛山市公安局招聘时，因其思想上进，为人正直老实，做事吃苦踏实，具有很强的团队意识和奉献精神，十分顺利地通过了公安局的政审。

勇于钻研,不断进取

在学习上,最难能可贵的是其能科学地分配好时间,处理好学习、爱好与工作的关系。其学习刻苦,勇于钻研,不断进取。其有明确的学习目的,热爱所学专业,对专业感兴趣,在学习上遇到的难题能及时向老师或同学们请教,养成勤动脑、多动手、不懂就问等良好的学习习惯。在校期间参加的全国英语初级等级和全国电脑初级考试中,其均以优良的成绩取得相关的等级技术证书。每学期其成绩在班上都名列前茅,各课成绩达80分以上,平均各课成绩为91分,荣获校"学习之星"荣誉称号,并获得广发银行在学校设立的只有12个奖励名额的广发银行奖学金。

严于律己,甘于奉献

在工作和社会实践中,其吃苦耐劳,严于律己,宽以待人,乐于助人,甘于奉献。作为校舞蹈队队长,她工作主动积极负责,竭尽全力协助指导老师做好同学的管理工作,认真履行队长职责:每天组织队员们进行晨练和形体训练,做好形体室的管理工作和队员们的后勤工作,配合指导老师进行舞蹈节目的编排和排练,组织好队员们参加各种级别的演出和比赛,是指导老师的得力助手。每次一提到方园这个名字,指导老师都十分感叹道:"这孩子,特别能吃苦,人缘好又乖巧,真是一个不可多得的好苗子!""梅花香自苦寒来",她的努力和汗水,换来了整个团队辉煌的成绩:多次在校文艺汇演中获得特等奖;多次参加院校际间的文艺交流并获得兄弟院校的一致好评;获广州地区省部属技工院校五四文艺汇演优秀节目一等奖等。她还利用节假日和休息日主动与多个策划公司沟通与联系,积极参与社会实践,带领队员们参加各种庆典的表演和礼仪服务,既提高了自身综合素质,又了解了社会,还解决了部分队员的生活费问题。同时,她从不计较个人得失,作为师姐,主动帮助师妹们编排班里的节目,还服从学校的安排,积极参与学校或社会团体组织的各项公益活动,做司仪礼仪、编排舞蹈,用其所会,服务社会。

成长成才

　　方园十分珍惜国家与政府给她走出山区迈向城市的机会，在学习、工作、生活中，吃苦耐劳，敢于挑战自己，通过积极主动地参与学校的各项活动，不断提高自身的综合能力，把自己的潜能发挥得淋漓尽致，通过专业老师的指导，成为多面手。她不但专业技能娴熟，而且能歌善舞，更令人佩服的是，她还在广州地区省部属技工院校讲故事与朗诵比赛中荣获三等奖与一等奖。功夫不负有心人，毕业时其以优异的表现被佛山市公安局聘用，在工作中，其严格要求自己，敬业爱岗，在学校毕业生情况调查中，其所在单位同事和领导对其表现十分的肯定，都给她点赞，其突出的表现也为学校争得了荣誉，市公安局自其就职后近两年指定向我校招聘学生，她也成了近年来扶贫生"感恩回报、技能成才"的典范。

事迹简介

　　方园同学在校期间，思想上进，充满青春活力和阳光朝气；学习十分努力，成绩优秀；各学期工作主动积极负责，特长突出。她多次被评为"三好学生"，并在广州地区省部属技工院校多项竞赛中都获得优异成绩，是一位德智体美劳全面发展的优秀学生。毕业时其以优异的表现被佛山市公安局聘用，在工作中严格要求自己，敬业爱岗，得到单位同事的认可，也深得单位领导的赞赏。

成长成才,实现梦想

  就算大冬天穿着露背练功服也是汗流浃背,每次压腿拉筋的时候总是会有歇斯底里的哭喊声,尽管这样的痛很难忍受但我依然离不开舞蹈,每一次的舞蹈我都能完美地在舞台展现,很艰辛但我很快乐,这样我的生活才会更充实。

——纪文珍

  纪文珍,来自惠州市惠城区,目前就读于惠州卫生职业技术学院护理系2013级护理(4)班,担任学习委员和院学生会(中职)主席、爵士舞社团负责人,曾担任护理系学生会主席。

  通过在校两年的学习、生活,她取得了一定的成绩,这些成绩与学校各位领导、老师的关心和帮助是密不可分的,现将她在校的表现汇报一下。

思想觉悟高

  她积极学习党和国家各项方针政策,尤其是党的十八大以来习近平总书记提出的"四个全面"——全面建成小康社会、全面深化改革、全面依法治国、全面从严治党,并时刻铭记习近平总书记强调的"中国共产党人依靠学习走到今天,也必然要依靠学习走向未来"。有着坚定的共产主义信念,坚持党的领导,坚持四项基本原则,坚持用马列主义、毛泽东思想和邓小平理论武装自己,解放思想,实事求是。对于自身各方面有着较充分的认识和思考,有着崇高的理想和远大的目标,并对于前进道路上的困难能够有足够的勇气迎难而上,克服一个又一个困难而不气馁。热爱祖国,热爱党,热爱团组织,有较强的集体荣誉感和是非观念,平时以党员标准严格要求自己,并有强烈向党组织靠拢的意愿。我们的党要上进,我们的国家要上进,我们的民族要上进,就必须要以学习之风,坚持学习,坚持实践。将社会主义核心价值观切实融入生活中,为实现中华民族伟大复兴尽自己一份力量。

学习成绩好

她学习积极认真,不迟到、不早退,认真做好课前预习和课后笔记整理工作,学习目标明确,态度端正,勤奋刻苦,锐意进取,对课程充满了浓厚的兴趣,并善于总结学习经验,不断改进学习方法,理论联系实际,通过不懈的努力,上一学年总成绩在班级排名第五。身为医学生的她,在修好学业的同时也注重对社会的实践。本着学以致用,实践结合理论发挥,抓住每一次机会锻炼自己。向实际困难挑战,在挫折中成长,祖辈们教她勤奋、尽责、善良、正直,惠州卫生职业技术学院培养了她勤学善思的学风。

她热爱医学事业,并立志献身于医学事业!她牢记着医学生的誓词:她志愿献身医学,热爱祖国,忠于人民,恪守医德,尊师守纪,刻苦钻研,孜孜不倦,精益求精,全面发展。她决心竭尽全力消除人类之病痛,维护医术的圣洁和荣誉,救死扶伤,不辞艰辛,执着追求,为祖国医护卫生事业的发展和人类身心健康奋斗终生。"百尺竿头,更进一步",她将在以后的学习中更加努力,不断充实自我、完善自我,做一名合格的医护人员。

实践能力强

她能够团结同学,关心集体,顾全大局,有良好的修养和道德情操,服从领导,能够做到与同学们密切合作、相互帮助。别人不做的事她做,要求别人做到的事自己首先做到,从不揽功诿过、假公济私、与人争名利,领导布置的工作总是尽量去做,从不推诿。在平时,她乐于助人,能够帮别人解决的问题她尽量解决,工作中对不懂业务的同学毫不保留、积极主动地介绍自己的工作经验,不存一丝私心。在这两年来,她做好各方面的计划,规划好院学生会三大系十大部门的管理方案,积极配合及管理院三大系相应的学生会工作,认真负责地完成好领导分配下来的任务,带领好学生会的各项工作。通过两年的工作,她参加了学院55周年校庆表演、学院护理系女生节爵士舞表演、学院建党节舞蹈表演,获得惠州市演讲比赛二等奖、惠州鹅城舞台秀周冠军以及惠州舞蹈大赛高职组三等奖,也荣获"惠州市优秀学生"、学院第七届"十佳学生"、白衣天使奖学金、惠州护理技能竞赛三等奖等荣誉。

自我要求高

　　作为班上的学习委员,她配合老师做好班级管理工作,对于学校分配的各项工作,积极主动地在班上进行宣传并鼓励同学们积极参与,认真做好每一项工作,并做好记录。她生活简朴,不追求时尚,有规律的作息时间,以实际行动感染身边的同学。她会在班上策划组织一些专业知识竞答小活动,以提高同学们学习的积极性。在周末,她会组织班里的同学到社区开展为有需要的爷爷奶奶们量血压,帮他们搞搞卫生、陪他们聊聊天、下下棋等义务小活动,用自己学到的专业知识为他们讲解相应的医学常识,让爷爷奶奶们对一些应急情况能有一定的了解。她是一个热爱跳舞的女生,每一次的舞蹈课程她都不允许自己缺席,在练舞的过程中,就算大冬天穿着露背练功服也是汗流浃背,每次压腿拉筋的时候总是会有歇斯底里的哭喊声,尽管这样的痛很难忍受但她依然离不开舞蹈,每一次的舞蹈她都能完美地在舞台展现,很艰辛但她很快乐,这样她的生活才会更充实。

　　经过这两年的锻炼,她在思想、学习、工作、生活等方面都取得了一定的进步,她相信成功是留给有准备的人,她会戒骄戒躁、脚踏实地地继续提高自己各方面的能力及综合素质,争取有更大的进步。

事迹简介

　　纪文珍同学现担任学习委员和院学生会(中职)主席,爵士舞社团负责人,曾担任护理系学生会主席。曾获得惠州市中职学校学生"爱学习、爱劳动、爱祖国"主题演讲比赛二等奖、学院第二届中职护理技能竞赛一等奖、惠州市护理技能竞赛三等奖等。

执着追梦，勇攀高峰

贫困的家境养成了我艰苦朴素、勤俭节约的优良传统，也锻造了我坚毅的品格。

——李小兰

李小兰，1996年出生，2013年秋入读云浮市云城区中等职业技术学校幼儿教育专业，担任秋二（1）班班长及学生会干部。入学以来，在思想、学习、生活、工作、社会实践等方面都取得了较大的进步，受到老师和领导的一致好评。现报告如下。

品质优良，积极进取

李小兰纪律性强，思想表现好，热爱学校，关心集体，乐于助人，全心全意为班集体做一些力所能及的事，从不计较个人得失，服从安排，团结协作，工作认真负责，态度端正，为人诚实，上进心强，在思想上、行动上都能严格要求自己，积极进取，树立了正确的人生观和价值观，在学生中树立了一个良好的学习榜样。

勤奋好学，成绩突出

自进入中职以来，李小兰一直把学习放在首位，始终坚持"今日事，今日做"的原则，积极投入到各门基础课和专业课的学习中，学习态度端正，目的明确，课前认真预习；课上认真听讲，积极与老师配合；课后勤于思考，按时按质完成老师布置的各项作业。遇到难以解答的问题，她就认真向老师和同学请教，或者直接去图书馆查阅相关资料，在图书馆经常可以见到她阅览书籍的身影。在学好课本知识的同时，还经常参加科技、人文、社科等方面的讲座，不断提高自己的综合素质。虽然担任学生干部工作繁忙，但能较好地处理好工作和学习的关系,学习成绩优秀。2014学年第一、二学期取得考试成绩一等奖,荣获"优秀班干部""三好学生"的称号,同年获得云城区中等职业技术学校普通话比赛一等奖;2014年获广东省"南粤长城杯"云城赛区青少年演讲比赛二等奖;2015年第一学期取得考试成绩二等奖,荣获"优秀班干部"的称号,思想品德考核等级优秀。

工作踏实,效果显著

李小兰一直严格要求自己,对待工作始终保持着积极的热情、坚定的信念和强烈的责任心。从入学开始,她就担任班干部,在平时的班级工作中,她认真务实,尽职尽责,踏实肯干,与同学保持良好的关系,工作态度端正、甘于奉献,为大家树立榜样。她具有较强的组织管理能力和团队协作精神,协助班主任做好班级的日常工作,是班主任的得力助手,两年内先后参与和策划了"青春和谐旋律"歌唱大赛、"庆国庆"文艺汇演、班纪班风大检阅暨广播体操比赛等大型活动。多次策划并主持主题班会,如"善待挫折,放飞梦想""远离毒品、珍爱生命""奋斗与收获"等。由于工作出色,2014年荣获校级"优秀学生干部"的称号,在她的带领之下,她所在的班级始终保持着优良的班风和学风,连续两年被评为"文明班""先进团支部""文明宿舍"等。

生活俭朴,乐于助人

李小兰来自广西壮族自治区的一个农村,家庭经济很困难,她的父母亲在她4岁时就相继离世了,从小与姐姐、爷爷、奶奶相依为命,靠社会与政府救济过日子。家里的不幸和贫穷并没有把她打垮,她也不怨天尤人,小小年纪帮助家里干家务、农活,贫困的家境养成了她艰苦朴素、勤俭节约的优良传统,也锻造了她坚毅的品格,在学校生活里她严于律己,宽以待人。身为寝室的一员,又是学生干部,她带头做好宿舍的卫生工作,杜绝一切不良的生活作风。她主动关心同学,帮助同学解决问题。有一次同室同学病了,她前后两次主动陪伴同学到医院看病,并帮同学垫付医药费。平时善于和同学沟通,在生活中建立了很好的人际关系,获得了大家的尊重和支持。

参加实践,见证成长

作为一名学生,要做到全面发展,社会实践是必不可少的一部分,她积极响应学校团委的号召,投身于社会实践活动。2014年9月组织同学们去"竹园敬老院"及"云浮市智障中心"做好事献爱心;经常利用周六日带领团支部成员开展"为云浮创建卫生城市献力量"的清洁扫除志愿服务活动,坚持从群众中来,到群众中去,用所学专业知识去帮助需要帮助的人,寒暑假期间,与同班同学联系某广告公司开展派发宣传单的社会实践;2015年4月份到云城区教师进修学校附属幼儿园进行了为期一个月的社会实习,在社会实践期间,她虚心好学,努力工作,积极将所学专业知识应用到实际工作之中,通过实践,基本能独立开展幼儿园的教育教学工作,她的出色表现得到了实践单位领导及老师的一致好评。通过这次实践活动,她对幼儿教育专业的知识和技能有了更加深刻的理解和掌握,同时对今后专业课的学习起到了很好的导向作用。

虽然她在各方面都取得了较好的成绩,但从不骄傲,懂得感恩,经常为身边的人做些力所能及的事。她还向老师保证将会以百倍的努力投入到学习和工作中,不辜负大家对她的期望。

事迹简介

李小兰同学自小双亲离世,与爷爷奶奶相依为命,然而家中的不幸和贫穷并没有把她打垮。她积极进取,刻苦学习,成绩名列前茅;她工作踏实,是班主任的得力助手,多次策划并主持活动,获得"优秀学生干部""三好学生"等称号;积极参与社会实践,热心公益;同时还积极参加各种比赛以全面发展自身素质,并获得云城区中等职业技术学校普通话比赛一等奖、广东省"南粤长城杯"运城赛区青少年演讲比赛二等奖。

后　　记

　　《筑梦引航：广东省励志成长成才百优学子风采录》一书经过多方努力，终于结集出版。本次评选活动在广东省学生助学工作管理中心的指导下，得到了广东省高校奖学助学工作专业委员会理事长单位——南方医科大学及全省各普通高校、中等职业学校、普通高中的大力支持；书籍在编写的过程中，也得到多方指导，借此机会，向关心和帮助我们的各界人士表示衷心的感谢！

　　本书分为"创新创业篇""自立自强篇""励志笃学篇""志愿服务篇"和"成长成才篇"五大篇章，囊括普通高校、中等职业学校、普通高中三个学段，收录了在国家资助政策支持下，广东省百名优秀学子积极进取、自立自强、成长成才、感恩奉献的故事，为广大受助学生树立良好榜样，激励他们拼搏进取、奋发有为。

　　本书也是近年我省资助育人成效的集中体现。这些故事，让全省资助工作者倍感责任重大、使命光荣；这也将激励我们进一步开拓创新，整合资助资源、拓展资助渠道、丰富资助形式，做好资助育人这篇大文章，建立"解困、育人、成才、回馈"的良性通道，让受助学生同样享有人生出彩的机会、享有梦想成真的机会、享有同祖国和时代一起成长和进步的机会，真正编织家庭经济困难学生安心上学的"安全网"，打造贫困孩子接受更好教育的"保险箱"，传递党和政府关心家庭经济困难学生的"正能量"。

　　为尊重历史，书中所有事迹材料的形成时间均以获奖者申报该奖项的时间为准。由于编者水平有限，书中存在许多不妥之处，恳请读者批评指正，以便在日后得以充实和完善。